JN439909

고구마 심는 날

고구마 심는 날

초판 1쇄 인쇄 | 2024년 10월 30일
지은이 | 장병호
펴낸이 | 이재욱(필명:이승훈)
펴낸곳 | 해드림출판사
주 소 | 서울 영등포구 경인로82길 3-4(문래동1가 39)
센터플러스빌딩 1004호(07371)
전 화 | 02-2612-5552
팩 스 | 02-2688-5568
E-mail | jlee5059@hanmail.net

등록번호 제2013-000076
등록일자 2008년 9월 29일

ISBN 979-11-5634-600-5

* 이 책은 전라남도와 전라남도문화재단의 지원을 받아 발간하였습니다.

독자를 끌어당기는 수필을 생각하며

고구마 심는 날

장병호 수필집

해드림출판사

독자를 끌어당기는 수필을 생각하며

다섯 번째 수필집 『부엉이 기르기』(2021)를 낸 데에 이어 올 가을에 또 한 권의 수필집을 내놓게 되었다. 하나의 제재로 묶은 영화수상록 『은막의 매혹』(2021)과 독서수상록 『그대가 나를 불러』(2022)까지 아우르면 이번 책은 내 여덟 번째의 수필집인 셈이다.

어린 시절 책을 여러 권 쓴 작가를 보고 어찌 그리 할 말이 많은가 신기해했는데, 지금 내가 그런 지경에 있지 않나 싶다. 아직도 내게는 쓸거리가 좀 남아있기 때문이다. 한편으로는 염려도 없지 않다. 가뜩이나 책을 안 읽는 시대에 '쓰잘데기없는 소리'로 독자들이 더욱 책과 담을 쌓도록 부채질하는 것이나 아닌가 하는 조바심이 슬며시 고개를 들기도 한다.

요즘 일부 수필인들이 독자의 편의를 고려한 전략들을 내놓고 있다.

긴 내용을 지루해하는 독자를 생각하여 손바닥처럼 짧은 수필을 고안하기도 하고, 골치 아픈 것에 머리 흔드는 독자를 위하여 쉬운 내용을 내세우기도 하며, 심지어는 시처럼 끊어서 행갈이하는 방법도 시도하고 있다. 모두 독자의 눈을 되돌리기 위한 고육책으로 보인다.

그러나 나는 이런 모습들이 마뜩잖아 보인다.

중요한 것은 수필의 형식이 아니라 내용이 아닐까. 알맹이는 그대로 놓아두고 겉모양만 바꾼다고 해서 싫다고 떠나간 애인이 돌아오겠는가. 지금 우리가 바꾸어야 할 것은 수필의 외적 형태보다는 우리 수필가 자신의 눈길이 아닌가 싶다. 아직도 상당수 수필가의 눈길이 우리 고유의 전통이나 지나버린 옛것, 떠나온 고향과 어린 시절의 추억 따위에 많이 머물러 있는 것을 볼 수 있다.

스마트폰 하나로 지구촌과 소통하는 젊은 세대에게 이런 호랑이 담배 먹던 이야기가 얼마나 통하겠는가.

이제 우리 수필도 현실에 더 눈길을 주었으면 좋겠다.

우리가 발을 딛고 있는 지금의 삶을 이야기하는 것이 실감도 나고 설득력이 크지 않겠는가. 그리고 독자를 끄는 힘은 '이야기'에서 나온다. 우리 수필의 전범이라고 할 수 있는 박지원의 『열하일기』가 재미나게 읽히는 것도 유쾌하고 도도한 그의 입담에 있지 않은가. 회고적 감흥이나 철학적 사유, 내적 심경의 토로도 필요하겠으나 실제적인 삶의 이야기가 빠지면 글은 박진감을 잃기 마련이다. 나도 우리 수필의 체질 개선을 창작을 통해 구현하고자 노력하는 중이다.

책을 내면서 고마운 이들을 생각해 본다.

허구한 날 노트북과 씨름하는 사람을 말없이 응원해주는 아내를 비롯하여, 함께 문학의 길을 걷는 순천팔마문학회와 전남수필문학회, 김승옥문학연구회 회원님들께 먼저 감사드린다. 그리고 바쁜 틈을 내어 정성껏 서평을 써주신 유한근 문학평론가님과 표지화를 흔쾌히 허락해준 신경욱 화백님, 출판을 맡아준 해드림출판사 이승훈 대표님, 출판비를 지원해준 전남문화재단도 은혜롭기 그지없다. 이 모든 이들께 고마움의 큰절을 올린다.

2024년 갑진년 가을 바람을 맞으며

한물결 장병호 씀

차례

제2부 문행일치

제3부 사람의 향기

제4부 기찻길 연정

제5부 줬으면 그만이지

제6부 순천문학관에 가다

제1부 봄비 내리는 아침

봄비 내리는 아침

"무슨 계절을 좋아하세요?"

누가 이렇게 물으면 나는 단연 '봄'이라고 대답한다.

봄이라는 말만 들어도 내 가슴 속에 환한 햇살이 비치는 것 같다. 가을 동산에서 한 줄기 시원한 바람을 맞는 것처럼 마음이 먼저 춤을 춘다.

나는 왜 봄을 좋아할까. 우선 봄은 자유로워져서 좋다. 겨울은 나를 잔뜩 움츠리게 했다. 어두운 장막처럼 나를 무겁게 짓눌렀다. 이제 무거운 겨울 외투를 벗고 가벼운 몸으로 따사로운 햇살 아래로 나설 수 있으니 어찌 기쁘지 않은가.

봄은 젊음의 계절이다. 파릇파릇해지는 세상을 보면 내 마음도 저절로 생기가 돈다. 환갑이 지난 나이에도 괜스레 가슴이 뛴다. 뭔가 새로운 일이 일어날 것 같고 신나는 일이 벌어질 것 같은 느낌이다. 봄철에서도 내가 좋아하는 시간은 아침이다. 봄은 아침 공기가 아주 싱그럽다. 나는 아침에 잠자리에서 일어나면 창문을 활짝 열고 아침 공기를 흠뻑 들이마신다. 청신하고 감미로운 봄의 향기가 콧속으로 스며들며 가슴에서 활짝 꽃이 핀다.

특히 나는 봄비 내리는 아침이 좋다. 잠자리에서 일어나 창문을 여는 순간 보슬비가 바깥세상을 촉촉이 적시고 있다.

'아! 언제부터 비가 내렸지?'

경탄과 함께 창밖으로 손을 내밀어 본다. 손바닥에 닿는 빗방울의 감촉이 모래알처럼 간지럽다. 지난밤 내가 꿈나라에 있을 때 이렇게 비가 내렸구나! 봄기운에 취했던 것일까? 나는 비가 내리는 줄을 까마득히 몰랐다. "저 여기 왔어요!" 하고 보슬비가 속삭이며 창문도 두드렸을 텐데 나는 정신없이 꿈속만 헤매고 있었다니!

일찍이 당나라 시인 두보(杜甫)는 〈봄밤 기쁜 비(春夜喜雨)〉에서 나의 이런 심정을 노래했다.

좋은 비가 시절을 알아서　　好雨知時節
봄을 맞아 모든 것을 살려내고　　當春及發生
바람결 따라 밤에 들어와　　隨風潛入夜
소리도 없이 만물을 적셨네　　潤物細無聲

봄날 밤에 내린 비의 조화를 감탄하고 있다. 천 년 전에도 지금과 같은 비가 내려서 시인의 마음을 움직였음을 알 수 있다.

세상에서 가장 신선한 것이 있다면 무엇일까.

이른 봄 들판에 옹기종기 돋아나는 새 쑥잎일까. 나뭇가지 끝에 움터 오르는 두릅의 애기순일까. 아니면 여름날 아침 갓 피어난 선홍색 나팔꽃일까. 연잎에 또르르 구르는 이슬방울일까. 그도 아니면 잉크 냄새 가시지 않은 조간신문일까. 초등학교 시절 선생님이 나눠주시던 새 교과서일까. 중학생이 되어 처음 맞춰 입은 교복일까. 그도 아니면 가슴 속에 꽁꽁 묶어둔 짝사랑 소녀의 미소일까. 어느 것 하나 신선하지 않은 것이 없으나 나는 여기에 봄비 내리는 아침을 추가하고 싶다.

보슬비 내리는 아침 풍경을 보라! 정원의 수목들이 한결 생기가 돈다. 화단의 화초들도 물기를 가득 머금고 이제는 살 것 같다는 듯이 만족스러운 표정을 짓는다. 박남준 시인의 표현대로 깨끗한 빗자루로 쓸어낸 듯 황사로 얼룩졌던 먼지들도 말끔히 씻겨 나간 아침 풍경은 그야말로 산뜻한 한 폭의 수채화가 아닌가. 모든 것이 봄비 덕분이다. 봄비는 착한 어린애 같다.

이제 하루를 시작하는 시간이다. 아파트 아래를 내려다보니 주차했던 자리가 몇 개가 벌써 비어 있다. 이제 막 빠져나가는 승용차도 있다. 일찍이들 출근하는 차량이다. 아마 근무지가 시내가 아니고 멀리 시골인가 보다. 아파트 사이로 비치는 도로에 자동차들이 달리고 있다. 이따금 빵빵거리는 경적도 들린다. 그 자동차 소리에도 맑고 싱그러운 기운이 넘쳐나는 것 같다.

이런 날 나는 어쩐지 신이 난다. 희망의 고동 소리가 가슴 깊은 곳에서 터져 나온다. 밖으로 나가 공원길을 걷고 싶은 생각이 일어난다. 그 숲길에서 맑은 공기를 마시고 청량한 숲의 기운을 온몸으로 만끽하고 싶다. 이럴 때는 나도 예순의 나이를 망각

한다. 몸이 늙는다고 마음이 따라갈 필요가 있겠는가. 헤르만 헤세가 〈봄의 말〉을 전해준 바 있다. "봄이 속삭인다. 꽃피워라. 희망하라. 사랑하라. 삶을 두려워하지 마라." 나는 이 말에 용기를 얻는다. 아직 나는 나이를 들먹이고 싶지 않다. 주책이라고 할지 모르겠으나 예쁜 꽃을 보면 그냥 지나치지 못하고 코를 대고 그윽한 향기를 맡고 싶다. 육신은 세월을 이기지 못해도 마음은 세월을 가뜬히 넘어서는 것이 아닌가. 몸이 갈 길을 가더라도 마음만은 몸에 얽매이지 않고 자유롭게 날갯짓을 하고 싶다.

이런 날은 누군가와 약속을 잡고 싶다. 누군가 반가운 사람이 나를 기다리고 있을 것만 같다. 〈첫눈처럼 너에게 가겠다〉라는 노래가 있는데 나도 봄비 내리는 아침처럼 누군가에게 가고 싶다. 문득 옛 추억이 우르르 쏟아지면서 그리운 사람에게 편지도 쓰고 싶다. 문득 나도 베르테르가 되어 롯데를 향한 절절한 사연을 우체통에 넣어 보내고 싶다. 누군가에게 전화를 걸고 싶기도 하다. 자주 소통하는 벗보다는 소식이 뜸해진 벗의 반가운 목소리를 듣고 싶다. 윤정모 소설가도 이런 마음이었을까. 그의 소설 〈봄비〉를 보면 비오는 날 문득 옛날 은사님을 만나고 싶어 한다. 그래서 차를 몰고 시골로 찾아가 은사님과 학창시절을 돌이키며 못다 한 이야기를 나누고 돌아온다.

몇 년 전 봄비 내린 날이었다. 나는 불쑥 서울에 사는 친구의 소식이 궁금해졌다. 들뜬 목소리로 서로 안부를 나누고 싶었다. "웬일이냐?" 그는 뜬금없는 내 전화에 놀란 것 같았다. "그냥 어떻게 지내나 궁금해서 전화했지." 깜짝 반가워할 줄 알았는데 그게 아니었다. "퇴직자 신세야 뻔하지. 하루는 놀고 하루는 쉬고…." 그는 전혀 들뜬 목소리가 아니었다. 나는 적이 당황스러워졌다. "건강은 어때?" "응, 아직은." 그는 나에게는 궁금한 것이 없는지 아무것도 묻지 않았다. 시큰둥한 반응에 나는 다음 말거리를 찾기에 바빴다. "너의 애들은 어떻냐? 결혼은 다 시켰냐?" 그래놓고 나는 아차 싶었다. 궁금하더라도 그런 것은 묻지 말았어야 했다. 그의 반응을 보니, 내가 자녀 결혼 소식을 자기한테 알리려고 전화한 것으로 여기는 것 같았다. 나는 몇 가지 더 물었으나 그는 응응 얼버무리기만 하고 제대로 대답하지 않았다. "앞으로 우리가 살면 얼마나 살겠니? 가끔 연락하면서 지내자." 통화를 마치면서 나는 괜히 전화했다는 생각이 들었다. 그와 나의 거리는 순천과 서울의 거리보다 훨씬 더 멀어져 있었다. 봄비 때문에 나의 감상이 지나쳤던 것일까? 내 마음을 몰라준 녀석이 몹시 서운했다.

어쨌거나 봄비는 확실히 나의 감성을 자극하는 면이 있다. 누구의 말처럼 가을비가 어둠으로 향하는 길목이라면 봄비는 밝음으로 나가는 통로가 아니겠는가. 봄기운을 따라 나 자신도 한껏 젊음을 되찾은 기분이다. 사람도 자연의 일부인 만큼 내 몸이 자연의 변화에 민감하게 반응하는 것은 당연한 일이겠지. 나뭇가지들 사이에 참새들도 즐거운지 짹짹거리며 노닐고 있다. 이렇게 봄비가 부슬거리는 날은 조용히 노래를 들어보는 것도 좋겠지? 뭘 들어볼까? 비발디의 〈사계〉를 들어볼까. 박인희의 〈봄이 오는 길〉을 들어볼까. 아니면 박인수의 〈봄비〉를 들어볼까.

토끼해 단상

올해 2023년은 계묘년(癸卯年)으로 토끼해이다.
토끼 중에서도 검은 토끼해라고 한다.

왜 검은 토끼해라고 하는지 알아봤더니, 60갑자를 이루는 간지(干支)에서 열두 마리의 짐승을 뜻하는 12지(支)와 더불어 10간(干)이 두 해씩 묶어서 색깔을 나타내기 때문에 그렇다고 한다. 그러니까 갑(甲)과 을(乙)은 푸른색이고, 병(丙)과 정(丁)은 붉은색이며, 무(戊)와 기(己)는 노란색, 경(庚)과 신(申)은 흰색, 임(壬)과 계(癸)는 검은색이다. 따라서 계묘년인 올해는 검은 토끼의 해가 되는 것이다.

그러나 토끼라고 할 때 내 머리에 가장 먼저 떠오르는 것은 검은 토끼보다는 흰 토끼이다. 눈처럼 새하얀 털을 가진 토끼가 빨간 눈에 발그레한 코를 발름거리며 오물오물 풀을 뜯어 먹는 모습을 보라! 얼마나 귀엽고 앙증맞은가. 원초적인 순수함과 선량함을 느낄 수 있지 않은가. 어린 시절 토끼장 앞에서는 아무리 오래 앉아 있어도 지루하지가 않았다.

토끼에 관한 추억이 몇 가지 떠오른다.

초등학교 때 학교 뒤뜰에 토끼장이 있었다. 닭장처럼 생긴 네모 상자에 토끼를 가두어 키우기도 했으나 낮은 담으로 둘러싼 풀밭에 놓아먹이기도 했다. 그 방목장에는 나지막한 동산도 만들어 놓고 굴도 몇 개 뚫어 놓아서 토끼들이 굴속을 드나들며 뛰어놀았다. 그 모습이 어찌나 좋아 보이는지 시간이 날 때마다 그곳을 찾아가 구경거리로 삼았다.

당시 어른들은 토끼를 '퇴끼' 또는 '토깽이'로 발음했다. 시골 사투리로 고양이를 '괴댁이'라고 하고, 병아리를 '삥아리'라고 하고, 송아지도 '쇠양치'라고 불렀다. 우리 반에 '퇴끼'라고 불리는 친구가 있었다. 이름이 '택규'라서 그리되었는데, 별명 때문인지는 몰라도 뽀얀 얼굴에 앞니를 드러내며 웃는 모습이 토끼와 닮은 면이 없지는 않았다.

성인이 되어 토끼를 길러본 적이 있다.

시골학교에 근무할 때인데 누가 토끼 한 마리를 분양해주었다. 그래서 초등학교 시절을 돌이키면서 사과 궤짝으로 토끼장을 만들고 시간이 나는 대로 풀을 뜯어다 주며 정성을 쏟았다. 그렇게 두어 달이 지났을까. 어느 비 오는 날 갑자기 토끼가 죽어버렸다. 원인을 알 수 없었고 참으로 허망했다. 원래 토끼가 예민한 동물이다. 흥분하면 자기 새끼도 물어 죽인다고 한다.

그런데 시신 처리가 문제였다. 땅을 파고 묻을까 하다가 그동안 쏟은 정성이 아까워 잡아먹기로 했다. 털가죽을 벗겨야 하는

데 아내는 도저히 못 하겠다고 해서 어쩔 수 없이 내가 팔을 걷고 나섰다. 눈을 찔끔 감고 난생처음 그 작업을 해보았는데, 두 번 다시 할 짓이 아니었다. 탕을 끓였으나 가죽을 벗길 때의 고역 때문인지 도무지 맛이 나지 않았다. 차라리 고이 묻어줄 걸 그랬다고 골백번 뉘우쳤다.

흔히 토끼를 두고 꾀가 많다느니 약삭빠르다느니 말을 한다. 토끼에 관한 우화나 옛이야기에서 비롯된 평가인 듯한데, 당사자로서는 억울해할 부분이 있다.

우리가 잘 아는 고전소설 〈별주부전〉에서 토끼는 벼슬을 주겠다는 자라의 꾐에 빠져 용궁에 가게 된다. 가서 보니 용왕의 병을 고치겠다며 간을 내어놓으라고 했다. 이때 토끼는 간을 집에 두고 왔으니 도로 가져오겠노라고 하여 위기에서 벗어난다. 이를 두고 거짓말로 남을 속였다고 토끼를 나무랄 수 있겠는가. 토끼의 간을 빼앗으려는 용왕과 그 하수인인 자라가 나쁜 것이지 자기의 목숨을 지키려는 토끼로서는 마땅한 방어행위가 아니겠는가. 오히려 토끼의 기지를 칭찬해야 마땅하리라.

이솝우화인 토끼와 거북이의 이야기에서도 거북이는 성실과 끈기와 인내의 화신으로 칭송을 받는 데 비해 토끼는 게으름과 자만의 대명사로 손가락질당하고 있다. 그런데 토끼와 거북이의 대결은 애초부터 조건이 맞지 않은 불공정경기였다. 물에 사는 동물과 뭍에 사는 동물이 경기한다는 것은 처음부터 말이 안 된다. 제대로 한다면 거북이는 물속에 사는 어류와 겨루고, 토끼는 육상동물들과 겨뤄야 한다. 경기다운 경기였다면 토끼가 도중에 낮잠이나 자는 여유를 부렸겠는가. 같잖은 경기를 시켜놓으니 토끼가 대수롭지 않게 임한 것이 아니겠는가.

산토끼의 반대말이 뭐냐는 난센스 퀴즈도 있다. 대답으로 끼토산과 집토끼, 바다토끼, 죽은 토끼 등 여러 개가 나온다. 응답에 따라 그 사람 지능지수가 판별되는데, 판토끼와 알칼리토끼까지 생각해내는 사람이 가장 지능이 높다고 한다.

대학시절에 토끼탕을 하는 식당에 자주 간 적이 있다. 토끼탕을 특별히 좋아해서가 아니라 내부공간이 넓고 값이 비교적 쌌기 때문이다. 회의를 마치고 단체로 많이 갔는데, 그로 익숙해져서 개별적으로도 여러 차례 갔다. 지금도 광주 충장로에 그 식당이 있는지 모르겠는데, 만약 있다면 한 번쯤 가서 옛날의 맛을 다시 느껴보고 싶다.

토끼는 참 조용한 동물이다. 닭처럼 꼬꼬댁거리거나 개처럼 으르렁거리거나 짓는 일이 없다. 가만히 앉아 주는 먹이를 받아먹기만 한다. 그래서 착하고 온유한 평화주의자로 보인다. 토끼해를 맞아 올해 내 한 해 신수도 토끼처럼 조용하고 평화로웠으면 좋겠다.

다섯 가지의 복

요즘 휴대전화를 열면 지인들이 보내준 각종 생활 정보들이 마구 쏟아진다.

이제 6학년 졸업반의 나이에 이른 만큼 질병 예방과 건강 정보, 장수를 위한 식품과 운동, 생활습관 개선 따위의 내용이 대다수이다. 이들 말고도 세계 명사들의 일화나 미담 소개, 역사 강의나 종교인의 설교, 명승지 풍경 소개나 트로트 가수의 노래 영상, 사기 전화에 속지 않는 요령 등 별의별 내용이 다 들어있다.

이것들은 대개 본인이 작성한 것이 아니고 누군가 만들어서 누리소통방에 올려놓은 것을 이리저리 옮겨주며 지인들과 공유하는 형편이다. 나는 이런 정보들이 감당할 수 없을 만큼 넘쳐나서 제목만 보고 넘길 때가 많은데, 가끔 관심사가 눈에 띌 때는 끝까지 들여다보기도 한다.

얼마 전에는 한 친구가 '현대인의 다섯 가지 복'이라는 글을 보내주었다.

뭔가 하고 읽어봤더니 황혼기에 접어든 사람들에게 필요한 행복한 삶의 조건이다.

우리는 선인들로부터 전해 내려오는 오복(五福)에 관해서 다들 알고 있다. 수(壽)와 복(福)과 강녕(康寧)과 유호덕(攸好德), 고종명(考終命)이 그것이다. 일찍 죽지 않고 오래 살고, 살림이 쪼들리는 일이 없이 넉넉하고, 병치레 없이 건강하고, 이웃에 인정을 베풀며 덕을 쌓고 살다가 고통이 없이 편안히 생을 마치는 것을 말한다.

사람은 누구나 순탄하고 편안한 삶을 소망하는 까닭에 이와 같은 다섯 가지의 삶을 본보기로 내세웠을 것이다. 우리 인생사가 자기가 바라는 대로만 굴러가 준다면 오죽 좋으랴만 느닷없는 교통사고나 천재지변, 예기치 못한 암이나 심장질환 따위의 질병이 언제 침노할지 알 수 없다. 그래서 사람들은 불의의 사고로 몸을 상하거나 재물이나 생명을 잃는 이들을 불운하게 여기고 제발 자신은 그런 횡액을 당하지 않고 순조롭게 생애를 마칠 수 있기를 염원하는 것이다.

친구가 보내준 현대인의 다섯 가지 복은 전통적인 오복을 요즘 추세 걸맞게 바꾼 것으로 건(健)과 처(妻)와 재(財), 사(事), 우(友)를 들고 있었다. 다시 말하면 몸에 질병이 없이 건강하고, 집에 밥해 줄 아내가 있고, 먹고살 만한 재산이 있으며, 소일할 만한 일거리와 더불어 마음 통하는 벗이 있어야 한다는 것이다. 이 내용을 읽고는 그렇다면 '나는 어느 정도인가?'하고 자신을 되돌아보는 시간을 가졌다.

나는 어린 시절에 힘든 일이 많았다.

무엇보다 일찍부터 부모와 떨어져 살면서 고생했던 기억이 많이 떠오른다. 남들은 부모님과 함께 즐겁고 행복하게 지내는데 나는 왜 이렇게 외롭고 괴롭고 모진 운명일까 한탄하며 스스로 복이 없는 놈이라고 생각했다.

학창시절에도 고교입시에서 미끄러져 한동안 고초를 겪으며 세상이 결코 내 편이 아니라는 것을 깨닫고 이 험악한 세상에 내가 과연 잘 버틸 수 있을까 하고 의문이 들었다. 대학생 때도 자취생활을 하면서 호락호락하지 않은 나날을 보냈고, 군대에 가서도 군기가 세기로 유명한 부대에 배치되어 강도 높은 훈련과 밤낮없는 경계근무를 견뎌내야 했으며, 악명높은 공수훈련을 받고 또 십여 차례 낙하 훈련을 거듭할 때는 '아이고 내 팔자야!' 하고 한숨을 쉴 때가 많았다.

내가 가까스로 안정을 찾은 것은 교직에 발을 들여놓으면서부터이다. 하루하루 학생들과 부대끼며 살아가는 일이 그다지 호락호락하지는 않았으나 그래도 규칙적인 일상에다 앞날에 대한 불안감이 없어진 덕분에 나름대로 숨을 고를 수 있었다. 특히 결혼하고 아이를 낳으면서 가정의 울타리에 안주할 수 있었고, 하고 싶은 공부도 해야겠다고 방향을 잡을 수 있었다. 다행히 대학원 진학의 기회를 얻어 마음껏 공부할 수 있었고, 교직 생활도 별다른 장애물을 만나지 않고 교장에 이르기까지 순탄한 길을 걸을 수 있었다.

이제 교직을 마치고 자유로운 몸으로 글쓰기에 전념하고 지내고 있는데, 아직은 병원 신세를 안 지고 있고, 아내에게 밥을 얻어먹고 있으며, 넉넉하지는 않아도 나라에서 주는 생활비를 받고 있다. 더욱이 부족하나마 글쓰기를 소일거리로 삼아 나날을 보내는 데다가 이를 매개로 글 쓰는 사람들과 벗으로 지내고 있으니 나야말로 황감하게도 다섯 가지의 복을 갖춘 사람이 아닌가 생각된다. 이것은 결코 내가 잘나서가 아니라 조상의 음덕이고 주위의 많은 분이 도와준 덕택이라고 믿는다.

비록 인생 초반에 힘든 시기가 있었으나 젊어서 고생은 사서 한다는 말처럼 나의 초년고생은 인생 중후반을 살아가는데 오히려 약이 된 것으로 받아들이고 있다. 지금 내가 바라는 것은 지금까지 살아온 것처럼 앞으로도 별다른 굴곡이 없이 지내다가 조용히 세상을 하직하는 것이다. 그러나 사람의 일이란 어떻게 될지 예측할 수 없지 않은가. 늘 낮은 자세로 주위를 살피며 조심조심 살고자 마음먹는다.

나의 안방극장 채널

내가 즐겨 보는 안방극장 프로그램이 몇 개 있다.

방영하는 요일과 시간이 정해져 있으므로 특별한 일이 없으면 챙겨보는 편이다.

우선 아침에 보는 것이 〈인간극장〉이다.

서민들의 가정생활을 보여주는데, 평범한 사람들이 나름대로 행복을 꾸려가는 모습들이 잔잔한 감동을 준다. 해설하는 여자 아나운서의 말투도 독특하다. 주로 시골 사람들의 이야기가 많고, 귀농한 젊은이나 자녀를 많이 낳은 부부들이 자주 소개되고 있다. 요즘 젊은이들이 도시로만 몰리고 애를 많이 안 낳으니까 일부러 그러지 않나 싶기도 하다. 얼마 전에 제주도의 한 총각이 해녀들과 함께 바닷일을 하는 〈나는 해남이다〉와 아이 두 명을 입양하여 네 자녀를 키우는 젊은 부부의 〈우리 집엔 천사들이 산다〉라는 이야기가 인상 깊었다.

이것이 끝나면 바로 이어지는 것이 〈아침마당〉이다.

요일별로 여러 부류의 사람들을 초청해서 이야기를 들어보는 프로그램인데, 특히 수요일이 볼 만하다. 이날은 〈도전 꿈의 무대〉라고 하여 가수 지망생들이 노래경연을 펼친다. 참가자들이 노래 부르기에 앞서 자기소개를 하는데 기구한 사연들이 많다. 가장 높은 점수를 받은 사람은 다음 시간에 또 나올 수 있는 권한이 주어지며, 잘만 하면 그렇게 승수를 쌓으며 다섯 번까지 도전할 수 있다. 얼마 전에는 한 여고생이 암 투병 중인 아버지의 완쾌를 빌며 연속 5승으로 최종 우승컵을 안았다.

이들 아침 프로그램은 직장생활 때는 보지 못했다. 출근에 바빠서 이런 프로그램이 있는 줄도 몰랐는데 퇴직을 하고서야 눈에 들어왔다. 혹 누가 "은퇴하고 좋은 게 있다면?" 하고 묻는다면 이런 아침 프로그램을 볼 수 있는 것이라고 말할 수도 있을 것 같다.

저녁에 즐겨보는 것은 〈가요무대〉이다.

월요일마다 김동건 아나운서가 차분한 목소리로 진행하면서 흘러간 옛 노래를 들려준다. 젊은 가수보다 원로 가수들이 많이 등장하는 것이 아무래도 장년층과 노년층을 겨냥한 프로그램인 듯하다. 〈사랑이 메아리칠 때〉의 안다성과 〈갈대의 순정〉의 박일남, 〈뜨거운 안녕〉의 쟈니리와 〈장밋빛 스카프〉의 윤항기 등이 은빛 머리칼을 휘날리며 젊은 날의 추억을 부채질한다. 〈산너머 남촌에는〉의 박재란과 〈대머리 총각〉의 김상희도 건재를 과시한다. 〈눈물 젖은 두만강〉이나 〈굳세어라 금순아〉, 〈이별의 부산 정거장〉과 같이 그 노래를 부른 가수가 작고한 경우에는 다른 젊은 가수가 나와 불러준다. 가수의 뒤에서 날렵하게 몸을 놀리는 무희들도 눈요깃거리이다.

진행자는 시작할 때와 끝날 때 "멀리 계시는 해외동포, 해외근로자 여러분!" 하는 인사말을 빠뜨리지 않는다. 아마 재외 한국인에게도 이 가요무대가 인기가 많은 모양이다. 옛날에는 거들떠보지도 않던 것이 이제 눈에 들어오는 것을 보면 나도 나이가 들었구나 싶다.

다음으로 자주 보는 것은 〈나는 자연인이다〉라는 프로그램이다.

진행자가 깊은 산속 오두막에 사는 사람을 찾아가 함께 약초도 캐고, 밭일도 도와주고, 물고기를 잡아다가 저녁밥도 함께 먹는다. 하룻밤을 함께 지내며 그의 과거사도 들어본다. 한때 사회에서 잘나가던 사람인데 어쩌다 잘못되어 곤두박질치고 피폐해진 몸과 마음을 다스리고자 산에 들어온 경우가 많다.

이들의 공통점은 다들 자기 생활에 만족을 느낀다는 것이다. 사람들과 부대끼는 것보다 혼자서 자기 하고 싶은 대로 하고 사는 것이 행복임을 알 수 있다. 전기도 없고 수돗물도 나오지 않는 불편함 같은 것은 그가 누리는 마음의 평화에 비하면 아무것도 아니다. 많이 갖는다고 해서 행복한 것이 아니라는 법정 스님의 무소유 정신을 보는 듯하다.

탈북인들의 사연을 들어보는 〈이제 만나러 갑니다〉도 즐겨 시청한다.

극심한 굶주림과 감시와 통제에 시달리다 못해 목숨을 걸고 자유를 찾아온 이야기가 참으로 눈물겹다. 중국에서 캄보디아,

베트남과 태국 등지를 거쳐 한국에 오기까지의 과정이 그야말로 가시밭길이었다. 탈북 경로도 가지가지이다. 어떤 이는 고깃배로 동해를 건넜고, 어떤 이는 임진강에서 썰물을 타고 강화도까지 헤엄쳤으며, 어떤 이는 산속에 토굴을 파고 몇 달 동안 숨어 지냈고, 어떤 이는 들쭉 채취꾼으로 위장하여 국경을 넘었다. 그런가 하면 해외 유학 중에 새 삶을 찾은 젊은이도 있다. 어느 출연자는 여러 차례 탈북하다 붙잡힌 탓에 가중 처벌이 두려운 나머지 숟가락을 삼키고 병원으로 이송되었다가 거기서 탈출했다고 하였다. 정말 끔찍하고 처절하다.

내가 이 프로그램을 자주 본다고 했더니, 어느 지인이 그게 다 조작된 내용이라며 뭐 그런 것을 보느냐고 핀잔을 주었다. 그다지 동의할 수 없는 이야기이다. 출연자들이 녹화에 앞서 여러 가지 주의사항을 듣기는 하겠지만 그들의 표정과 말투, 때로 주체하지 못하고 쏟는 눈물을 보면 진정성을 느낄 수 있지 않은가. 나는 그들이 고생하며 국경을 넘은 만큼 부디 새로운 삶터에서 행복하게 살았으면 좋겠다.

주말의 역사드라마도 놓칠 수 없는 프로그램이다.

옛날 〈개국〉(1983)으로부터 시작하여 〈조선왕조 5백년〉(1983~1990)과 〈용의 눈물〉(1996), 〈태조 왕건〉(2000), 〈대조영〉(2006)에 이어 〈정도전〉(2014)과 〈징비록〉(2015) 등을 보아왔다. 한동안 역사드라마가 뜸하더니 작년 겨울 시작한 〈태종 이방원〉이 무척이나 반가웠다. 이성계의 다섯째 아들로 태어나 왕권을 잡기 위해 정몽주와 정도전 등의 충신을 척살하고 골육상쟁을

마다하지 않은 이방원은 그 자신의 말처럼 정권욕에 눈이 먼 '괴물'이었다. 권좌에 오른 뒤에도 외척의 발호를 경계하여 처남들에게 사약을 내리고, 아들 세종의 장인까지 죽게 만든 그는 끝내 아내로부터 외면당하고 자식들에게까지 원성을 듣는다. 뜻한 바를 이루었어도 정당성과 인간적 도리를 잃어버렸기에 그가 얻은 것은 상처뿐인 영광이었다. 이런 무지막지한 인물은 나로서는 도저히 용납할 수 없다. 〈태종 이방원〉이 끝난 뒤로는 후속타가 없는데, 얼른 뭐 하나 나왔으면 좋겠다.

주말에 〈동네 한 바퀴〉도 눈에 띄는 대로 보고 있다.

영화배우 김영철이 도회지 뒷골목이나 시골 동네를 찾아다니며 그곳에 사는 사람들을 만나 이야기도 나누고 식당에 들러 음식도 먹어보는 프로그램이다. 평범한 사람들의 꾸밈이 없는 모습에 수더분한 인간미가 느껴져서 한번 보기 시작하면 다른 데로 채널이 돌려지지 않는다. 요즘은 천하장사 이만기가 김영철을 대신하고 있는데, 경상도 사투리를 구사해가면서 잘하고 있는 것을 볼 수 있다.

이밖에도 〈역사저널 그날〉과 〈벌거벗은 세계사〉, 〈방구석 1열〉 등에도 관심이 간다. 〈불후의 명곡〉이나 〈복면가왕〉도 눈에 띄면 보는 편이다. 대신 〈1박 2일〉이나 〈아는 형님〉, 〈도시어부〉 따위는 시청하지 않는다. 텔레비전 프로그램은 오락물과 교양물이 있는데 나는 아무래도 오락물보다는 교양물을 선호하는 편이다. 텔레비전도 잘만 활용하면 훌륭한 배움의 장이 될 수 있다고 본다. 젊은이들이 나더러 고리타분하다고 혀를 찰지 모르겠는데, 그래도 어쩌랴! 안방극장의 권한은 온전히 나에게 있다. 내 취향에 따라 즐거운 마음으로 채널을 선택할 뿐이다.

담배 습관

요즘 안방극장에 옛날과 달라진 것이 하나 있다. 바로 흡연 장면이다. 언제부터인지 모르겠으나 텔레비전 드라마에 담배 피우는 모습을 볼 수 없다. 등장인물이 누구와 이야기를 나누는 장면에서 담배가 등장하지 않는다. 옛날 드라마에서는 남자들이 대화할 때 으레 담배부터 꼬나물었다. 요즘은 예전 영화를 방영할 때 담배가 등장하는 부분은 연막 처리하고 있다. 아마 시청자들의 흡연 욕구를 자극하지 않으려는 조치인 듯싶다. 그것이 얼마나 금연 효과가 있을지 모르겠으나 국가에서 국민건강에 신경을 쓰고 있다는 사실만큼은 알 수 있겠다.

오늘날 여러 사람이 모이는 공공장소는 모두 금연구역으로 설정되어 있다. 아무 데서나 담배를 피울 수가 없고, 혹 피우다가 적발되면 범칙금을 물어야 한다. 흡연자들은 어디 구석진 건물 뒤나 으슥한 나무 그늘로 가야 한다. 무슨 잘못된 일이라도 저지르는 듯 누가 볼세라 몸을 숨긴 채 담배를 피우는 꼴이 참 안 되어 보인다.

옛날에는 그야말로 흡연자들의 천국이었다. 지금과 같은 규제가 없었던지라 다방이건 음식점이건 달리는 버스 안이건 상관없이 마음 내키는 대로 담배를 태울 수가 있었다. 다방이나 음식점의 탁자에는 재떨이가 필수품으로 놓여 있었고, 자리에 앉으면 일단 담배부터 꺼내 물고 일을 시작했다. 그때는 담배 피우는 일이 양복쟁이 신사의 멋으로 여겨졌던 것 같다. 프랑스 미남배우 알랭 들롱의 담배 피우는 표정, 서부 사나이 클린트 이스트우드의 시가를 문 모습이 대단한 매력이었다.

흡연은 직장에서도 마찬가지였다. 사무실에서 담배를 입에 문 채 일을 보는 것이 하등 이상할 것이 없었다. 너도나도 담배를 피우니 안 피우는 사람이 오히려 비정상으로 비칠 지경이었다. 드라마 같은 데서도 사장이 담배를 꺼내면 부하직원이 잽싸게 라이터를 갖다 대는 장면을 흔히 볼 수 있었다.

나는 담배를 피우지 않는다. 아니 피우지 못한다고 하는 것이 옳겠다.

한때 담배와 친해지려고 노력했으나 몸이 받아주지 않았다. 내가 처음 담배를 접한 것은 스무 살 무렵 대학에 들어가면서부터였다. 당시 새내기들은 고등학생의 티를 벗었다는 해방감에 들떠 제일 먼저 담배부터 찾았다. 담배를 피운다는 것은 어른이 되었음을 과시하는 징표와 같은 것이었다. 나도 또래들과 어울려 구름과자를 먹기 시작했는데, 아무리 해도 잔기침만 나오고 목만 컬컬하지 입에 당기지 않았다. 그래서 담배를 지니고만 다니다가 친구들을 만날 때만 한두 개비씩 피웠는데, 나중에는 그것마저도 귀찮아져서 누가 담배를 권해도 고개를 가로 흔들게 되었다.

군대에 갔을 때 다시 담배를 입에 물었다. 훈련소에서 화랑 담배가 제공되었다. 연병장에서 엠16 빈총을 들고 총검술과 엎드려 쏴, 앉아 쏴를 반복하는 훈련병들에게 유일한 낙이 10분 휴식시간에 담배를 태우는 일이었다. 나도 그 속에서 덩달아 연기를 피워올렸는데, 오래 가지 않아 목젖이 아프고 기침이 나오더니 이내 콧물감기로 번졌다. '아! 나는 기관지가 약하구나. 담배 체질이 아닌가 보다.' 그로부터 담배와 거리를 두기 시작했고 마침내 인연을 끊었다.

나는 담배를 멀리하는 만큼 냄새도 좋아하지 않는다. 특히 차 안이나 실내와 같은 닫힌 공간에서 맡는 냄새는 고역이다. 옛날에는 학교 선생님들도 흡연자가 많았다. 수업을 마치고 교무실에 오면 실내가 오소리 잡는 소굴처럼 담배 연기로 자욱했다. 그 숨 막히는 공간을 어찌 견뎌냈는지 모르겠다. 그때만 해도 담배는 성인이 즐기는 기호품으로 인정되어 아무도 제지할 수 없었다. "내가 기호품을 즐기는데 당신이 무슨 상관이야?" 하고 따지면 입이 열 개라도 할 말이 없었다.

훨씬 세월이 지난 뒤에야 니코틴의 해독이 제기되면서 금연운동이 일어났다. 비흡연자의 처지를 생각하여 간접흡연이니 혐연권(嫌煙權)이니 하는 용어가 만들어지고, 담뱃갑에도 금연을 권장하는 문구가 새겨졌다. 덕분에 흡연인구가 크게 줄었고, 이제는 사회 분위기도 완전히 금연 쪽으로 뒤바뀌었다. 학교도 절대 금연구역으로 지정되어서 교내에서 담배를 피울 수 없다. 흡연하는 선생님들은 어쩔 수 없이 교문 밖으로 나가서 어디 숨어서 피우고 돌아온다. 내 학창시절 한 수학 선생님은 워낙 골초라 한 손에 담배를 들고 수업을 했다. 칠판에 문제를 풀다가 이따금 담뱃재를 창밖으로 털었다. 또 어떤 선생님은 수업 내용을 칠판 가득 판서해놓고 학생들이 필기하는 동안 창가에 기대어 유유히 담배 연기를 창밖으로 날리곤 했다. 이따금 바람이 불면 그 연기가 도로 교실로 들어왔다. 지금의 학교 상황을 생각하면 격세지감이 든다.

흡연도 습관이다.

처음에는 호기심으로 입에 대는데 그것이 거듭되다 보면 습관으로 굳어지고, 계속 즐기다 보면 결국 중독에 빠진다. 내 학교 재직 시절, 쉬는 시간에 화장실에서 연기를 피워대는 학생들이 몇몇 있었다. 학생부에서 붙잡아다가 꾸준히 금연지도를 했으나 쉬이 효과가 나지 않았다. 벌써 중독 상태에 이른 것이었다. 그게 뭐가 좋다고 어린 나이에 중독에 빠졌단 말인가! 담배와 인연을 맺지 않고 살아온 나로서는 이해하기 힘든 일이었다.

얼마 전 10대 청소년들이 길거리에서 어느 할머니에게 담배를 사달라면서 때리기까지 했다는 보도가 있었다. 이런 개망나니 같은 녀석들! 청소년에게는 담배를 팔지 않으니까 대신 할머니를 시켜서 담배를 사려고 했던 모양이다. 그런 보도를 보면 참 기가 막히고 화가 난다.

몇 해 전 동창의 자녀 결혼식에 갔을 때였다.

낯선 얼굴이 반갑게 악수를 청했다. 누구인지 얼른 알아보지 못했다. 한참 만에야 동창인 줄 알았는데, 수척하다 못해 부쩍 노쇠한 몰골이 당당하던 옛 모습과는 아주 딴판이었다. 폐암으로 오랜 기간 고생했다는 말을 듣고 줄담배라고 하여 노상 담배를 입에 물고 살다시피 하던 옛 시절이 떠올랐다. 그러고 보면 내가 지금껏 건강을 유지하고 있는 것은 담배를 멀리한 덕분이 아닌가 싶기도 하다.

아내도 담배 냄새를 싫어한다. 나보다도 훨씬 민감하다. 내가 알아차리기도 전에 아파트 아래층에서 냄새가 올라온다고 얼른 창문을 닫는다. 나와 결혼하게 된 것도 담배를 피우지 않는 점이 고려되었다고 한다. 나도 담배 문제만큼은 아내에게 기죽을 일이 없다.

지금 세상은 비흡연자들의 낙원인 것 같다. 식당이나 찻집에서 담배 연기 때문에 눈살을 찌푸리지 않아도 되고, 열차나 버스 안에서 코를 막지 않아도 되니까 담배 안 피우는 사람들 살판났다. 대신 흡연자들은 어려움이 많을 것이다. 이제 담배는 사람의 건강을 해치고 타인에게 불쾌감을 주는 백해무익한 물건으로 판명되었다. 흡연자들에게는 서운하게 들리겠지만 인류의 건강을 위해서 이것을 세상에서 추방해버리면 어떨까 싶기도 하다.

이름 짓기

딸이 결혼하고 다섯 해만에 첫 아이를 낳았다.
직장에 난임휴가까지 내고 일 년 동안 쉬면서 애쓴 끝에 얻은 결과이다.

왜 아무 소식이 없나 하고 가슴속에 담아왔던 조바심이 하루아침에 사라졌다.

출산하고 사흘쯤 지나자, 이름을 짓겠다며 좋은 것 생각나는 대로 보내달라고 했다.

친할아버지께 부탁하지 그러냐고 했더니, 안 그래도 손자 이름을 이야기했더니 너희들 알아서 지으라고 했단다. 항렬 같은 것 구애받지 말고 짓고 싶은 대로 지으라고 했다니, 사돈양반도 구습에 얽매이지 않는 열린 사고의 소유자임을 알겠다.

나는 아내와 함께 며칠 동안 이름을 짓는 데 골몰했다. 사위의 성이 오(吳)씨여서 거기에 맞추어 부르기 좋고 듣기 좋은 이름을 찾고자 고심했다. 요즘 남자애들 이름을 보면 '민'이나 '준'이나 '현'이나 '찬'이나 '혁'이 많이 들어가는데, 그러다 보니 학교 출석부 명단에 민준, 현준, 민찬, 민혁, 준혁 따위의 비슷비슷한 이름이 수두룩한 것을 볼 수 있다. 그래서 멋이 있더라도 흔한 이름은 피하고 개성이 있으면서 어감이 괜찮은 것을 찾아 생각을 거듭했다. 얼른 마땅한 이름이 떠오르지 않았으나 어찌어찌 하여 몇 개 적어 보내주었다.

며칠이 지나고 이름을 하나 정했다며, 거기에 맞는 한자를 붙여달라고 하였다. 이름에 한자를 붙이는 것은 그리 어려운 일이 아니어서 너무 어려운 한자는 말고 획수가 많지 않고 누구나 알아보기 쉬운 것으로 맞춰주었다. 우리가 지어 보낸 이름은 아니었으나 자기네가 좋으면 그만이지 싶어 상관하지 않았다.

몇 달 후에는 아들네가 출산을 했다.

아들도 이름을 지어달라고 연락이 왔다. 이번에는 손녀 이름을 짓느라고 아내와 또 한바탕 머리를 쥐어짰다. 그렇게 하여 몇 개 보냈으나 아들은 그것들이 성에 차지 않았는지 뜻밖에 한글 이름으로 결정했다. 손자와 손녀의 이름을 지어보니 새삼 작명이 쉽지 않은 것을 알겠다.

실은 나는 옛날에도 이름을 지어본 적이 있다. 스무 해쯤 지난 일인데, 큰누나의 아들이 장가가서 아들을 낳았다. 누나가 나더러 조카 손자의 이름을 지어달라고 하였다. 참 부담스러운 주문이었다. 선무당이 사람 잡는다고 혹시나 이름을 잘못 지어줘서 아이의 운명이 나빠지기라도 하면 어쩌나 하는 염려가 앞섰다. 그래도 공부하는 셈 치고 작명책을 사다가 숙독하고, 책에서 일려주는 대로 생년월일시에 맞는 한자의 획수를 찾아냈다. 혹시 획수를 잘못 세면 안 되기 때문에 같은 한자를 몇 차례나 거듭 써보면서 어렵사리 지어 주었다. 그랬더니 다음에 딸을 낳자 그 애도 지어달라고 하였다. 나는 작명서를 다시 꺼내 들고 또 이름을 지어 주었다. 그때 이름을 받은 조카 손자들이 이제 대학생이 되었는데, 이름 때문은 아니겠지만 여하튼 별 탈 없이 잘 지내고 있으니 내심 다행스럽기 그지없다.

어떤 이는 아이들 이름을 작명소에 가서 짓는다는데 나는 그게 별로 탐탁지 않아 보인다. 자녀 이름은 부모가 짓는 것이 가장 좋지 않을까. 혹 그럴 자신이 없으면 할아버지나 친지들에게 부탁하여 짓는 것이 생판 모르는 사람에게 돈을 주고 짓는 것보다는 낫지 않겠는가. 나는 아들과 딸의 이름을 손수 지었다. 딸은 덕성이 있는 여성이 되라고 '덕(德)'으로 하고, 아들은 용기 있는 사내가 되라고 '용(勇)'으로 붙였다. 그런데 고향의 어른이 아들 사주를 짚어보더니, 물이 부족하니까 이름에 물이 들어가야 한다며 '삼수변(氵)'을 붙일 것을 권했다. 그래서 '용(湧)'으로 호적에 올리는 바람에 '용기 있는 사내'가 졸지에 '샘솟는 사내'로 뒤바뀌었다. 그렇게 아이들의 이름이 지어졌고, 나중에 나의 전자메일 주소도 두 아이의 영문자 이름 첫 자를 따서 만들기도 했다.

사실 이름이란 대단히 임의적인 것이다. 그 사람에게 특정한 이름이 꼭 주어져야 한다는 필연성 같은 것은 없다. 아무거나 가져다 붙이면 그의 이름이 되는 것이다. 이름을 바꿔서 운이 트였다는 사람들이 있으나 나는 그것을 별로 믿지 않는다. 좋은 이름과 좋지 않은 이름이 존재한다면 내가 생각하는 좋은 이름이란 음양오행에 맞는 이름보다도 부르기 좋고 듣기 좋은 이름이 아닌가 싶다. 뜻도 좋고 고상한 느낌을 준다면 금상첨화일 터이다.

예전 나의 학창시절 여학생들에게 '끝순'이나 '말례'나 '맹숙'과 같은 이름이 있었다. 그 이름을 다른 사람보다 본인들이 더 싫어했다. 맹숙이는 자기 이름을 자꾸 '명숙'으로 써서 담임선생님께 지적을 받곤 했다. 자기 이름에 그리 애착이 없으면 좋은 이름이라고 할 수 없다. '복심'이나 '복례'도 발음상 좋지 않다. 복심은 된소리 발음이 귀에 거슬리고, 복례는 '봉례'와 똑같이 들린다. 내 친구 박준근이는 자꾸 '중근'으로 들려서 어디 가서 이름을 말하고 나서 "중이 아니고 주 밑에 니은 받침 준입니다." 하고 토를 달곤 했다. 최정오라는 친구도 마찬가지로 "호가 아니고 오입니다." 하고 오금을 박아야 했다. 듣는 사람이 다른 이름으로 받아들이기 쉬운 까닭에 그 역시 좋은 이름이라고 할 수 없다.

내 이름 '장병호'에 관해서는 스스로 특별히 좋거나 싫다는 생각은 별로 없다. 어릴 때 할아버지 할머니들이 '빙호'니 '벵호'니 부르기도 했는데, 노인들의 발음이라서 그리 흉잡힐 것은 없었다. 다만 '빛날 병(炳)'과 '호걸 호(豪)'를 새겨볼 때 '빛나는 호걸'로서 어디 가서 힘자랑하는 사람으로 살아가라는 이름 같은데, 그와는 정반대로 방구석에 틀어박혀 글이나 끄적이는 서생으로 지내는 것이 엉뚱하게 생각된다. 애오라지 지금 바라는 것이 있다면 나중에 욕된 이름으로 남지나 않았으면 하는 것뿐이다.

매화찬

아내의 동창인 황선생이 얼마 전 서각 작품을 하나 보내왔다.

교직에서 퇴임한 뒤로 서각을 배운다는 소식이 들리더니, 그예 작품이 나왔나 보다.

하얗게 칠한 직사각형의 나무판에 "桐千年老恒藏曲 梅一生寒不賣香(동천년로항장곡 매일생한불매향)"이라고 새겨져 있다. 오동나무는 천년이 지나도 제 가락을 간직하고, 매화는 일생 추위에도 향기를 팔지 않는다는 뜻이다. 조선 선조 때의 문인 상촌(象村) 신흠(申欽, 1566~1828)의 시구라고 한다. 그는 송강 정철과 노계 박인로, 고산 윤선도와 더불어 조선 4대 문장가로 손꼽히는 인물이다.

칠언절구인 이 시의 원문에는 다음 구절이 더 있다. "달은 천 번을 이지러져도 본바탕은 변함이 없고, 버드나무는 일백 번을 꺾여도 새 가지를 낸다(月到千虧餘本質 柳經百別又新枝)."가 그것이다. 앞 구절과 뒷 구절이 대구를 이루고 있다. 이 시에 언급하는 오동나무와 매화, 달과 버드나무는 모두 '한결같음'과 '변함없음'의 특성을 지니고 있다.

나는 이 네 사물 가운데서 추위에도 향기를 팔지 않는 매화가 가장 마음에 든다. 추위 속에서 향기를 팔지 않는다는 것은 고난에 처해서도 신념을 잃지 않고 지조와 절개를 지킨다는 이야기가 아닌가. 사람들은 대개 안락을 좇고 이해득실을 따져 시류에 편승하여 부화뇌동하기 쉽다. 그러나 심지가 강한 사람은 소신을 굳게 지키며 흐트러지지 않는다. 그래서 옛 선비들은 매화를 애호하였으며, 난초와 국화와 대나무와 더불어 네 군자 가운데에서 매화를 맨 앞에 두었다.

매화라고 하면 빼놓을 수 없는 시조가 한 편 있다.

어리고 성근 매화(梅花) 너를 믿지 않았더니
눈 기약(期約) 능히 지켜 두세 송이 피었구나.
촉(燭) 잡고 가까이 사랑할 제 암향(暗香)조차 부동(浮動)터라.

조선 고종 때의 가객(歌客) 안민영(安玟英, 1816~?)의 작품이다. 그는 매화를 소재로 여덟 수의 연시조를 지었는데, 이것은 그 두 번째에 해당하는 작품이다. 어린 매화나무를 보고 설마 꽃이 필까 하는 의구심을 가졌는데 과연 눈이 내릴 때 두세 송이가 피어났다. 설중매(雪中梅)의 본성이 나타난 것이다. 그래서 밤중에 촛불을 들고 매화를 감상하며 그윽한 향기를 즐기는 내용이다. 눈 속에서 피어나는 매화의 고결한 성품을 예찬하면서 그에 대한 무한한 애정을 표현하고 있다. 이렇게 선비가 매화를 좋아하는 것은 서로 통하는 점이 있기 때문이다. 그것은 물고기가 물을 좋아하고 산짐승이 산을 좋아하는 것이나 마찬가지로 자연스러운 일이다.

겨울에 피는 매화를 납월매(臘月梅)라고 부르기도 한다. 납월이란 음력 섣달을 가리키는데, 정월을 앞둔 한겨울 추위 속에서 피어난 만큼 그 생명력이 돋보인다. 옛 선비는 그것을 지조와 절개로 생각했다.

나는 매화에 남다른 애착을 지니고 있지는 않지만 해마다 봄이 되면 두세 군데는 가는 편이다. 한 곳은 선암사요 한 곳은 화엄사요 또 한 곳은 섬진강변이다.

선암사에는 홍매가 있다. 무우전(無憂殿)의 돌담을 따라 매화나무가 늙은 가지에 점점이 붉은 등을 밝힌다. 이른바 선암매라는 것인데 나무가 크지는 않아도 심은 지 육백 년이 넘는 고목으로 천연기념물로도 지정되었다. 쉰 그루쯤 되는 나무들이 낡은 기와 돌담과 어울려 고풍스러운 멋을 자아낸다.

화엄사의 홍매도 둘째가라면 서러워할 자태이다. 각황전(覺皇殿) 옆에 활짝 날개를 펼치고 있는 한 그루의 매화나무 새빨간 꽃등을 가득 달고 봄철 탐방객의 눈길을 사로잡는다. 이 매화는 조선 숙종 때 각황전 중건 기념으로 심어서 각황매(覺皇梅)라고도 불리고, 색깔이 짙다고 흑매(黑梅)라고도 불린다고 한다.

섬진강변에 가면 청매실을 볼 수 있다.

산골짜기를 따라 파도처럼 굽이치는 매실나무밭에 파르스름한 매화가 넘실댄다. 잉잉거리는 꿀벌의 소리를 들으며 싱그러운 매화 향기를 흠뻑 마셔본다. 그 향기마저도 파르스름한 빛깔을 띠는 것 같다. 따사로운 햇살 아래 매화 향기에 취하면서 역시 봄이 왔구나 하는 것을 실감하게 된다.

매화는 조촐하고 소담스러운 꽃이다. 부끄러움 타는 시골 색시와 같다고나 할까. 장미나 벚꽃처럼 화려하고 탐스러운 것에 익숙한 사람들에게는 그런 모습이 눈에 들어오지 않을는지도 모른다. 그러나 짙은 화장에 세련된 옷을 갖춰 입은 도시 여성만 멋이 있는가. 흰 저고리에 검정 치마를 입은 시골 처녀도 풋풋한 아름다움이 있지 않은가. 얼른 눈에 들어오지는 않아도 가까이 들여다볼수록 정겨운 느낌을 주는 것이 매화이다. 사람도 사귀어 보면 처음부터 눈에 번쩍 띄는 사람보다 있는 듯 없는 듯하면서도 묵묵히 제자리를 지키고 있는 사람이 진국인 경우가 많지 않은가.

황선생에게 받은 서각작품을 거실 벽에 걸어두었다. 사람이 생애 동안 세속에 흔들리지 않고 일관되게 자신을 지키는 것은 쉬운 일이 아니다. 부족하지만 나도 세상을 살아가면서 추위 속에서도 향기를 팔지 않는 매화의 꼿꼿한 정신 자세와 몸가짐을 배우고자 한다.

고구마 심는 날

엇그제 고구마를 심었다.

봄가뭄이 심해 하늘만 쳐다보던 끝에 겨우 심었다.

고구마는 순을 잘라 심는 까닭에 마른 땅에 심어놓으면 오래 못 가서 말라 죽는다. 물론 물을 넉넉히 주면 좋겠지만 우리 텃밭은 물이 없어 그렇게 할 수가 없다. 그래서 비 오는 날을 기다렸다가 심는 요령이 생겼다.

이웃의 최씨 아저씨는 나보다 훨씬 먼저 심었다. 일찌감치 씨감자를 땅에 묻어 고구마 싹을 내었고, 그것이 무성해지자 날씨에 구애받지 않고 밭에 심었다. 부럽게도 아저씨네 밭은 졸졸 흐르는 물이 있어서 언제든 물을 줄 수 있다. 덕분에 가문 날씨에도 불구하고 벌써 뿌리를 내리고 줄기를 뻗기 시작했다.

"고구마순 사지 말고 우리 것 뜯어다가 심으시오."

인심 좋은 아저씨가 진작부터 말했지만 바싹 마른 땅에 심을 수는 없지 않은가. "예, 그럴게요." 하고 대답만 해놓고 하늘만 쳐다보고 있었다. 올해 따라 봄가뭄이 왜 이리 지루한가! 춘향이가 한양 간 이도령 기다리듯 오매불망 비를 기다리며 일기예보에 신경을 곤두세웠다.

흙먼지 날리던 봄가뭄이 가셨는지 6월이 되자 드디어 비 소식이 들렸다.

오후부터 비가 내린다는 예보에 새벽같이 최씨 아저씨 밭에 가서 고구마 줄기를 채취했다. 한 뼘 이상 자란 줄기들만 골라서 가위로 잘라냈다. 이른 아침 남의 밭에 들어가 있으니 누가 보고 도둑으로 여기지 않을까 조바심이 생긴다. 그렇지만 아저씨가 저번에 고구마순을 뜯어가라고 분명히 말했으니까 누가 뭐래도 나는 할 말이 있다. 애써 불안감을 달래며 부지런히 가위를 놀렸다.

고구마 줄기를 한아름 뜯어와 우리 밭에 심기 시작했다. 고구마 심을 이랑은 진작 만들어 놓았다. 지난해 고구마를 캐냈던 곳이다. 다른 작물 심지 않고 그대로 두었다가 올해 다시 이랑을 돋우었다. 스무 평 남짓한 밭에 열서너 개의 이랑이 만들어졌다. 작년에는 욕심을 부려 고랑을 다소 좁게 만들었는데, 그 때문인지 고구마의 씨알이 잘았다. 공간이 비좁다 보니 고구마 줄기가 서로 얽혀 싸우느라고 햇빛을 많이 못 봤던 것이 아닌가 싶다. 올해는 이랑과 이랑 사이의 공간을 좀 더 넓게 잡았으니 가을에 수확이 어떨지 두고 봐야겠다.

농사는 경험이 중요하다. 해마다 이리 해보기도 하고 저리 해보기도 하면서 결과를 견주어 본다. 그리하여 다음 해에는 더 나은 쪽으로 방향을 잡는다. 경험 많은 농사꾼에게 물어보는 것도 좋은 방법이다. 나는 궁금한 것이 있을 때는 김형과 최씨아저씨의 도움을 받는다. 농과대학 출신인 김형은 교과서적인 전문가이고, 최씨아저씨는 젊었을 때부터 농사를 지어온 실무경험자이다. 두 분 덕분에 해마다 별 실패 없이 무난한 결실을 얻고 있으니 참 고마운 일이다.

고구마를 심을 때는 흙을 파낸 자리에 물을 먼저 붓는다. 그러고 나서 고구마 줄기를 묻고 흙을 덮는다. 작년에는 물을 주지 않고 그냥 심었더니 뿌리를 내릴 때까지 상당히 어려움을 겪는 모양새였다. 비가 어지간히 오지 않고는 고구마 줄기가 묻힌 땅속까지 스며들지 않기 때문이다. 그래서 비가 많이 내리지 않을 것을 대비하여 땅을 적셔주면서 고구마를 심는 것이다. 이것도 여태껏 몰랐는데 얼마 전에 유튜브 영상에서 배운 것이다. 요즘 유튜브가 선생 노릇을 톡톡히 한다. 검색만 하면 전국의 농부들이 농작물에 비료 주고 농약 치고 수확 늘리는 요령 따위를 앞다투어 알려주고 있다. 이제는 인터넷 정보망을 잘 활용하면 농사짓기가 별로 어려울 것이 없어 보인다.

사실 농사 중에 가장 쉬운 것이 고구마 농사이다. 우선 고구마는 거름을 안 줘도 된다. 비옥한 땅보다 척박한 땅에 더 잘된다. 농약도 안 해도 된다. 특이하게 고구마는 병충해를 타지 않는다. 더욱이 김을 매줄 필요도 없다. 무성하게 뻗은 고구마 덩굴의 등쌀에 잡초가 자랄 틈이 없다. 고구마 덩굴의 기세가 잡초를 압도해버린다. 아마 농작물 중에 잡초를 이겨내는 것은 고구마뿐일 것이다. 그러니까 일단 땅에 꽂아만 놓으면 저절로 되는 것이 고구마 농사라고 할 수 있다. 게다가 고구마순을 뜯어다가 나물 반찬도 해먹을 수도 있으니 이거야말로 일거양득이 아닌가.

고구마에 관해서는 어릴 때 추억이 많다.

어린 시절 고구마밥을 많이 먹었다. 식량이 귀한 시절이라 보리쌀에 고구마를 듬성듬성 썰어 넣어 밥을 했다. 노랗게 익은 고구마가 섞인 덕분에 맨 꽁보리밥보다는 먹기가 수월했다. 점심밥을 고구마로 때울 때도 많았다. 고구마를 한 솥 쪄서 상위에 올려놓고 김이 모락모락 나는 고구마를 호호 불어가며 시원한 동치미 국물과 함께 먹곤 했다.

밭에서 고구마를 캐오면 저장소가 아랫방이었다. 방 한쪽 구석에 대나무로 엮은 발을 둘러놓고 그 안에 고구마를 가득 쌓아 놓았다. 우리는 늦은 밤에 배가 출출하면 생고구마를 깎아 먹곤 했다. 그런데 그것을 축내는 것은 우리만이 아니었다. 쌓아놓은 더미 속에서 쥐가 고구마를 갉아 먹으며 뽀드득 소리를 내는 것이었다. 대나무로 엮은 발을 툭툭 차면 잠시 멈추었다가 다시 뽀드득 소리를 냈고, 우리는 어쩔 수 없이 그 은밀한 소리를 자장가로 들으며 꿈나라에 빠져들곤 했다.

그런데 우리 어릴 때는 이 고구마를 다들 '감자'라고 불렀다. 대신 지금 '감자'라고 하는 것은 여름에 나온다고 하여 '하지감자'라고 불렀으니 혼동할 것은 없었다. 본디 고구마는 조선 영조 때 조엄(趙曮, 1719~1777)이 통신사로 일본에 다녀오면서 대마도에서 들여왔는데, 이때 이름이 '감져(甘藷)'라고 하였으니, 내 어릴 때의 '감자'라는 호칭이 틀린 것은 아니었다. 오히려 지금 통용되는 '고구마'가 대마도 사람들이 부르던 '고우꼬우이모(孝行芋)'에서 비롯된 점을 생각하면 '감자'야말로 우리의 자존심과 더 가까운 호칭이 아니겠는가.

어릴 때 우리가 먹던 고구마는 대개 표면이 희고 어른 주먹만큼이나 부피가 컸으며 삶으면 물이 흠뻑 배어있었다. 흔히들 말하는 '물감자'가 바로 그것이었다. 나처럼 흐리멍덩한 애들이 이따금 흐릿한 짓을 하면 어른들이 "아유, 이 물감자야!"하고 핀잔을 주곤 하였다. 나중에 도시 생활을 하며 비로소 거죽이 새빨간 고구마를 먹어보았는데, 이것은 물감자처럼 크지도 않고, 솥에 찌더라도 물이 흐르지 않고 밤처럼 포근포근하여 맛이 아주 그만이었다. 그것을 맛보고 나니 그동안 시골에서 먹었던 '물감자'가 얼마나 매력이 없는 것이었나 알 수 있었고, "아유, 이 물감자야!"라고 하던 낮박살의 의미도 깨달을 수 있었다. 아마 그때 시골에서 밤고구마보다 물감자를 주로 심은 것은 맛보다는 수확량을 우선시하였기 때문이 아니었나 싶다. 그만큼 고구마는 가난한 시절에 구황작물(救荒作物)로 큰 구실을 했다.

요즘은 먹을거리가 넘쳐나니 고구마가 예전처럼 간식 구실을 하지 못하고, 대신 건강식품으로 주목을 받고 있다. 고구마는 알칼리성 식품으로 비타민과 무기질, 양질의 식이섬유가 풍부하여 체중조절에 효과가 있다고 한다. 특히 당근, 호박과 함께 폐암을 예방하는 3대 적황색 식품으로 알려져 있으며, 고구마를 많이 먹는 사람은 먹지 않는 사람에 비해 폐암 발생률이 절반으로 줄었다는 연구 결과도 있다는 소식이다. 요즘도 겨울이면 길거리에 군고구마 장수를 볼 수 있고, 또 카페마다 고구마로 만든 음료를 팔고 있으며, 어떤 다방에서는 고구마를 구워서 팔기도 하는 것을 보면 고구마의 풍미는 여전히 사람의 입맛을 당기는 모양이다.

내가 고구마를 즐겨 심는 것은 이것이 가장 손이 덜 가면서도 일정한 수확을 기대할 수 있는 작물이기 때문이다. 올해 작황이 어떨지는 가을에 가봐야 알겠으나 많든 적든 얻어지는 대로 이웃에도 나눠주고, 애들에게도 보내주고, 틈틈이 간식으로 쪄먹을 생각이다.

다행히 고구마를 심고 나니 오후에 비가 내렸다. 그런데 많은 비가 아니어서 '고작 이거야?' 했는데, 내 간절함이 하늘에 닿았는지 이튿날은 종일 비가 쏟아졌다. 시원한 빗줄기에 고구마순이 춤을 출 것을 생각하며, 나는 내심 쾌재를 불렀다. 야! 올해 고구마 농사도 절반은 성공이구나!

맨발걷기

요즘 맨발걷기가 유행하고 있다.

공원 숲길에 맨발로 걷는 사람들이 눈에 띄게 많아졌다. 학교 운동장에도 아침저녁으로 맨발 상태의 사람들이 줄을 잇는다. 불과 몇 년 전만 해도 다들 운동화 차림이었다. 그 시절에 맨발로 걷는 사람이 있었다면 "저 사람 돌았나?" 하는 말을 들었을 것이다. 그런데 이제는 너도나도 신발을 벗어 던지고 당당히 활보하고 있으니 이만하면 가히 유행을 넘어서 열풍이라고 할 만하다.

나도 작년 봄에 친구 부부가 맨발 걷기를 권하며 휴대전화 동아리방에 초대하면서 맨발걷기에 관심을 갖게 되었다. 그리하여 저녁이면 아내와 함께 인근 초등학교에 가서 신발을 벗어놓고 운동장을 돌기 시작했다. 처음에는 발바닥이 얼얼했으나 얼마쯤 지나고 나니 그런 느낌이 없어졌다. 역시 사람의 몸은 적응력이 대단하다.

동아리방에는 맨발걷기에 관한 정보들이 매일 올라온다. 주로 맨발걷기의 효과에 관한 내용이 많은데, 요약해보면 대개 이런 내용들이다.

첫째로 맨발걷기는 지압효과가 있다.

발은 신체에서 2%만을 차지하는 작은 부위지만 나머지 98%를 지탱한다. 그리고 발은 인체의 축소판이라고 불릴 정도로 각종 신경과 혈관들이 인체에 연결이 되어 있다. 우리의 발은 늘 양말과 신발 속에 갇혀 지내는 시간이 많다. 그러므로 신발을 벗고 땅을 밟으면 용천혈을 비롯한 여러 혈자리를 자극함으로써 각종 근육과 세포들이 활성화되면서 신체 기능이 향상된다고 한다.

둘째로 맨발걷기는 혈액순환 개선에 도움이 된다.

발은 심장에서 내려온 혈액을 다시 위로 올려보내는 펌프 역할을 하므로 제2의 심장으로 불리기도 한다. 발바닥을 자극함으로써 혈액순환이 원활해지고 신진대사가 촉진되고 산소와 영양분이 효과적으로 전달되어 체질 개선과 피부 미용, 신경통 치료 등에 좋은 영향을 미칠 수 있다고 한다.

셋째로 맨발걷기는 활성산소 제거에 좋다.

활성산소는 우리 몸에 해로운 물질로 노화 촉진과 면역력 저하 등의 원인이 된다. 맨발로 땅을 밟게 되면 활성산소에 따른 몸의 양전하가 땅의 음전화와 만나 중화된다. 그리고 맨발로 땅의 자기장 에너지를 흡수함으로써 자율신경 개선은 물론 스트레스 해소, 불면증 및 신경증 완화에 효과가 있다고 한다.

한편 맨발걷기는 땅을 밟아야 효과가 있고, 포장도로와 같이 땅이 닿지 않은 데를 걸으면 효과가 없다고 한다. 그리고 빗물에 젖은 땅이나 바닷물이 찰랑거리는 모래밭과 같이 물기가 있는 곳을 걷는 것이 효과가 크다고 한다.

내가 속한 공유방을 보면 여러 사람이 맨발걷기로 질병을 이겨낸 사례를 이야기하고 있다.

이를테면 폐암 수술을 하고 나서 몸이 천근만근 무겁고 머리 통증과 어지럼증을 앓던 이가 맨발로 걸으면서 깨끗이 나았다는 얘기가 있고, 지방간과 당뇨, 과체중으로 고생하던 사람이 맨발걷기 1년 만에 회복되었다는 얘기도 있다. 그리고 남편은 편도암이고 아내는 폐암 4기인데 맨발걷기를 통해서 항암약을 끊고 행복을 되찾았다는 사례가 있고, 갑상선 중증에다 유방암으로 힘들어 하던 주부가 맨발 산책 3년 만에 기쁨을 되찾았다는 사례도 있다. 또 무릎 관절이 안 좋아서 병원에 다니던 이가 황톳길을 걸은 지 두 달 만에 무릎 통증이 없어짐은 물론 혈당과 혈압이 떨어지고 잠도 잘 온다고 증언하기도 한다. 맨발을 통해 땅의 좋은 기운을 몸에 받아들이고, 몸의 나쁜 기운은 밖으로 내보내어 자연치유력이 높아졌다는 얘기들이다.

요즘 지자체에서도 맨발걷기에 호응하여 너도나도 황톳길을 조성에 힘쓰고 있다. 내가 사는 고장만 하더라도 호수공원에 녹색 쌈지숲이라고 하여 맨발산책로가 조성되어 있고, 국가정원에도 맨발길을 꾸며놓았으며, 얼마 전에는 맨발걷기 활성화 조례도 제정했다고 한다. 이렇게 지자체마다 경쟁적으로 맨발길에 열성을 보이는 것은 그만큼 맨발 인구가 늘어났기 때문일 것이다. 맨발걷기만 열심히 하면 병원에도 가지 않고 약도 먹지 않고 건강을 유지할 수 있다니 얼마나 고마운 일인가.

그런데 나에게는 숙제가 하나 있다.

아내가 아직도 맨발걷기에 회의적인 것이다. 나와 함께 운동장을 돌면서도 신발을 벗지 않는다. 아내는 본디 겁이 많고 의심을 잘한다. 과학적으로 검증되지도 않았는데 남이 한다고 따라 하는 것을 우습게 여긴다. 이 세상에 자기만 똑똑하고 다른 사람들은 다 바보라는 말인가? 더욱이 아내는 맨발로 걷다가 상처를 입지 않을까도 염려하는 것 같다.

어떻게 하면 아내의 신발을 벗길 수 있을까? 방법은 오직 하나, 내가 열심히 맨발걷기를 하여 건강한 모습을 보여주는 것밖에 없을 것 같다. 나는 혈압약을 몇 년째 먹고 있는데, 앞으로도 맨발걷기를 계속하면 고혈압에서 벗어날 수 있지 않을까? 아마 그렇게 된다면 아내는 맨발걷기 효과를 긍정하고 신발을 벗지 않을 수 없을 것이다. 그런 생각으로 나는 오늘도 운동장으로 나선다.

하늘이 무너져도

평소 방송을 보며 안타까운 소식을 접할 때가 있다.

가장 안타까운 것이 노동자들이 일터에서 사고를 당해 목숨을 잃는 경우이다. 대개 그런 사고는 안전조치 미흡으로 일어나는데, 사전에 안전관리만 잘했어도 참변을 막을 수 있었으리라고 생각하면 더욱 애석한 마음이 든다. 이제 그가 거두어 오던 가족들은 어떻게 세상을 살아갈 것인가.

또 하나 안타까운 것은 생활고로 인한 일가족의 동반 자살이다. 얼마 전에도 40대 가장을 비롯한 일가족 세 명이 바닷가의 차 안에서 숨진 채 발견되었다는 보도가 있었다. "모든 사람에게 미안하다."라는 메모가 발견되었다고 하는데, 사업에 실패하고 빚 때문에 그와 같은 극단적인 선택을 한 것이 아닌가 싶다.

무엇보다 그 자녀들의 희생이 가엾기 그지없다. 죄 없는 어린 생명이 왜 부모와 함께 세상을 등져야 하는가. 이 세상에 목숨을 얻어 새싹처럼 자라던 생명이 영문도 모른 채 삶을 마감하는 것보다 더 큰 비극이 어디 있겠는가.

나는 이런 소식을 들을 때마다 그 가장(家長)을 원망하고 싶다. 설혹 하던 일이 뜻대로 되지 않았더라도 어떻게든 버티다 보면 살아날 방도가 있을 텐데, 어찌하여 자기가 낳은 자식의 목숨까지 앗아간단 말인가. 아무리 곤란한 처지에서도 여러모로 궁리하고 묘안을 짜면 해결할 방도가 생기지 않을까. 예부터 어려운 상황에서 기발하게 머리를 써서 궁지에서 벗어난 사례들이 많이 있다.

옛날 어느 서당에 훈장님이 벽장에 꿀을 감춰두고 아이들 몰래 꺼내 먹곤 했다. 어느 날 한 학동이 그 모습을 보고 물었다. "훈장님, 혼자서 뭘 잡수세요?" 훈장님은 "응, 이건 어른들만 먹는 약이란다. 애들이 먹으면 죽는 거야." 하고 둘러댔다. 그러나 학동은 그것이 거짓말이라는 것을 눈치챘다.

하루는 훈장님이 잔칫집에 가느라고 서당을 비우게 되었다. 학동은 친구들과 함께 벽장에 있는 꿀을 꺼내 맛을 보다가 결국 다 먹어 버렸다. 먹고 나서 생각하니 훈장님한테 야단맞을 일이 걱정이었다. 다들 안절부절못하고 있을 때 학동이 훈장님이 아끼는 벼루를 꺼내 마당에 내려쳐서 깨뜨려 버렸다.

훈장님이 서당에 돌아와 보니 아이들이 모두 방바닥에 눈을 감고 누워 있었다. 왜 그러냐고 묻자 학동이 대답했다.

"저희가 장난을 치다가 벼루를 깨뜨리고 말았습니다. 훈장님께 큰 죄를 짓고 차라리 죽을 생각으로 벽장의 약을 꺼내먹고 모두 죽기를 기다리고 있습니다."

훈장님은 말문이 막혀 아이들을 나무랄 수가 없었다. 어린애의 꾀에 어른이 당한 것이다. 그 뒤로 훈장은 아이들 몰래 음식 먹지 않았다고 한다.

오늘날에도 머리를 써서 난관을 돌파한 이야기들이 있다.

그 가운데 하나가 겨울철에 아이스크림 장사를 한 사람의 이야기이다.

한 아이스크림 장수가 있었는데 겨울이 되자 매상이 떨어져 고심하고 있었다. 하루는 공원에 앉아 있는데, 발밑에 전단지가 하나가 날아왔다. 그것은 서커스 공연 광고지였다. 그는 서커스 단장을 찾아갔다.

"관람객에게 팝콘을 공짜로 나눠드리고 싶은데, 허락해주시겠습니까?"

단장은 쾌히 승낙했다. 관람객들은 공짜 팝콘을 먹으며 공연을 즐겼다.

중간에 휴식시간이 있었는데, 뜻밖의 장면이 연출되었다. 사람들이 아이스크림 판매대에 몰려와 줄을 서는 것이 아닌가. 팝콘을 먹고 목이 말랐던 것이다. 그는 계절에 상관없이 아이스크림을 많이 팔 수 있었다.

절에 가서 스님들에게 빗을 판 사람의 이야기도 들어볼 만하다.

어느 회사에서 신입사원을 뽑으며 지원자들에게 과제를 제시했다. 절에 가서 스님들에게 나무로 만든 빗을 팔고 오라는 내용이었다. 지원자 대부분이 스님들은 빗이 필요 없는데 어떻게 팔 수 있겠느냐며 시험을 포기했다. 마지막에 세 사람만 남았다.

시험관은 세 사람에게 열흘의 기한을 주며, 빗을 팔고 와서 결과를 보고하라고 일렀다. 열흘이 지난 뒤에 세 사람이 돌아왔다. 그들은 판매 실적이 제각기 달랐다. 한 사람은 빗을 딱 한 개 팔았고, 또 한 사람은 열 개를 팔았으며, 세 번째 사람은 1천 개나 팔았다.

시험관이 빗 한 개를 판 사람에게 어떻게 팔았냐고 묻자 그는 여러 절을 돌아다니던 끝에 머리가 가려워 머리를 긁는 스님이 있어 그에게 팔았노라고 대답했다. 열 개를 판 사람은 신도들이 머리를 빗을 수 있도록 절에도 빗을 걸어두는 것이 필요하다고 설득했노라고 대답했다. 빗 1천 개를 판 사람은 큰 절의 주지 스님을 찾아가 '선행하는 빗'이라는 뜻으로 빗에 '적선소(積善梳)'라는 글씨를 새겨서 신도들에게 선물할 것을 제안했다. 그러면 신도들이 그 빗을 사용할 때마다 선행을 생각하게 되고, 더욱 많은 사람이 절을 찾을 것이라고 말하여 한꺼번에 1천 개를 주문받았다고 말했다.

세상사 모든 것이 생각하기 나름이고 생각을 어떻게 하느냐에 따라 결과가 크게 달라질 수 있음을 보여준다.

신발회사 영업사원 두 사람이 아프리카에 출장을 갔다. 아프리카인들에게 신발을 팔 수 있나 시장조사를 하기 위해서였다. 아프리카에 도착해보니 사람들이 모두 맨발로 다니고 있었다.

한 사람은 이렇게 보고서를 썼다.

"아프리카 사람들은 아무도 신발을 신고 다니지 않습니다. 따라서 여기에서는 신발을 팔 수가 없겠습니다."

다른 한 사람은 이렇게 보고서를 썼다.

"아프리카 사람들은 아무도 신발을 신고 다니지 않습니다. 따라서 그들에게 신발을 착용하도록 한다면 무궁무진한 시장이 될 수 있겠습니다."

똑같은 상황이지만 보고서 내용이 정반대였다. 서로 관점이 달랐기 때문이다. 어떤 시각으로 사물이나 상황을 보느냐에 따라 상반된 결과가 만들어진다는 것을 알 수 있다.

사람들은 대개 난관에 부딪히면 좌절하고 한탄에 빠진다. '아, 어쩔 수 없구나!' '도저히 안 되겠는걸.' 하고 자포자기하게 된다. 반면에 어려운 상황을 오히려 반전의 기회로 생각하고 창의적인 생각으로 도전하는 사람도 있다. 인생의 성패는 어떤 마음을 먹고 임하느냐에 따라 달라지는 것이다.

사람은 누구에게나 생명 보존 본능이 있다. 그 본능을 이기고 자기 목숨을 끊는 사람들은 그만큼 상황이 절박하고 희망이 보이지 않기 때문일 것이다. 그와 같은 처지에 놓여보지도 않고 다른 이들이 그의 죽음에 대해 왈가왈부하는 것은 그를 욕되게 하는 일인지도 모른다.

그렇지만 위기가 곧 기회라는 말이 있지 않은가. 하늘이 무너져도 솟아날 구멍이 있다고도 하지 않는가. 이 세상에 사람보다 존귀한 것이 없고 사람의 목숨보다 소중한 것이 없는 만큼 아무리 세상살이가 힘들다 하더라도 극단적인 선택만은 자제했으면 좋겠다.

제2부 문행일치

고마운 사람

문행일치

글쓰기와 그림 그리기

나의 피서지

서재 정리

바른 글쓰기를 위하여

두만강 푸른 물에

예술의 향기 작가의 힘

순천문학관이 필요하다

와온 시비공원 어떤가?

고마운 사람

세상을 살아가면서 고마운 사람을 많이 만난다.

나를 낳고 키워주신 부모님이나 아껴주는 형제자매, 믿고 의지하는 아내와 자식 등 가족에 대한 고마움이야 말할 것도 없고, 학창시절 남달리 마음을 써주던 선생님이나 직장에서 이리저리 도움을 주던 동료들, 부족한 선생을 싫다 않고 따라주던 제자들, 돌이켜 보면 삶의 모퉁이마다 마주쳤던 수많은 인연이 있다. 내가 지금껏 별 탈 없이 살아온 것도 모두 이러한 고마운 사람들 덕분이라고 본다.

그런데 글을 쓰기 시작하면서부터 고마운 부류가 또 하나 생겼다.

바로 내 글을 읽어주는 사람이다. 변변찮은 글이긴 하지만 내가 쓴 글을 읽어주고 한 마디라도 느낌을 말해주는 사람이 고맙기 그지없다.

내 글이 실린 문예지가 나오면 주위의 지인들에게 두루 보내준다. 그런데 대부분 반응이 없다. 책을 보내준 사람의 성의를 생각해서 목차라도 읽어보고 뭐라고 한 마디 해주면 좋으련만 모두 꿀 먹은 벙어리이다. 그렇다고 내 글을 읽었느냐, 글이 어떻더냐 하고 일일이 물어볼 수도 없지 않은가. 별 볼 일 없는 글이라 그러나 보다 하고 입을 다물고 있기는 하지만 솔직히 서운한 생각이 든다.

내 저서를 보낸 경우도 마찬가지다.

작가가 책 한 권을 펴내기까지는 여간 공력이 드는 게 아니다. 우선 한 권 분량의 글을 써내기까지는 오랜 시간 머리를 쓰며 땀을 흘려야 한다. 출판사로 원고를 넘긴 뒤에도 여러 차례 다듬는 과정을 거친다. 유명 작가가 아닌 경우에는 출판비도 본인이 마련해야 하니 재정적인 부담도 만만치 않다. 흔히 작가가 책을 한 권 펴내기까지의 고통은 임산부가 겪는 출산의 고통에 많이 비유된다. 그렇게 해서 세상에 나온 책인 만큼 작가로서는 애착이 클 수밖에 없다. 그러나 대개 사람들은 그저 '책 나와라 뚝딱!' 하면 나오는 줄 아는지 책을 받고도 별다른 반응이 없다. 책을 쓴 사람으로서는 야속한 생각이 들고, '이럴 줄 알았으면 보내지 말 걸 그랬나?' 하고 고개를 갸우뚱거리게 된다.

반면에 적극적인 반응을 보여주는 사람도 있다.

흔치는 않으나 책에 대한 세세한 자기 생각을 보내주기도 한다. 내가 받은 편지 가운데 기억나는 것은 문병란 시인이 보내준 것이다.

보내주신 귀한 서적 감사한 마음으로 간직하였습니다. 한국소설에 나타난 기층민중의 소외 문제를 다룬 소설들을 깊이 연구하시고 그것을 책으로 엮어 한국문학, 특히 노동문학에 대한 깊은 이해를 통해 참된 문학작품의 위상을 정립하신 그 연구와 공적에 심심한 축하를 드립니다. 읽을거리라는 명목하에 양서보다는 악서가 다 많이 횡행하는 요즈음 서가에서 그래도 진지한 연구서적이 있다는 것은 반가운 일입니다.

이 내용을 손수 양면괘지에 써서 보내주었다. 그 손편지를 통해 시인이 내 책을 통독하지는 않았어도 상당히 주의 깊게 살펴보았구나 하는 느낌을 받았고, 아주 고마운 생각이 들었다. 나는 시인의 정성에 감복하여 편지를 그냥 버릴 수가 없었다. 지금도 시인의 편지를 봉투와 함께 간직해두고 있다.

어느 후배는 이런 내용을 보내주었다.

목표를 뚜렷이 하고 그것을 향해 호시우행(虎視牛行)하라는 가르침을 말없이 보여주는 선생님. 염치없이 밥만 축내며 살아가는 제게 이런 귀한 책을 보내주셔서 고맙습니다. 선생님의 그간 노고가 느껴졌습니다. 저도 선생님을 본받아 진정 성실한 자세로 공부하는 학인(學人)이 되도록 애쓰겠습니다.

과분한 칭송에 고개를 들 수 없었다. 내 책을 좋게 평가해주니 감사하기 그지없고, 앞으로 더욱 분발해야겠다는 각오가 생겼다.

간혹 쓴소리를 해주는 사람도 없지 않다. 그때는 귀에 거슬리기도 하지만 가만 따져보면 그도 고마운 일이다. 그만큼 내 글을 관심 있게 봐주었다는 이야기가 아닌가.

수필을 갓 쓰기 시작하던 무렵의 일이다.

어느 날 문단 선배가 원고지 한 묶음을 보내왔다. 내 글의 장황한 부분을 잘라내고 필요한 내용만 새로 옮겨 적은 것이었다. 애써 만든 내 글을 마구 잘라낸 것을 보고 한순간 저항감이 들었다. 그러나 다시금 생각해보니 그게 보통 정성이 아니었다. 남의 글에 대해서 이러쿵저러쿵 말하기는 쉬워도 전체 문장을 다듬어 원고지에 적어주는 일을 누가 쉬이 할 수 있겠는가. 나더러 하라고 해도 손사래를 치고 말 것이다. 나는 그 선배에 대한 고마움을 마음속 깊이 간직하고 있다.

몇 해 전에 작고한 목포의 김학래 수필가는 누구에게 책을 받으면 꼭 육필로 답례의 글을 보낸다고 하였다. 역시 책을 여러 권 펴내본 분이라 책을 보낸 이의 마음을 잘 알고 그러한 일을 실천한 것이다.

나도 요즘 책을 받으면 저자의 전화번호를 찾아서 답신문자를 띄우고 있다. 보내주신 책 잘 받았고, 출간을 축하드리며, 잘 읽어보겠다는 내용이다. 저자에게 고맙다는 응답을 받기 위해서가 아니라 그것이 책을 보내준 성의에 대한 최소한의 답례이자 글 쓰는 사람의 도리라고 생각하기 때문이다.

문행일치

말과 행동이 다른 사람이 있다.

말을 하는 것을 보면 번드레한데 행동이 그에 따르지 못한다.

"그 정도야 식은 죽 먹기죠. 염려 푹 놓으세요."

그렇게 큰소리쳐놓고는 시일이 지나고 나서는 언제 그랬느냐는 듯이 흐지부지해 버린다.

"잘 먹었습니다! 다음에는 제가 자리를 한번 마련할게요."

그래놓고는 해가 바뀌도록 꿩 구워 먹은 소식이다. 나중에 다시 만나면 언제 그런 말을 했느냐는 듯이 태연한 얼굴이다. 본인도 자기가 무슨 말을 했는지 잊어먹은 모양이다. 그런 일이 두세 번 이어지면 결국 그 사람은 신용을 잃고 외면당하게 된다.

그런데 우리 글 쓰는 동네를 보면 글과 행동이 차이가 나는 사람들이 있다.

그 사람이 쓴 글과 그 사람의 행동거지가 일관성이 없는 것이다.

몇 해 전 어느 문학 행사에 가서 한 시인과 같은 식탁에 둘러앉아 식사한 적이 있다. 그분은 평소에 화초나 들풀에 관한 시를 많이 써서 나는 그분을 아주 감성이 여리고 순수한 시인으로 생각하고 있었다. 그런데 식사 중에 이런저런 이야기를 나누는 가운데 그분이 어느 시인을 좋지 않게 말하며 '그 새끼'라는 말을 마구 쓰는 것이 아닌가. 여러 사람이 있는 데서 누구를 험담하는 것도 문제지만 상스러운 언어를 함부로 내뱉는 것을 보며 그분에 대한 애초의 인상이 크게 달라지는 것을 느낄 수 있었다.

또 다른 기회에 어느 수필가를 만나 이야기를 들은 적이 있다.

그이는 수필 소재로 고향이야기와 어린 시절 추억 같은 것을 많이 다루는 편이었다. 나도 시골에서 어린 시절을 보낸 터라 그이의 글에 공감을 많이 했고, 이야기가 잘 통할 것 같은 기대감으로 반가운 생각이 앞섰다. 그런데 이야기가 진행되다 보니 웬걸 그게 아닌 것 같았다. 그이는 자기의 과거 경력을 줄줄이 들먹이며 잘난 체하는 성향이 있었고, 특히 문학상에 관심이 많아 보였다. 작년에 누가 무슨 상을 받았는데 자기보다 못한 사람이 받았다면서 우리 문단풍토가 잘못되었다고 불평을 늘어놓았다. 그이의 말이 과히 틀린 것은 아니었으나 이토록 자기를 드러내기를 좋아하는 사람이었나 싶어 실망을 금할 수 없었다. 글에서 느낀 것과는 전혀 다른 모습이었다.

우리는 평소 글 쓰는 사람에 대하여 이런 이야기를 많이 한다.

"그 사람은 글은 좋은데 인간성이 못 되먹었어. 안하무인이더군."

"글 쓴다는 사람이 술이 좀 들어가니까 전연 딴판이더라구."

그가 쓴 글과 행동이 일관되지 않음을 지적하는 말이다. 이렇게 글과 행동이 같지 않으면 흉이 되고 손가락질을 받게 되는 것이다.

"작가는 작품으로 말하는 거야. 그러니까 작가에 대한 평가는 작품을 가지고 하는 거지. 작품 말고 다른 것은 굳이 따질 필요가 있을까?"

이렇게 주장하는 이들도 없지 않다. 작품성으로 그 작가를 평가해야지 작품 외적인 요소를 놓고 이러쿵저러쿵하는 것은 작품을 대하는 올바른 태도가 아니라는 이야기이다. 문학비평에서도 형식주의나 구조주의 평론가들이 주로 이런 시각을 지닌 것으로 알고 있다.

그러나 현실적으로 사람들은 '글은 곧 그 사람'이라는 인식을 지니고 있으며, 글과 작가의 개인사를 한가지로 보려는 경향이 강하다.

예컨대 〈국화 옆에서〉를 쓴 시인의 경우를 보더라도, 예전에는 학생들 교과서에도 실리고 우리나라 최고의 시인으로 존경을 받았으나 일제강점기의 친일 행적이 드러나면서부터는 그를 다시 평가하는 실정이다. 또 〈만인보〉를 쓴 어느 시인도 한때 노벨문학상 수상 후보로 거론될 정도로 이름을 날렸으나 성추행 문제가 불거지면서 이제는 어디다 낯을 내놓을 수 없는 형편이 되고 말았다. 이런 점을 보더라도 글과 그 사람의 처신은 따로 떼어 생각할 수 없음을 알 수 있다.

우리 학창시절에 '언행일치(言行一致)'라고 쓴 급훈이 교실에 붙어 있었다. 말과 행동이 일관되어야 한다는 가르침이었다. '학행일치(學行一致)'라는 급훈도 있었다. 배운 것과 행동하는 것이 같아야 한다, 즉 배운 대로 행동하라는 뜻이었다. 나는 여기에 빗대어 글 쓰는 사람에게는 글과 행동이 같아야 한다는 점에서 '문행일치(文行一致)'가 필요하지 않나 생각해본다. 그리고 아주 부족하지만 나 자신도 여기에 어긋나지 않도록 늘 스스로 살펴야겠다고 마음먹는다.

글쓰기와 그림 그리기

수채화를 배우기 시작한 지 다섯 해째로 접어들었다.

처음 공부를 시작할 때 내가 이것을 얼마나 지속할 수 있을지 반신반의했다. 사람의 일이란 아무리 하고 싶어도 도중에 무슨 변수가 생기면 못 할 수도 있지 않은가. 다행히 별다른 일 없이 여태까지 지속하고 있으니 감사한 일이다.

애초에는 '한 5년 정도 배우면 되겠지.' 했는데 실제 공부해보니 천만의 말씀이다. 이제 겨우 걸음마를 면한 정도니까 앞으로도 갈 길이 한참 멀었다. 그렇다고 무슨 목표도 없는 터에 언제까지 여기에 매달릴 수는 없고 일단 5년만 더 공부해보자는 생각이다. 다음 일은 그때 가서 생각해보기로 하겠다.

한 주일에 두 번씩 화실에 나간다.

열댓 명의 회원 가운데 대개 절반 정도의 인원이 참석하고 있다. 젊은 회원들은 집에 어린애 뒷바라지하느라 못 나올 때가 많고, 중년 회원들은 가정사나 건강 문제로 못 나오는 경우가 많다. 나는 되도록 결석하지 않으려고 애쓴다. 교단에 있을 때 몸이 아프다고 학교를 안 나오는 제자들에게 "죽지 않을 정도면 학교에 나오너라." 하고 말했던 내가 수업을 빼먹는다면 말이 되겠는가.

화판에 붓질하다 말고 고개를 돌려 다른 회원들의 그림 그리는 모습을 쳐다본다. 다들 풍경 사진 찍어온 것을 옆에 놓아두고 그리고 있는데, 그림 내용은 제각기 다르다. 어떤 이는 문 앞에 화분이 놓여 있는 찻집을 그리고 있고, 어떤 이는 빨갛게 녹슨 허름한 양철지붕을 그리고 있고, 어떤 이는 고색창연한 한옥의 대문과 담벼락을 그리고 있으며, 어떤 이는 호수에 그림자가 비치는 고즈넉한 숲속의 정자를 그리고 있다. 또 어떤 이는 항아리가 옹기종기 모여 있는 장독대를 그리는가 하면, 또 어떤 이는 하얀 물보라를 일으키는 푸른 파도를 담아내고 있다.

회원들이 제각기 벽을 향하여 화판을 놓고 붓질을 하고 있으면 선생님이 한가운데 탁자에 앉아서 둘러보다가 이따금 한 마디씩 던져준다.

"소실점을 잘 생각해 보세요."

"그 부분은 후퇴색을 더 써야 원근감이 살아나겠어요."

"앞쪽에 있는 것은 표현을 더 구체적으로 해야 돼요."

그 짤막한 조언이 크게 도움이 된다.

다른 건 몰라도 그림은 독학이 어렵겠다는 생각이 든다. 가르쳐주는 사람 없이 혼자서 하다 보면 요령을 모르니까 자칫 엉뚱한 길로 빠지기 쉽고, 또 스스로 터득하더라도 시간이 많이 소요

될 것이다.

나는 요즘 소나무를 그리고 있다.

하동에 가서 송림을 찍어왔는데, 여러 그루의 소나무가 제각기 다른 방향으로 뻗으며 얽혀 있는 모습이다. 처음에는 '이까짓 것!' 하고 대수롭지 않게 생각했는데, 막상 그려보니 딴판이다. 소나무 껍질 부분은 고기 비늘처럼 되어 있거니 했는데, 자세히 보니 그것들이 일정하게 줄무늬를 이루고 있다. 그리고 수종에 따라 모양새도 제각기 다른 것을 볼 수 있다. 솔잎 묘사도 쉽지 않은 부분이다. 가까이서 보면 밤송이 같지만 떨어져서 보면 그렇지 않다. 다른 곳 소나무까지 찍어다가 그 특징을 잡아내느라고 애쓰고 있다. 예전에는 길을 가다 소나무가 있으면 그저 '소나무구나!' 하고 지나쳤는데, 요즘은 솔잎이 어떻게 돋아 있고, 껍질이 어떻게 붙어 있으며, 가지가 어떤 모양으로 구부러져 있는지 유심히 살펴본다. 그림을 그리면서 사물을 바라보는 눈이 깊어진 셈이다.

예전에는 내가 하던 일이 아이들 가르치면서 글을 쓰는 것이었는데, 은퇴한 지금은 글 쓰고 그림 배우는 일로 생활이 바뀌었다. 노후에 건강한 심신을 유지하려면 매일 같이 정신을 쏟는 일이 있어야 한다는데, 이렇게 글쓰기와 그림 그리기에 시간을 쏟다 보면 앞으로의 내 생활이 별로 지루하지 않으리라는 생각이 든다.

글쓰기와 그림 그리기는 닮은 점이 많다.

둘 다 아름다움을 추구하는 예술이라는 점이 그러하거니와 일상에서 작품 소재를 찾고 그것을 어떻게 멋지게 표현할까 고민하는 점이 유사하다. 글 쓰는 사람은 신문 기사 하나를 보더라도 이것을 글로 쓰면 어떨까 생각한다. 그림 그리는 사람 역시 좋은 풍경을 만나면 저것을 어떻게 화폭에 담을 수 있을까 따져보게 된다.

작품을 만들어 가는 과정에서도 작가는 더 좋은 표현을 찾고자 수없이 썼다 지웠다를 반복하는데, 화가도 가까이서 들여다보다가 멀찍이 물러나서 바라보다가 이리 지우고 저리 덧칠하며 고심을 거듭한다. 나는 글을 쓸 때 자신을 들여다보며 가장 진실해진다고 생각하는데, 그림을 그리는 시간도 마찬가지인 것 같다. 작품을 완성했을 때 차오르는 성취감이야 말해 무엇하랴.

글 쓰는 사람으로서 그림 그리는 사람에게 부러운 것이 하나 있다.

바로 그림값이다. 글 쓰는 사람은 밤낮없이 머리를 싸매고 한 편 써봤자 원고료가 몇 푼 되지 않는다. 이에 반해 그림은 단 한 점이 수억 원을 호가한다. 몇 년 전 홍콩 경매장에서 우리나라 김환기 화백의 작품 하나가 1백 32억 원에 낙찰되었다는 보도가 있었다. 그뿐인가. 〈나목〉의 화가 박수근이나 〈황소〉의 화가 이중섭의 그림도 수십억 원에 시장에 나왔다고 한다. 작품 하나 가격이 억대라니, 문학인의 동네에서는 아무리 날고뛰는 재주가 있어도 넘볼 수 없는 별천지의 이야기이다.

그림은 왜 이렇게 비쌀까? 문학작품이 책으로 수천 권, 수만 권도 찍어낼 수 있는 데 반해 그림은 원본 하나가 중요하고 복제품은 의미가 없기 때문이리라. 진품이냐 모조품이냐 하는 논란은 오직 화단에서만 볼 수 있는 풍경이 아닌가. 글 쓰는 쪽에서는 배가 아픈 노릇이 아닐 수 없다.

그러나 그러한 영광은 소수 유명화가의 차지일 뿐이고, 대다수 화가는 배를 곯는 형편인 것도 사실이다. 글 쓰는 사람들도 그림 그리는 사람들과 다르지 않다. 몇몇 이름난 작가를 제외하고는 모두 허리띠를 졸라매고 산다. 나 역시 글을 쏩네 하고 부지런 떨고 다니지만 누가 알아주지도 않고 책도 팔리지 않는다. 이런 처지에 미술 영역까지 넘보면서 그림값에나 침을 흘리는 것은 한참 주제넘은 일이 틀림없다. 글을 쓰든 그림을 그리든 그저 노후에 치매나 안 걸릴 요량으로 취미 삼아 지내는 것으로 만족해야 할 형편이다.

나의 피서지

여름이면 나는 꼭 피서를 떠난다.

찌는 듯한 무더위 속에 집에 붙어 있기가 너무 힘들다. 그래서 시원한 피서지에 가서 편하고 즐거운 시간을 보낸다.

나의 피서는 대개 무더위가 시작되는 7월 초순에서 시작하여 입추 무렵인 9월 하순까지 석 달 정도 계속된다. 그때가 일 년 중 가장 기온이 높을 때이다. 날마다 섭씨 30도 이상의 열기가 가마솥처럼 펄펄 끓는다. 집에 가만히 앉아만 있어도 등에 땀이 흐른다. 더위에 헐떡이다 보면 아무것도 하고 싶지 않고 아무 일도 손에 잡히지 않는다. 한마디로 의욕 상실이다.

이때 구세주는 냉방기이다. 오전부터 냉방기를 켜야 한다. 그런데 이 냉방기라는 것이 중독성이 있어서 한번 켜면 계속 켜고 있어야지 도중에 끌 수가 없다. 선풍기 따위는 간에 기별도 안 가고 밤에도 열대야 때문에 켜놓아야 편한 잠을 잘 수 있다. 그러자니 아침 서너 시간을 제외하고는 나머지 시간은 하루 내내 냉방기를 틀어야 하는 형편이다. 솔직히 전기요금을 염려하지 않을 수 없다.

그래서 나는 집을 떠난다. 오전 아홉 시만 되면 배낭을 짊어지고 집을 나선다. 어디로 가느냐고? 산? 아니다. 계곡? 아니다. 그럼 바다로? 거기는 더욱 아니다. 산이라고 안 덥고, 계곡이라고 안 덥고, 바다라고 한낮에 안 덥겠는가. 설사 그곳들이 시원하다고 해도 오며 가며 도로에서 겪는 지루함과 무더위와 짜증은 어찌할 것인가.

내가 가는 곳은 도서관이다. 도서관은 냉방기가 가동되고 있어 시원하다. 그리고 조용하다. 나는 도서관에 자리 잡고 앉아 가져간 노트북컴퓨터를 열고 글을 쓴다. 책을 읽기도 하지만 그것은 글을 쓰기 위한 보조 활동이고 글쓰기가 주된 활동이다.

나의 한해 문학 활동은 계절별로 약간 다르다. 겨울에서 봄까지는 책을 읽는 데에 많은 시간을 보낸다. 글도 쓰긴 하지만 책 읽기가 주된 업무이다. 그런데 여름에 접어들면서부터는 글쓰기로 주업이 바뀐다. 그 까닭은 가을부터 여러 군데에 글을 제출해야 하기 때문이다. 내가 관계하고 있는 동인지와 문예지들이 대부분 연말에 작품집을 출판하는 까닭에 그에 맞추어 작품을 제출하기 위해서는 여름 석 달 동안 글을 써서 모아놓아야 한다. 그렇지 않으면 작품을 내지 못하거나 아니면 전에 발표했던 글을 다시 내놓아야 하는 곤란한 지경에 처한다.

작품을 내야 할 곳에 내지 않는 것은 내가 가장 경계하는 일이다. 명색이 작가라는 사람이 써놓은 작품이 없어 글을 제출하지 못한다면 그야말로 게으른 탓이 아니겠는가. 갑자기 청탁을 받는 경우라면 미처 원고를 준비하지 못할 수가 있다. 그러나 해마다 정기적으로 발간하는 동인지라면 연말에 원고를 내야 한다는 사실을 빤히 알고 있는 터라 원고를 준비하지 못했다는 것은 평소 글쓰기를 열심히 하지 않았다는 이야기가 아니겠는가.

원고 중복 게재 역시 좋은 모습이 아니다. 다른 지면에 이미 활자화되었던 글을 다시 싣는 것 역시 "나는 작품을 새로 쓰지 못했소."하고 고백하는 꼴이 아니겠는가. 적어도 작가라면 부지런히 창작에 임하여 늘 새로운 글을 선보일 필요가 있다. 한 번 발표한 작품을 재탕하는 것은 스스로 게으른 글쟁이임을 드러내는 일이다. 나는 이런 부끄러운 짓을 하지 않으려고 단단히 마음먹고 있다.

한 해 동안 내가 여기저기 문예지에 발표하는 글들은 대략 스무 편에서 스물다섯 편쯤 된다. 그것들은 대개 가을 이후로 청탁이 몰린다. 시원한 도서관에서 석 달 정도 지내다 보면 열다섯 편에서 스무 편 가까이는 작품을 만들어낼 수 있다. 도서관 덕분에 나는 무더위를 잊고 지내면서 가을에 제출하는 원고에도 여유를 부릴 수 있는 것이다.

한여름 무더위 때면 산으로 바다로 피서를 떠나는 사람들이 많다. 그러나 피서지에 가려면 뙤약볕 아래 차를 모는 것부터가 고역이고, 목적지에 도착해서도 붐비는 피서객들과 복닥거리며 전쟁을 치르게 된다. 그렇게 되면 심리적 긴장이나 피로가 풀리는 게 아니라 오히려 가중될 수가 있다. 더욱이 피서지에서 오래 머물 수는 없고, 하루 이틀 지나면 다시 집으로 돌아와야 하지 않는가.

그에 비하면 도서관은 더위를 잊고 오래 지낼 수 있는 데다 글쓰기까지 능률을 올릴 수가 있으니 얼마나 고마운가. 앞으로도 나는 도서관을 나의 영원한 단골 피서지로 삼을 작정이다.

서재 정리

내 방에 책이 너무 쌓여서 오랜만에 정리하기로 했다.

진작부터 책장을 정리하려고 생각했는데, 선뜻 손이 가지 않아 차일피일하고 있었다. 마침 경기도에 사는 아들이 손녀를 데리고 내려온다고 연락이 왔길래 이참에 불필요한 책들을 치우기로 했다. 애들에게 내 방의 어수선한 꼴을 보여줄 수 없지 않은가.

우선 서가에서 버릴 책들을 골라보았다.

버릴 책의 첫 순위는 똑같은 책이 여러 권 있는 경우이다. 내가 속한 문학동아리에서 나온 문집들은 대부분 여러 권이다. 지인들에게 나눠주려고 뭉텅이로 갖다 놨는데, 이리저리 주고도 아직 남아 있다. 이제 시한도 지났고 굳이 여러 권 쌓아둘 필요가 없으니 한두 권씩만 보관하고 나머지는 처분해야 할 것 같다. 동인지들뿐만 아니라 월간 문예지와 계간 문예지들도 상당히 공간을 차지하고 있다. 이것들은 한 권씩이지만 시기별로 잇따라 보내온 것들이라 이제는 정리할 필요가 있겠다 싶다.

다음으로 버릴 것은 앞으로 볼 여지가 없는 책들이다. 내가 몇 군데 문학회에 이름을 올려놓고 있다 보니까 여기저기 회원들이 신간 저서를 보내준다. 고마운 일인데 그것들을 다 읽을 수는 없으니 대강 훑어보고는 책 잘 받았다는 인사말을 보낸 다음 서재에 그대로 쌓아두고 있다. 이런 책들도 언제까지 자리만 차지하게 내버려 둘 수는 없고, 이제 새 주인을 찾아주는 것이 좋을 것 같다.

또 버려야 할 것은 이전에 봤던 책들이다. 스무 해 전에 읽었던 책, 서른 해 전에 읽었던 책들도 아직껏 책장을 지키고 있다. 이것들은 대개 대학원 공부할 때와 학위논문 쓸 때 참고했던 것들인데 그때는 중요했으나 이제는 그다지 필요가 없게 되었다. 다시 봐야 할 것은 놓아두고 나머지는 과감하게 뽑아낸다.

책장에서 책을 빼 들고 한참을 망설이곤 한다. 이것을 버릴까 말까 쉽게 마음을 정하기 어려운 경우이다. 처음에는 그 책이 나에게 꼭 필요하다고 생각해서 구매했다. 그런데 세월이 흐른 지금 그것이 아직도 나에게 소용되는지 따져봐야 한다. 이렇게 책 한 권을 들고 궁리하다 보니 버릴 책을 골라내는 일도 얼른 끝나지 않는다.

나는 전에부터 서점에서 책을 살 때 매우 신중한 편이었다. 문학이나 역사나 예술 등 내 관심 분야를 다룬 내용이거나 공부에 필요하다고 생각되는 책은 쉽게 사들이지만 나머지 것들은 구태여 사지 않는다. 내 서가에 꽂힌 책들은 어쩌다 충동적으로 구매한 것은 거의 없고 모두가 심사숙고하여 결정한 것들이다. 그런 만큼 책 한 권 한 권마다 상당한 애정이 담겨 있다. 그렇게 어렵사리 결정하여 샀던 책을 그대로 둘까 말까를 판가름하자니 그게 그리 쉽지 않다. 오직 판단 기준은 앞으로 다시 볼 가능성이 있는 책인가 아닌가 하는 것이다. 혹 글을 쓸 때 참고가 될 만한 책은 놓아두지만 그다지 도움이 되지 않겠다 싶은 것은 단호히 빼내기로 마음먹는다.

본디 나는 다른 욕심은 없어도 책만큼은 꽤 욕심이 있는 편이었다. 어릴 때는 만화방 주인이 되고 싶었고, 커서는 책방 주인이나 도서관 직원이 그리 부러울 수가 없었다. 주머니가 가볍던 대학 시절에는 헌책방을 무던히도 돌아다녔다. 새 책 한 권 살 금액으로 헌책은 두세 권을 마련할 수 있기 때문이었다. 요즘과는 달리 그 무렵에는 헌책방도 참 많았다. 읽고 싶은 책, 마음에 드는 책은 어떻게든 손에 넣으려고 애썼다. 그렇게 한 권 한 권 사들인 만큼 책을 아끼는 마음도 강했다. 자취방을 옮길 때 이삿짐에 책이 늘 골칫거리였다.

서른 살 넘어서는 잡지 창간호 수집에 열을 올리기도 했다. 서울에 갈 때면 청계천 헌책방에 들르곤 했다. 부산 보수동에도 내 발길이 닿았다. 집에 돌아올 때면 가방이 늘 묵직했다. 수년 뒤에 갔더니 그 많던 헌책방들이 모두 자취를 감추고 없었다. 얼마나 허전했는지 모른다. 지금도 그때 모은 창간호를 고스란히 보관하고 있다. 옛날 바친 정성이 아까워서 모셔놓고는 있는데 역시 상당한 공간을 차지하고 있어 부담스러운 것이 사실이다. 이것들도 적당한 혼처를 찾는 대로 시집을 보내야 하지 않을까 싶다.

나는 서가에서 골라낸 책을 모두 종이상자에 담았다. 여러 날 걸려 골라낸 책이 열다섯 상자에 이른다. 이것들을 고스란히 폐기물처리장으로 보낼 수는 없다. 거기서는 책의 내용과는 아무 상관이 없이 무게로만 따져서 폐휴지로 처리한다. 내가 명색이 글 쓰는 사람인데 선후배 동료 문학인들의 피와 땀이 밴 결과물을 그렇게 함부로 처리할 수는 없지 않은가.

나는 동인지와 각종 월간 계간 문예지들은 내 차에 싣고 우리 지역 문인 회의실에 가져가서 그곳 빈 서가에 꽂아놓았다. 혹시 문학 동지들 가운데 필요한 이들이 가져다 봤으면 하는 생각이었다. 다른 단행본 상자는 가까운 헌책방에 연락했더니 얼씨구나 하고 금방 차를 가지고 와서 실어갔다. 책방 주인이 책값을 치르겠노라고 했으나 나는 손을 내저었다. 내가 필요하지 않아서 버리는 것들인데 돈을 받으면 되겠느냐는 생각이었다. 요즘 책방 사정이야 묻지 않아도 빤한데 그렇게 마음을 써주는 것이 좋지 않겠는가.

책을 버리고 나니 한편으로는 섭섭하고 한편으로는 홀가분하다. 아끼던 벗들과 헤어지는 것이 아쉽기도 하지만 그래도 서재에 가득했던 짐들을 덜어내고 나니 몸에 군살을 뺀 듯 한결 개운한 느낌이다. 이제 나도 채우기보다는 비우기에 힘써야 할 나이가 아닌가.

바른 글쓰기를 위하여

문학회 활동을 하면서 종종 문집 편집을 하게 된다. 연말이면 한해의 창작활동을 결산하여 회원 작품집을 펴내는데, 어쩌다 보니 내가 그 일을 자주 맡게 되었다. 같은 일을 오래 하다 보니까 나름대로 요령도 생겼다.

대개 문집의 원고 편집은 출판사에 맡기는 경우가 많다. 출판사에 원고를 보내면 출판사에서는 시와 수필, 소설 등 갈래별로 작품을 배열하여 인쇄본 초안을 만들어낸다. 초안이 나오면 편집위원들이 한자리에 둘러앉아 교정을 본다. 이때 맞춤법과 띄어쓰기의 오류를 찾아내고, 잘못 쓰인 낱말이나 불필요한 어구, 주술 관계가 맞지 않은 문장 따위를 찾아내 빨간색 볼펜으로 수정 표시를 한 다음 출판사에 보내 해당 부분을 수정하도록 한다. 그리하여 수정된 초안이 나오면 지시했던 사항이 제대로 반영되었는지 살펴보고, 추가로 발견된 오류나 보완 사항을 다시 출판사에 보낸다. 이렇게 편집위원과 출판사 사이에 교정본이 몇 차례 오간 끝에 틀린 것이 없다고 판단되었을 때 비로소 인쇄에 들어가게 된다.

나는 이 과정이 몹시 번거롭게 생각되어 원고를 출판사에 보내기 전에 교정작업을 미리 해버린다. 회원들이 제출한 작품을 살펴보면서 맞춤법과 띄어쓰기를 비롯하여 낱말과 문장의 오류며 문맥까지 전반적으로 다듬는 것이다. 회원들의 원고를 일일이 읽고 수정하자면 시간과 노력이 상당히 소요된다. 그래도 편집위원을 불러모아 밥까지 먹어가며 여러 시간 씨름하는 것에 비하면 이게 훨씬 수월하다. 이렇게 원고를 정리한 다음 목차에 따라 작품을 배열해서 출판사에 보낸다. 그러면 출판사에서도 일이 간편하고 초안이 나왔을 때 교정할 사항도 대폭 줄어드는 것이다.

회원들의 원고를 살피다 보면 자주 틀리는 사항이 있다. 개별적으로 오류 부분을 일러주기가 번거로운지라 그냥 수정하고 마는데, 정작 본인은 그것을 아는지 모르는지 다음 번 원고에서도 똑같은 오류를 되풀이하는 것을 볼 수 있다. 아마 의식하지 못하는 가운데 습관이 되어버린 게 아닌가 싶다. 안타까운 생각이 들어 자주 틀리는 것 몇 가지를 정리해 본다.

먼저 의존명사 '수'와 '것'의 띄어쓰기 오류이다. '할수 있다'나 '갈것이다'와 같이 붙여 써버리는데, '할 수 있다'나 '할 것이다'와 같이 앞에 있는 관형어와 사이를 두어야 한다.

지극히 초보적인 사항이지만 '~하다'를 앞말과 띄어 쓰는 사람도 있다. 이것은 '공부하다'와 '생각하다', '운동하다'와 같이 앞의 명사와 붙여 써야 하는데, 어미가 변화한 경우에는 '공부 할 시간'이나 '가만히 생각 해보니', '운동 했던 친구'와 같이 띄어 쓰는 오류를 범하고 있다. '~하고, ~하니, ~해서, ~하므로, ~한, ~할' 등 어떤 어미로 바뀌든지 앞의 명사와는 붙여 써야 한다.

어떤 회원은 무슨 멋이 들었는지 쉼표(,)나 마침표(.)를 아예 찍지 않은 것을 볼 수 있다. 시(詩)에서는 이런 부호를 생략할 수 있어도 산문에서는 반드시 찍어야 한다. 그 회원이 처음에 제출한 원고에 문장부호를 찍지 않아서 편집자가 대신 일일이 찍어주었다. 그런데 다음 번에 제출한 원고를 보니 여전히 변함이 없었다. 그의 눈에는 부호가 보이지 않나 보다. 이럴 때는 어떻게 해야 하나?

그런가 하면 어떤 회원은 문장 끝에 느낌표와 물음표를 '!!!'나 '???'와 같이 여러 개 찍어 놓았다. 한두 군데만 그런 것이 아니고 여러 군데에 반복한 것을 보니 아마 버릇이 아닌가 싶다. 왜 그랬느냐고 물어보니 강조하기 위해서라고 하였다. 그러나 이 느낌표와 물음표는 하나만 썼다고 해서 강도가 약하고, 여러 개 썼다고 해서 뜻이 강해지는 것이 아니다. 언어는 최소의 낱말로 최상의 뜻을 표현하는 경제원칙을 따른다. 필요 이상의 부호를 덧붙이는 것은 경제원칙에도 어긋난다.

그렇다고 해서 지나치게 축약해도 곤란하다.

어떤 회원은 토씨를 줄여 쓰는 것을 좋아한다. "아무리 기다려도 엄만 오지 않았다."나 "지난 토욜날 즐건 맘으로 여행을 다녀왔다."나 "울딸과 만나 재밌는 영활 보기로 했다."와 같이 줄여 쓰는데, 대화체에서는 가능한 일이나 서술문에서는 곤란하다. 마땅히 '엄마는 오지 않았다'와 '토요일날 즐거운 마음으로', '우리 딸과 만나 재미있는 영화를'로 써야 할 것이다. 요즘은 '선생님'을 '샘' 또는 '쌤'으로 표기하는 사례가 늘고 있는데, 이 또한 대화 문장에서는 허용될 수 있어도 서술문에서는 자제해야 할 일이다.

가장 흔한 오류가 '들르다'를 '들리다'로 쓰는 것이다. 어느 곳을 '방문하다'의 뜻일 때는 '들르다'로 써야 하는데 왕왕 "퇴근길에 마트에 들려 라면을 사 왔다."라고 하거나 "고속도로를 달리다가 잠깐 휴게소에 들렸다." 따위로 쓰고 있다. '들리다'는 소리를 청취하는 경우에만 써야 한다.

'삼가다'도 자주 틀리고 있다. 대개들 "건강을 위해서 과도한 음주는 삼가하는 것이 좋다."느니 "공공장소에서는 흡연을 삼가해야 한다."로 쓰고 있는데, 이는 '삼가는 것이 좋다.'와 '삼가야 한다.'로 쓰는 것이 어법에 맞다.

'바램'도 쉽게 고쳐지지 않는다.

"시집 한 권을 내는 것이 제 평생의 바램입니다."

"저의 성공을 비는 부모님의 바램을 한시도 잊을 수 없습니다."

'바래다'의 명사형인 '바램'은 '탈색'이나 '배웅'의 의미가 있으므로 맞지 않은 표현이다. '소망'의 뜻을 지닌 말은 '바라다'이므로 그 명사형 '바람'으로 쓰는 것이 옳다. 나아가 "올해는 제발 대박나기를 바래본다."로 쓰기도 하는데 역시 잘못되었다. '소망해본다'의 뜻이라면 마땅히 '바라본다'로 써야 할 것이다.

한 개의 문장은 여러 개의 어휘가 모여 이루어진다. 이때 어휘의 뜻을 정확히 알고 써야 하는데 엉뚱한 뜻을 지닌 낱말을 가져와서 요령부득한 문장이 되어버리는 경우가 있다. 그 대표적인 사례로 '하릴없이'를 들 수 있다.

"텔레비전을 보면서 하릴없이 하루를 보냈다."

"집에서 하릴없이 핸드폰만 만지작거리고 있는데 친구에게서 전화가 왔다."

이 글을 쓴 사람은 '하릴없이'를 발음이 유사한 '할 일 없이'로 착각하고 있다. '하릴없다'는 '아무 할 일이 없다'라는 뜻이 아니라 '어떻게 할 방도가 없다'라는 뜻을 지닌 말이다. 우리 고전수필 〈동명일기〉에도 "여자의 출입이 어찌 경(輕)히 하리요 하여 뇌거(牢拒) 불허(不許)하니 하릴없이 그쳤더니…." 하는 대목이 나오고, 고대소설 〈별주부전〉에도 "자가사리 분함을 못 이기나 하릴없이 물러나니, 용왕이 이에 크게 잔치를 베풀고 토끼를 대접할새…."라는 문장도 볼 수 있다. '하릴없이'를 굳이 쓰려면 "수중에 돈이 떨어졌으니 하릴없이 굶어야 할 판이다."나 "마지막 버스를 놓쳐서 하릴없이 택시를 타야 했다." 하는 것처럼 어찌할 수 없는 난처한 상황에 놓였을 때 써야 할 것이다.

다음으로 '우리들'이나 '여러분들'과 같은 이중복수를 즐겨 쓰는데, 이것도 바로잡아야 할 사안이다.

'우리'나 '여러분'은 그 자체가 '여러 사람'을 뜻하므로 복수접미사 '들'을 또 붙이는 것은 사족이다. "여러 사람들이 모였다."나 "많은 사건들이 일어났다."나 "숱한 문제점들을 안고 있다."

의 경우도 마찬가지다. 이렇게 써놓고 컴퓨터 화면 문장에 빨간 밑줄이 그어지는 까닭을 몰라 고개를 갸우뚱거리곤 하는데, 앞에 복수의 의미를 지닌 관형어가 있으므로 다시 복수접미사를 붙일 필요가 없기 때문이다.

'했었다'와 '갔었다'와 같이 이중 과거를 쓰는 사람도 많다.

'했다'와 '갔다'는 과거시제 선어말어미 '었/았'이 들어갔으므로 또 '었'을 붙일 필요가 없다. "나는 어제 빨래를 했다."라고 하는 것과 "어제 빨래를 했었다."라고 하는 것이 무슨 차이가 있는가. "그는 오전에 은행에 갔다."도 "오전에 은행에 갔었다."와 아무 차이가 없지 않은가.

요즘 스마트폰 사용이 일반화되면서 문자메시지에 쓰는 기호들이 작품 원고에까지 올라온다. 예컨대 문장 속에 'ㅎㅎ'나 'ㅋㅋ' 또는 '^ ^'나 'ㅠㅠ', '~ ~ ~', 따위가 무분별하게 등장하는데, 한글맞춤법 규정에 없는 부호들인 만큼 정식문장에서는 환영받을 수 없음을 알았으면 좋겠다.

글쓰기 입문자들은 다들 우리 국어가 어렵다고 입을 모은다. 예전에는 편지 같은 것을 쓰면서 별다른 어려움을 느끼지 않았는데, 이제 작가로서 작품을 써야 하는 처지라 맞춤법과 띄어쓰기에 신경이 곤두선다고 하면서 국어 맞춤법의 복잡함을 호소한다. 그러나 이것은 그때그때 사전을 찾아보면서 스스로 익히고 터득할 일이지 누가 옆에서 일일이 짚어줄 수는 없는 일이다. 명색이 글 쓴다는 사람이 문장의 기본마저 제대로 지키지 못한다면 눈 밝은 독자들이 보고 혀를 차지 않겠는가.

두만강 푸른 물에

우리가 무심코 듣고 넘기는 가요에도 그 나름의 사연이 깃든 경우가 많다. 그 사연을 알고 나면 노래가 더욱 가슴에 와닿고 애착이 간다.

가수 김정구(金貞九, 1916~1998)가 부른 〈눈물 젖은 두만강〉(1938)도 그런 노래 가운데 하나다. 노래에 얽힌 사연은 다음과 같다.

일제 강점기의 일이다.

어느 유랑극단이 만주 지역을 순회공연하고 있었다. 어느 날 두만강과 인접한 국경도시 도문(圖們)에서 공연을 마치고 여관에 숙박하게 되었다. 밤이 깊어 단원들이 모두 잠에 빠져든 때였다. 벽 너머 옆방에서 여인의 흐느끼는 소리가 들렸다. 한 단원이 잠에서 깨어나 그 소리를 들었는데, 울음소리가 어찌나 구슬픈지 가슴이 찢어지는 것 같았다.

여인의 흐느낌은 밤새 그칠 줄 몰랐고 그 단원도 뜬눈으로 밤을 새웠다. 다음 날 아침 여관 주인에게 그 여인에 관해 물어보았다. 주인이 사연을 말해주었다.

"그 색시의 남편이 결혼 여섯 달 만에 독립운동을 하겠다면서 집을 떠났더랍니다. 그런데 몇 년이 지나도 아무 소식이 없자 색시가 몸소 남편을 찾아 만주 지역을 헤매고 다녔답니다. 그러다가 어제 마침내 소식을 들었는데, 남편이 왜놈들과 싸우다가 붙잡혀 죽었다는 거예요."

여인의 애달픈 사연을 알게 된 그는 위로의 말이라도 건네볼까 하고 여인을 찾았다. 그러나 여인은 아침 일찍 여관을 떠나버리고 없었다. 얼마 지나지 않아 여인의 시체가 강에서 발견되었다. 슬픔을 이기지 못한 여인이 끝내 두만강에 몸을 던지고 말았던 것이다. 여인의 안타까운 사연에 가슴이 사무친 그는 굽이치는 두만강을 바라보며 노래 한 곡을 지었다. 그것이 바로 〈눈물 젖은 두만강〉이고, 지은이는 이시우(李時雨, 1913~1975)라는 젊은 음악인이었다.

두만강 푸른 물에 노젓는 뱃사공
흘러간 그 옛날에 내 님을 싣고
떠나간 그대는 어디로 갔소
그리운 내 님이여 그리운 내 님이여
언제나 오려나

강물도 달밤이면 목메어 우는데

님 잃은 이 사람도 한숨을 지니
추억에 목메인 애달픈 하소
그리운 내 님이여 그리운 내 님이여
언제나 오려나

그동안 나는 이런 사연을 알지 못하고 있었다. 그러다 일제강점기 우리 민족의 수난을 그린 조정래 소설 〈아리랑〉을 읽으면서 비로소 알게 되었다. 남편을 잃은 슬픔에 밤새 오열하다 끝내 세상을 하직한 여인의 비통한 사연을 알고 나니 비로소 이 노래에 깔린 애조를 이해할 수 있었다. 이처럼 우리가 별생각이 없이 흥얼거리는 노래 하나에도 빼앗긴 조국을 되찾기 위해 분투했던 옛사람들의 뼈아픈 역사가 담겨 있는 것이다.

일제강점기의 설움을 토로한 노래가 또 하나 있다. 가수 이애리수(李愛利秀, 1910~2009)가 부른 〈황성 옛터〉(1932)이다. 이 노래는 우리나라 음악인이 작사하고 작곡한 최초의 대중가요로도 알려져 있다.

황성 옛터에 밤이 되니 월색만 고요해
폐허의 설운 회포를 말하여 주노라
아 외로운 저 나그네 홀로이 잠 못 이뤄
구슬픈 벌레 소리에 말없이 눈물져요

성은 허물어져 빈터인데 방초만 푸르러

세상이 허무한 것을 말하여 주노라
아 가엾다 이 내 몸은 그 무엇 찾으려
덧없는 꿈의 거리를 헤매어 있노라

이 노래에서 말하는 황성은 개성에 있는 고려의 옛 궁궐을 말한다. 이성계가 새 왕조를 세우면서 고려가 망하고 영화롭던 궁궐이 잡초가 우거진 폐허로 변하고 말았다. 이는 일제에게 나라를 빼앗긴 당시 우리나라 형편과 조금도 다를 바 없다. 이 노래가 나오게 된 사연은 이렇게 전해진다.

일제의 조선 강점이 날로 공고해지던 1928년의 일이다.

떠돌이극단에서 바이올린을 연주하던 전수린(全壽麟, 1907~1984)이라는 단원이 있었다. 개성에 공연하러 갔을 때 잠시 짬을 내어 옛 고려 왕궁터인 만월대에 가보았다. 때마침 가을밤이었는데, 인적이 끊긴 궁궐터는 잡초만 무성해 있었다. 비감을 느낀 그는 그 자리에서 악보를 작성해나갔다. 그렇게 망국의 한을 담아 만든 노래가 〈황성(荒城)의 적(跡)〉인데, 조국 광복 후 쉬운 말로 바꿔어 〈황성 옛터〉가 된 것이다. 그러니까 이 노래에도 나라 잃은 민족의 서글픈 심정이 배어있는 것이다.

당시 서울 공연 때 가수 이애리수가 이 노래를 부르자 장내가 숙연해지면서 관객들이 눈물을 흘렸고, 급기야 재창의 요청이 빗발쳤다고 한다. 모두 이 노래에 담긴 비애를 이심전심으로 느꼈던 것이다. 급기야 조선총독부에서는 이 노래를 금지곡으로 지정했으나 그에 아랑곳없이 노래는 입에서 입으로 전해지며 온 국민에게 퍼져나갔다고 한다. 일제의 압박에 신음하던 그들은 이런 노래를 읊조리며 망국의 한을 달랬던 것이다.

솔직히 나는 그동안 〈눈물 젖은 두만강〉이나 〈황성옛터〉와 같은 노래를 별로 좋아하지 않았다. 애조 띤 이별의 정조나 복고적 회상이 신파적인 감상(感傷)으로 느껴졌기 때문이다. 그런데 이들 노래에 구슬픈 사연이 있음을 알고 생각이 바뀌었다. 지금 이들 노래가 나의 귀에는 어설프게 들릴지 몰라도 핍박받던 우리 민족의 눈물과 한숨으로 만들어진 것이라면 이 또한 도외시할 수 없는 우리의 소중한 문화유산이라는 생각이 들었던 것이다.

예술의 향기 작가의 힘

류시화 시인의 글 가운데 월든에 찾아간 이야기가 있다.

잘 알다시피 월든은 소로(Henry David Thoreau, 1817~1862)가 문명사회에 반대하며 호숫가 숲속에 손수 오두막을 짓고 살았던 장소이다. 그가 쓴 『월든, 숲속의 생활(Walden; or Life in the Wood)』(1854)은 자신의 전원생활을 소개한 책으로 세계인의 눈길을 끌었다.

소로의 삶을 동경한 류시화 시인은 소로가 살았던 현장을 보기 위하여 미국 매사추세츠주 콩코드 지방을 찾아간다. 도중에 길을 잘못 들어 한참 고생한 끝에 목적지에 닿는 데 성공한다. 그리고 그곳에서 소로의 자연주의 사상을 실천하며 살아가는 한 노인을 만나는 행운을 얻는다. 그의 글을 읽으며 나도 언제 기회가 되면 월든을 찾아가고 싶은 충동이 일었다.

오스트리아의 잘츠부르크에 갔을 때의 일이다.

잘츠부르크는 음악의 신동 모차르트(Wolfgang Amadeus

Mozart, 1756~1791)의 고향으로 유명한데, 모차르트 관련 상품 가게들이 어찌나 많은지 시가지가 온통 모차르트로 도배된 듯이 보였다. 모차르트 생가는 '게트라이데(Getreide)'라고 부르는 거리에 있었는데, 17~18세기에 유행한 바로크 양식의 6층짜리 석조 건물이었다. 외따로 있는 건물이 아니고 같은 높이의 다른 건물들과 나란히 어깨를 붙이고 있었고, 다행히 외벽이 노란색이어서 옆의 회백색 건물과 식별하기가 쉬웠다. 거기서 모차르트가 태어나 17년간 살았다고 한다.

주변에는 기념품 가게와 명품점, 카페와 레스토랑이 늘어서 있었으며, 관광 인파가 발을 디딜 틈도 없이 넘쳐나고 있었다. 그 때문에 생가를 배경으로 인증사진을 찍는 일도 그리 쉽지 않았다. 음악가 한 사람의 흔적을 보려고 전 세계 사람들이 모여드는 모습을 보니 역시 예술의 힘이 대단하구나 하는 생각이 들었다.

북유럽에 갔을 때도 한 음악가의 집을 방문했다.

노르웨이의 베르겐에 있는 그리그(Edvard Hagerup Grieg, 1843~1907)의 생가였다. 노르웨이를 대표하는 작곡가로서 '북국의 쇼팽'이라고 불리는 그리그는 〈피아노 협주곡〉과 〈페르귄트〉 등 여러 명작을 남겼다. 나는 그의 음악에 관해서 별로 아는 바가 없으나 오래전에 그의 음악적 생애를 그린 영화 〈송 오브 노르웨이(Song Of Norway)〉(1970)를 본 적이 있어서 가는 길에 자못 기대에 부풀었다.

그의 생가는 한적한 시골 바닷가 근처에 있었다. 빅토리아 양식의 단출한 2층 건물 안에 들어가니 그의 초상화가 걸려 있고 즐겨 치던 피아노도 놓여 있었다. 그리그는 그곳에서 아내와 함께 22년 동안 살았다고 한다.

생가 일대는 공원처럼 숲이 우거져 있고 지붕에 잔디를 입힌 음악당과 작곡실로 사용하던 오두막이며, 바위 속에 안장한 부부의 묘도 있었다. 특히 멋진 것은 집 가까이에 파도가 넘실대는 쪽빛 바다가 있는 것이었다. 아마도 그리그의 음악은 '트롤하우젠(Troldhaugen)'이라고 부르는 이곳의 아름다운 자연환경에서 생겨난 것이 아닐까 싶기도 했다. 생가를 나오며 앞으로 그리그의 음악에 관심을 지니고 많이 들어봐야겠다고 마음먹었다. 특히 그의 대표작 〈솔베이지의 노래(Solveig's Song)〉만큼은 자주 듣고 귀에 익혀놓아야겠다고 결심했다.

독일 프랑크푸르트에는 괴테(Johann Wolfgang von Goethe, 1749~1832)의 생가가 있었다.

동유럽 가는 길에 그곳에 들렀는데, 고딕 양식으로 지어진 미색의 5층 저택이었고, 괴테가 태어나서 청년기까지 살았다고 하였다. 집의 규모를 보니 괴테는 부유한 집안 출신임을 짐작할 수 있었다. 과연 그의 아버지는 독일 황제의 고문관이었고, 어머니는 프랑크푸르트 시장의 딸이었다고 한다. 그는 여덟 살 때부터 시를 지을 정도로 문학적 재능이 뛰어났는데, 전 세계의 청춘남녀를 울린 〈젊은 베르테르의 슬픔〉도 바로 이곳 4층의 '시인의 방'에서 지어졌다고 한다. 시간 관계상 외관만 구경하고 사진만 찍었는데, 그래도 나로서는 세계적인 문호 괴테의 집에 와보았다는 것이 무척 뜻깊었다.

해외여행 중에 음악가나 문학가의 생가에 갈 때마다 느끼는 것은 무엇이 이토록 사람들의 발길을 끌어모을까 하는 것이었다. 그들의 집이 왕궁처럼 호화롭다거나 특별한 볼거리가 있는 것도 아니다. 그저 길거리의 집 한 채이거나 부속 건물이 두어 개 딸린 시골집일 뿐인데도 세계의 관광객들이 줄지어 찾는 까닭이 무엇일까. 그것이야말로 예술의 향기요 작가의 힘이 아닐까 싶다. 음악을 듣고 감명을 받거나 작품을 읽고 공감했던 사람들이 연장선에서 그것을 배태시킨 근거지에까지 관심이 뻗치는 것은 지극히 자연스러운 일이다. 우리가 소문으로 듣던 관광지를 꼭 한번 찾아가 자기 눈으로 확인하고 싶어 하는 것도 같은 심리가 아니겠는가.

우리 고장에는 순천문학관이 있다.

조촐한 규모이지만 사시사철 사람들의 발길이 이어지고 있다. 방문객 가운데는 김승옥과 정채봉을 모르거나 작품을 전혀 읽어보지 않은 사람도 있을 것이다. 그래도 문학관을 둘러보면서 작가의 이름을 새로 알게 되고 작품을 읽어보고 싶은 마음이 생긴다면 그것만으로 문학관은 존재 이유는 충분하다고 본다. 다만 아쉬운 것은 이 두 분의 작가들이 해외에까지는 그리 많이 알려지지 않았다는 사실이다. 이것이 구미 언어권과는 다른 우리 언어의 한계이다. 그래서 우리 문학작품의 외국어 번역은 아무리 강조해도 지나치지 않은 일이다. 앞으로 문학관의 규모를 더욱 늘리고 나아가 작가들의 생가까지도 복원해낸다면 비록 국내 관광객이라 하더라도 더 많은 인원이 밀려들지 않을까 싶다.

순천문학관이 필요하다

순천문학관이 필요하다고?

제목을 보고 의아해할 분이 많을 것 같다.

현재 순천만에 순천문학관이 있는데 또 무슨 문학관이 필요하냐고 말이다.

그러나 지금 순천만에 자리 잡은 문학관은 엄밀히 말해서 소설가 김승옥과 아동문학가 정채봉의 문학관일 뿐이지 순천문학관으로 부르기에는 미흡한 점이 있다. 왜냐면 순천의 문학을 형성하고 있는 이들이 이 두 분 말고도 여러 사람이 존재하기 때문이다. 물론 한국 문단에 남긴 자취로 볼 때 김승옥과 정채봉은 순천이 자랑스레 내세울 만한 훌륭한 작가임에는 틀림이 없다.

그런데 외지인들이 순천문학관에 와서 보면 이 고장에는 이 두 분 말고 다른 작가는 없는 것으로 여길 공산이 크다. 실제로 보면 순천에는 더 많은 문인이 활동하고 있지 않은가. 그들을 아무도 없는 것처럼 묻어두고만 있어야 하는가. 적어도 순천문학관이라는 이름을 붙이려면 이 고장의 작가들을 더 많이 내보이며 자랑할 필요가 있지 않을까.

장흥에 가면 천관문학관이 있다.

그곳에는 장흥이 낳은 이청준과 송기숙을 비롯하여 한승원과 한강, 이승우 등 유명 작가뿐만 아니라 전국 각지에서 활동하고 있는 장흥 출신 문인들을 총망라하여 사진과 약력, 대표작들을 소개해놓고 있다. 그래서 외지의 방문객들이 그 규모에 놀라며 "일개 군 단위에서 이렇게 많은 문인이 배출되다니 역시 장흥은 다르구나!" 하고 감탄해 마지않는다. 그리고 천관문학관은 공연장과 전시실, 회의실, 강의실, 도서관 등도 갖추고 있어서 수시로 공연이나 전시회, 문학강좌 등이 이루어지고 있다. 문학관이 지역민을 위한 복합문화공간으로 활용되고 있는 것이다.

목포 갓바위 동네에는 목포문학관이 자리 잡고 있다.

거기에는 목포 출신 소설가 박화성과 극작가 김우진과 차범석, 문학평론가 김현 등 네 사람의 전시실이 마련되어있고, 강당과 회의실이 있어 각종 문학 행사가 모두 이곳에서 이루어지고 있다. 몇 해 전 그곳에서 목포문학박람회가 열려 김승옥 선생님을 모시고 다녀온 일도 있다. 최근 목포문학관은 디지털아트문학관으로 변모하여 방문객들에게 다양한 융복합 실감 체험 기회를 부여하고 있다고 자랑하고 있다.

이렇게 장흥과 목포의 문학관만 보더라도 순천문학관의 필요성을 어느 정도 수긍할 수 있을 것이다. 기역 자 모양의 단층 초가집으로 지어진 지금의 순천문학관은 김승옥 문학관과 정채봉

문학관으로 놓아두고 따로 순천문학관을 지을 필요가 있다. 그리고 거기에는 순천 출신 소설가 조정래와 서정인, 시인 임학수와 서정춘, 수필가 김구봉과 이기봉, 극작가 정조 등을 소개해야 한다. 그리고 순천을 지키고 있는 문인들도 소개하고 전국 각지에서 정진하는 출향 작가들도 찾아내서 드러내도록 해야 한다.

그뿐만 아니라 순천문학의 뿌리 구실을 했던 옛날의 승평사은이나 승평팔문장도 소개하고 순천에 귀양 와서 유배가사 〈만분가〉를 지은 조위며 『강남악부』의 주인공 조현범이며 강남난평음사(江南蘭平吟社)의 전신인 난국사(蘭菊社)를 창설했던 윤종균과 김효찬 등의 발자취도 알 수 있도록 해야 한다.

순천문학관을 지을 때 위치도 잘 고려해야 한다.

지금 순천만의 김승옥관과 정채봉관은 관람객에 대한 배려가 부족하다. 순천만 습지 주차장에 차를 두고 한참 걸어 들어가거나 순천만국가정원에서 상당한 요금을 지불하고 궤도차를 타야 하는 불편을 감수해야 하기 때문이다. 그래서 새로 짓는 순천문학관은 누구나 쉽게 방문할 수 있도록 도심과 멀지 않은 곳에 자리 잡아야 하고, 길도 넓게 닦고 주차 공간도 넉넉히 마련할 필요가 있다.

그리고 순천문학관은 단순히 전시관 노릇만 해서는 안 된다. 강당과 공연장, 전시실과 회의실, 자료실 등을 고루 갖춘 복합문화공간으로 만들어져야 한다. 그리하여 이곳에서 유명 작가 초청 강의도 이루어지고 시낭송회나 시화전도 개최하고 문인들의 회의 장소로도 활용할 수 있어야 한다. 그리고 자료실에는 순천의 문인들이 펴낸 도서들을 빠짐없이 확보하여 원하는 사람은 누구든지 와서 편히 접할 수 있도록 하는 것이 좋다. 다른 시군에서는 이미 행해지고 있는 일들이 우리 고장에서는 아직 엄두조차 내지 못하고 있다는 것은 심히 부끄러운 일이 아닌가.

요즘 순천은 생태수도를 표방하면서 국제정원박람회를 개최하는 등 한껏 성가를 높이고 있다. 그러나 생태환경을 근간으로 하는 녹색도시도 문화예술의 향기과 어우러졌을 때 더욱 건강하고 풍요롭게 발전할 수 있다. 문화예술의 발전이 없이 환경보전에만 집중하는 것은 농부가 퇴비로 땅심을 돋우지 않고 화학비료로만 작물을 키우려는 것처럼 근시안적인 일이다. 문화예술을 살리는 길이 곧 생태도시를 살찌우는 길임을 인식하고 온 시민이 우리 고장의 문화예술 진흥에 관심을 기울여주기를 기대한다.

와온 시비공원 어떤가?

나는 순천만 와온포구에 자주 가는 편이다.

몇 해 전부터 순천교육지원청에서 마련한 순천문화역사 체험활동 프로그램 강사를 맡고 있는데, 와온포구도 탐방지 가운데 하나인지라 학생들을 데리고 가서 툭 터진 바다를 조망하게 한 다음 '순천만' 3행시나 '와온해변' 4행시를 짓도록 한다.

연말에는 해넘이도 보러 간다.

서쪽 바다 화포 너머로 지는 저녁놀을 바라보며 지나온 한 해를 돌이켜보는 시간을 갖는다. 몇 해 전에는 일몰 시각에 딱 맞춰서 갔더니 차가 밀려서 도저히 나아갈 수가 없었다. 할 수 없이 도중에 차를 멈추고 어정쩡하게 해지는 광경을 구경할 수밖에 없었다. 그래서 이듬해에는 일찌감치 친구 부부와 만나 바닷가 전망 좋은 찻집에 자리를 잡고 담소하면서 해넘이 시간을 기다렸다. 시간은 걸렸어도 낙조 구경은 성공적이었다.

내가 보기에는 와온에서 해넘이를 가장 잘 볼 수 있는 곳은 와온소공원이 아닌가 생각한다. 그곳은 높지막한 언덕이기 때문에 바다가 아래로 내려다보여 시야가 널리 확보되는 이점이 있다. 무엇보다 여러 사람이 해넘이를 볼 수 있도록 널찍한 전망대를 만들어 놓은 것이 좋다.

학생들도 이곳에 오면 기분이 좋은지 천진난만한 얼굴로 뛰어다니는 것을 볼 수 있다. 아이들은 교실만 벗어나면 표정이 밝아지고 웃음꽃이 터진다. 죄수가 감옥에서 나왔을 때처럼 해방감이 드나 보다. 나도 교복 입던 시절에 그러했을 것이다.

그런데 이곳에 올 때마다 뭐가 한 가지 빠진 것 같은 허전한 생각이 드는 것은 무슨 까닭일까?

이 공원에는 2층짜리 정자도 하나 서 있고, 그늘에 쉴 수 있도록 등나무 쉼터도 조성되어 있으며, 한쪽에 화장실도 있고, 들머리에 좁으나마 주차장도 마련되어있다. 사람들이 노니는 공원으로서 기본시설은 갖추어져 있는 셈이다. 그런데 와온소공원만큼은 이것만으로 성에 차지 않는다. 이 공원만의 특색, 이 공원만이 자랑할 수 있는 어떤 시설을 갖춘다면 금상첨화가 아닐까 하는 생각이 든다.

그래서 내가 생각한 것이 시비(詩碑) 동산이다.

공원 여기저기에 띄엄띄엄 시를 새긴 비석을 세워놓으면 어떨까 하는 것이다.

내가 이 생각을 한 것은 언젠가 이곳에 왔을 때 문득 어느 시 한 편이 떠올랐기 때문이다.

하도나 좋은 포구 이름

누울 와(臥) 따스 온(溫)

갯물은 덮어주고

개펄은 품어주고

여기 무슨, 무슨, 무슨

입 다문 조개들의

서산 해질녘

서정춘 시인의 〈와온의 시〉 전문이다. 이 작품은 본디 그의 세 번째 시집 『귀』(시와시학사, 2005)에 실렸던 것인데, 뒤에 나온 『캘린더호수』(시인생각, 2013)에 다시 수록되었다. 나는 산문을 쓰다 보니 평소 시집에는 손이 잘 안 가는데, 『캘린더호수』만큼은 지은이가 손수 서명하여 보내준 것이라 귀하게 생각되어 읽어본 적이 있다.

그래서 와온을 노래한 서정춘 시인의 시를 이곳에 게시해놓는다면 이곳에 온 이들이 노을도 구경하고 시도 읽어보고 좋지 않을까 생각했던 것이다.

그런데 뒤이어 알아보니 이 와온을 노래한 시인들이 한두 명이 아니었다.

순천대 문예창작과의 곽재구 시인도 "달은 이곳에 와 / 첫 치마폭을 푼다 / 은목서 향기 가득한 치마폭 안에 마을의 주황색 빛이 있다."라고 〈와온바다〉라는 시를 내놓았고, 〈접시꽃 당신〉으로 유명한 도종환 시인도 "내 안에도 출렁이는 물결이 있다 / 밀물이 있고 썰물이 있다."라고 〈와온에서〉라는 시를 발표했으며, 조선대학교 문예창작과의 나희덕 시인도 도종환 시인과 같은 제목으로 "산이 가랑이 사이로 해를 밀어 넣을 때 / 어두워진 바닷가 잦아들면서 / 지는 해를 품을 때"라고 노래하였다.

이밖에도 여러 시인이 와온을 소재로 작품을 쓴 것을 볼 수 있는데, 이런 시들을 모두 모아서 이 공원에 새겨두면 운치가 있겠다는 생각으로 발전하였다.

우리나라에 시비 공원은 여러 군데 있는 것으로 알고 있다.

몇 군데 안 가봤으나 전주 덕진공원에는 신석정, 김해강 등의 시비가 있고, 구례 화엄사 골짜기에는 시의 동산이 있어 황현과 이시영, 이원규 등의 시가 새겨져 있고, 장흥 천관산문학공원에는 구상, 김녹촌 등의 시가 바위에 친필로 새겨져 있다. 특이하게 목포해양대학교 교정에도 시비공원이 있어 박목월, 유치환, 조지훈 등의 시를 볼 수 있다.

이처럼 순천만 와온해변에도 시비를 세워보자는 것이다. 와온을 노래한 시를 모두 모으거나 아니면 바다나 노을을 읊은 시까지를 포함하여 비를 세운다면 이 와온이 더욱 운치 있는 명소가 되지 않을까 생각에 잠겨 본다.

제3부 사람의 향기

사람의 향기

"맑고 향기롭게!"

법정 스님이 생전에 자주 하시던 말씀이다.

세상이 어지럽다고 세상을 탓할 것이 아니라 우선 나 자신부터 마음을 맑고 향기롭게 가꾸자는 이야기이다. 그렇게 하면 나의 존재가 차츰 주위를 변화시키고 마침내 우리 세상 전체가 맑고 향기로워질 것이라고 하였다. 나는 스님의 글을 읽을 때마다 마음이 고요히 정화되는 느낌을 받는다. 그래서 예전 스님의 책을 다시 읽으며 나 자신을 차분히 가꾸고자 노력한다.

사람은 세상을 살면서 여러 유형의 사람을 만난다.

한 번 만나고 나서 다시 만나고 싶은 사람이 있는가 하면 별로 만나고 싶지 않은 사람도 있다. 사람에게는 저마다 느껴지는 기운 같은 것이 있다. 좋은 기운이 느껴지는 사람은 호감이 가서 또 만나고 싶은데 그렇지 않은 사람은 다시 만나는 것이 부담스러워진다. 나는 사람에게 느껴지는 이 좋은 기운을 '향기'라고 표현하고 싶다.

그렇다면 사람의 향기는 어디에서 나오는 것일까.

우선 그 사람의 언어와 태도가 아닌가 싶다. 사람마다 말씨나 행동거지가 조금씩 다른데, 그것을 보면 그 사람의 면모를 대충 파악할 수 있다.

먼저 언어를 보자.

평소 밝고 유쾌한 이야기를 많이 하는 사람이 있는가 하면 주로 불평과 불만을 늘어놓는 사람도 있다. 누구 칭찬을 잘하는 사람이 있는가 하면 남의 험담은 잘하는 사람도 있다. 부드러운 말로 감싸주는 사람이 있는가 하면 내쏘는 말로 정나미가 떨어지게 하는 사람도 있다. 남의 말에 귀를 기울여주는 사람이 있는가 하면 자기 말만 하고 상대에게 말할 틈을 주지 않는 사람도 있다. 또 입만 열면 자기 자랑을 하면서도 남의 어려운 형편에는 나 몰라라 하는 사람도 있다. 자기가 한 말을 어떻게든 지키려고 노력하는 사람이 있는가 하면 기분 내키는 대로 내뱉어놓고는 나중에 가서 언제 그랬냐고 딴소리하는 사람도 있다.

태도도 각양각색이다.

늘 웃음을 잃지 않는 사람이 있는가 하면 찌푸린 얼굴로 세상 고민을 혼자서 짊어진 듯한 사람도 있다. 겸손하게 고개를 숙이는 사람이 있는가 하면 거만한 자세로 목에 힘을 주는 사람도 있다. 남에게 양보하고 뒤로 빠지는 사람이 있는가 하면 자기 것부터 챙기려고 나서는 사람이 있다. 약속시간을 어김없이 지키는 사람이 있는가 하면 항상 시간을 어기고 늦게 나타나는 사람이 있다. 책임감이 강하여 맡은 일을 제대로 끝맺으려는 사람이 있는가 하면 어떻게든 일을 회피하며 남에게 떠맡기려는 사람도 있다. 겉치레에 신경을 쓰며 명품을 찾는 사람이 있는가 하면 명품과는 상관없이 수수한 차림으로도 아무렇지도 않은 사람이 있다. 이득이 있을 때는 찰떡같이 달라붙다가도 단물이 빠졌다 싶으면 언제 봤냐는 듯이 등을 돌리는 사람도 있다.

말씨와 태도는 그 사람의 성격과 관계가 있다.

성격에 따라 사람의 행동이 달리 나타난다. 사람의 여러 행동 특성은 딱히 어느 것이 좋고 어느 것이 나쁘다고 단정하기는 어렵다. 어떤 상황이냐에 따라 대응방식이 다를 수 있기 때문이다. 그러나 어느 경우에서든 상대를 편하게 해주고 주위를 불쾌하게 하지 않는 마음가짐이 필요하다. '태도가 인간을 만든다(Manners maketh man.)'라는 영화 대사가 있듯이 사람의 언어와 행동거지는 자신의 인격을 비추는 거울인 셈이다. 그 사람의 말씨와 태도가 아름다워 상대에게 좋은 느낌을 줄 때 그는 향기 나는 사람이라고 말할 수 있지 않겠는가.

꽃의 향기는 백 리를 가고(花香百里), 술의 향기는 천 리를 가며(酒香千里), 사람의 향기는 만 리를 간다(人香萬里)고 했다. 꽃의 향기나 술의 향기보다 사람의 향기가 그만큼 진하고 아름답다는 이야기가 아니겠는가.

나는 내 주위에 어떤 사람으로 비칠까.

향기 나는 사람이 되었으면 좋겠지만 어디까지나 희망사항일 뿐이다. 사람의 성품은 그의 직업이나 직책 또는 가방끈의 길이

와는 별로 상관이 없는 것 같다. 학교 문턱에도 가본 적 없는 시골 노인도 인자한 성품으로 마을 사람들에게 어른 대접을 받는 경우가 있지 않은가. 사람에 대한 평가는 얼마나 마음 수양을 많이 하고 정신적으로 성숙했느냐에 따라 달렸다고 본다. 나는 주변에 향기는 그만두고라도 악취나 풍기지 않았으면 하는 바람에서 틈틈이 법정 스님의 맑고 향기로운 글을 찾아 읽곤 한다.

가장 아름다운 여인

세상에서 가장 아름다운 여성을 들라면 당신은 누구를 꼽겠는가?

이집트 여왕 클레오파트라를 꼽겠는가, 당나라 현종 때의 양귀비를 꼽겠는가, 아니면 조선시대 송도삼절(松都三絶)로 이름을 떨친 황진이를 꼽겠는가? 그것도 아니면 할리우드를 주름잡았던 배우 마릴린 먼로나 엘리자베스 테일러를 꼽겠는가, 프랑스 배우 브리지트 바르도나 소피 마르소를 꼽겠는가. 이탈리아 배우 클라우디아 카르디날레나 소피아 로렌을 꼽겠는가.

여성미를 보는 시각은 사람마다 다를 수 있다. 어떤 사람은 얼굴에 중점을 두고, 어떤 사람은 가슴이나 키, 몸매와 같은 신체적인 조건에 중점을 두고, 어떤 사람은 심성이나 교양과 같은 내면적인 것으로 여성을 평가한다. 예부터 우리나라에서는 미인을 가리켜 단순호치(丹脣皓齒) 또는 명모호치(明眸皓齒)라 하여 붉은 입술과 하얀 치아, 맑은 눈동자를 들기도 하고, 화용월

태(花容月態)라고 하여 얼굴과 자태를 꽃과 달에 비유하기도 하였다. 이밖에도 백옥 같은 살결이니 삼단 같은 머릿결이니 옥쟁반에 구슬 굴러가는 목소리니 팔등신이니 하여 여성의 피부 색깔과 긴 머리, 고운 음성 및 균형 잡힌 몸매를 비유적으로 강조하였다.

그러나 "인간의 마음속에는 인체의 아름다움에 대한 모종의 보편적인 표준이 분명 내재한다."라고 말한 영국의 생물학자이자 진화론자인 찰스 다윈(1809~1882)의 의견에 기대어 본다면 동서양을 불문하고 미인의 기준에 대한 공통분모는 있을 것 같다.

나로서는 청춘 시절에 본 외국영화의 주인공들이 우선 아름다운 여성으로 떠오른다. 이를테면 〈누구를 위하여 종을 울리나〉(1943)의 잉그리드 버그만과 〈초원의 빛〉(1961)의 나탈리 우드, 〈우리에게 내일은 없다〉(1967)의 페이 더너웨이, 〈닥터 지바고〉(1968)의 제랄딘 채플린, 〈로미오와 줄리엣〉(1968)의 올리비아 허시 등이 그들이다. 20대 이후에 만난 〈엠마누엘〉(1974)의 실비아 크리스텔이나 〈테스〉(1981)의 나스타샤 킨스키, 〈끝없는 사랑〉(1981)의 브룩 쉴즈, 〈파라다이스〉(1982)의 피비 케이츠, 〈까미유 끌로델〉(1989)의 이자벨 아자니 등도 청순하면서도 뇌쇄적인 미모로 나를 매료시켰다.

그런데 뭐니 뭐니 해도 나를 가장 한눈에 휘어잡은 이는 오드리 햅번(Audrey Hepburn, 1929~1993)이다. 그는 벨기에 태생으로 영국에서 성장했으며, 모델로 활동하다가 스물네 살 때 윌리엄 와일러 감독의 〈로마의 휴일(Roman Holiday)〉(1953)에 출연하면서 배우의 길로 들어섰다. 영화는 천진난만한 공주가 왕실의 지루한 행사에 싫증이 나서 몰래 거리로 나갔다가 우연히 한 신문기자를 만나 둘이서 로마 시내를 신나게 돌아다니는 내용이다.

나는 이 영화를 1970년대 무렵 텔레비전 〈주말의 명화〉를 통해서 보았다. 그리고 여주인공의 생기발랄한 모습에 눈이 휘둥그레지고 말았다. 티 없이 맑은 눈동자와 상큼한 미소, 하얀 블라우스에 치마를 받쳐 입은 날렵한 몸매는 한 마디로 '여신의 강림'을 방불케 하였다. 특히 영화 속 스페인 계단에서 아이스크림을 먹는 장면이라든지, 거짓말을 하면 손이 잘린다는 '진실의 입'에 손을 넣는 장면, 서투른 운전 솜씨로 오토바이를 타는 장면이 인상 깊었다. 〈로마의 휴일〉이야말로 오로지 오드리 햅번 한 사람의 매력을 보여주기 위해 만들어진 영화인 듯싶었다. 짧게 자른 그의 머리 모양은 '햅번스타일'이라는 이름으로 전 세계에 유행의 물결을 탔다. 그가 이 영화 한 편으로 1954년 제26회 아카데미 여우주연상을 거머쥔 것은 지극히 당연하고 조금도 이상할 것이 없었다.

이렇게 '세기의 요정'으로 등극한 그는 〈사브리나〉(1954)와 〈전쟁과 평화〉(1956), 〈하오의 연정〉(1957), 〈파계〉(1959), 〈티파니에서 아침을〉(1961) 등에서도 잇따라 멋진 모습을 보여주면서 전성기를 누렸다.

그러다가 세월이 흐르면서 나는 까마득히 잊고 말았는데, 어느 날 다시 그를 만나게 되었다. 그때는 영화가 아니고 사진이었다. 그 한 장의 사진이 나를 경이와 감동으로 몰아넣었다. 한 할머니가 비쩍 마른 아프리카 소년을 안고 있는 모습이었다. 나는 언뜻 봤을 때 얼굴에 주름살이 가득한 그 할머니가 누구인 줄 몰랐다. 사진 설명을 보고서야 오드리 햅번이라는 것을 알았다. 찬찬히 보니 유난히 컸던 그윽한 눈매가 젊은 시절의 흔적을 희미하게 머금고 있었다. 그의 품에 안긴 소년은 얼마나 굶주렸는지 바가지 같은 맨머리에 뼈만 남은 앙상한 팔이 도무지 살아있는 모습으로 보이지 않았다. 그 사진은 오드리 햅번이 유니세프 홍보대사로 빈민 구호 활동을 하면서 찍은 것이었다.

세계인의 찬사를 한몸에 받던 화려한 은막의 주인공이 어찌하여 이런 일에 뛰어들었을까. 사람들은 처음에 그의 구호 활동을 곱게 보지 않았다. 나이가 들어 인기가 떨어지니까 세인의 이목을 끌기 위해서 그러는 것으로 평가절하했다. 그러나 그는 그런 눈길에 신경 쓰지 않고, 아프리카와 방글라데시, 중남미의 엘살바도르와 니카라과 등지를 찾아가 굶주림과 질병에 시달리는 어린이를 구호하는 일에 몰두했다. 그가 유니세프로부터 받는 보수는 고작 1년에 1달러뿐이었다고 한다. 젊어서든 늙어서든 자기 치장에나 열중하는 것이 여인네의 속성인데 확실히 그는 일반여성들과 다른 길을 걸었다.

오드리 햅번이 봉사활동에 몸을 바친 것은 과거 자신의 어려웠던 기억 때문이 아닌가 싶다. 그는 어린 시절 제2차 세계대전을 겪으면서 구호단체에서 주는 물품으로 연명했다고 한다. 그는 사망하기 1년 전인 1992년에는 암과 싸우면서도 소말리아에 갔다. 그리고 혹시 자기 하나 때문에 구호 활동에 차질이 생길까봐 아무에게도 투병 사실을 알리지 않고 진통제를 맞으면서 일정을 소화했다고 한다.

그가 남긴 유명한 말이 있다.

"아름다운 입술을 갖고 싶으면 친절한 말을 하라. 사랑스러운 눈을 갖고 싶으면 사람들에게서 좋은 점을 보라. 날씬한 몸매를 갖고 싶으면 당신이 먹을 음식을 배고픈 사람과 나누라."

또 이런 말도 남겼다.

"당신에게 손이 두 개 있는 까닭이 무엇인가. 한 손은 당신 자신을 돕는 손이고, 다른 손은 다른 사람을 돕는 손이다."

모두 그가 온몸으로 실천한 대로 나눔과 봉사의 정신이 담긴 말이다.

외면적인 미는 세월을 이기지 못하나 내면적인 미는 세월의 장벽을 훌쩍 뛰어넘는다. 오드리 햅번은 그의 빼어난 외모보다 더 아름다운 인생을 살았다. 어려운 이웃과 함께하는 삶을 통해서 내면에서 우러나오는 아름다움이야말로 더 값지고 영원한 아름다움이 아니겠는가. 그런 의미에서 오드리 햅번은 세월을 뛰어넘는 가장 아름다운 여인, 우리 모두의 연인이라고 할 수 있을 것이다.

무엇이 되느냐, 어떻게 사느냐

2021년 11월 전두환이 죽었다.

광주 민주화 운동 무력진압에 대한 해명과 사과를 그토록 기다렸건만 끝내 입을 열지 않고 세상을 떠났다. 그보다 한 달 전 노태우가 사망했을 때는 다소 시끄러운 가운데서도 국가장을 치렀으나 이번에는 말도 꺼내지 못할 분위기였다. 자신의 잘못을 한사코 인정하지 않았으니 어찌 온정을 베풀 수 있겠는가.

일국의 통수권자로서 한 시대를 호령했던 사람이 죽어서까지 이토록 국민의 싸늘한 시선을 피할 수 없는 까닭은 무엇인가. 그것은 당연히 그의 과거 행적이 정당하지 못했기 때문이다. 잘 알다시피 그는 1979년 겨울 박정희 대통령의 갑작스러운 죽음으로 정국이 어수선한 상황을 틈타 정권을 탈취했다. 그로 인해 18년 철권통치 아래 신음하다가 비로소 고개를 들고 새봄의 기지개를 켜려고 했던 사람들은 또다시 고개를 떨군 채 어둠의 시간을 보내야 했다.

군대를 동원한 박정희의 집권 수법을 고스란히 이어받은 그는 민주화를 열망하는 광주시민들을 군부대를 투입하여 때려잡고 1980년대를 온통 화염병과 최루탄의 시대로 만들었다. 박정희로 시작하여 전두환과 노태우로 이어지는 군사정권 서른 해 동안 대한민국의 민주주의는 깜깜한 골방에 갇힌 채 억지 겨울잠을 청할 수밖에 없었다.

그는 통치하는 동안 물가 안정과 경제성장을 비롯하여 최초의 무역수지 흑자 전환과 88서울올림픽 유치, 최초의 평화적 정권 이양 등을 업적으로 내세웠으나 그것으로 전차를 앞세워 총칼로 정권을 잡은 부도덕성을 가릴 수는 없었다.

그의 비극은 어디서 비롯되었을까? 바로 과정의 타당성을 내팽개친 일이었다. 그는 목표 지상주의자였다. 목표만 이룰 수 있다면 과정이나 절차는 어떠해도 상관없다는 생각으로 총칼을 동원했고 마침내 대권을 거머쥐었다. 그러나 민심은 고개를 돌렸다. 정의사회 구현을 구호로 내걸었으나 그 자신부터 정의롭지 못하고서 어떻게 국민의 공감을 얻어낼 수 있었겠는가. 대통령의 자리에 있을 때는 수많은 군 출신들을 주위에 배치하고 떵떵거릴 수 있었다. 그렇지만 임기가 끝난 뒤로는 줄곧 내리막길이었다. 청문회 출석과 백담사 유폐에 이어 옥살이의 굴욕을 당했으며 출소 후에도 재산 몰수와 추징금 압박을 면치 못했다. 자신을 변호할 요량으로 회고록을 내기도 했으나 되레 명예훼손에 발목이 잡혀 민사소송 재판에 시달렸다.

그것은 누구의 탓도 아니었다. 스스로 만든 업보였으니 누구를 원망할 것인가. 그는 1979년 12월 12일 전방을 지키는 군인들을 불러들여 국방부와 육군본부를 장악하기에 앞서 나중에 닥칠 일을 헤아려보았어야 했다. 그러나 그에게는 그만한 역사의식이나 안목이 없었다. 내일 삼수갑산을 가더라도 우선 뱃속을 채우고 보자는 배짱으로 일을 저질렀고, 그것은 원죄가 되어 고스란히 자신이 짊어져야 할 몫으로 돌아왔다.

미국의 사회심리학자인 에리히 프롬(Erich Fromm, 1900~1980)은 『소유냐 존재냐(*To Have or To Be*)』에서 인간의 두 가지 삶의 방식을 이야기하였다. 하나는 소유에 의미를 두는 삶이요, 하나는 존재에 의미를 두는 삶이다. 소유의 삶은 자기가 무엇이 되고 얼마나 많이 갖느냐에 치중하는 삶의 방식이고, 존재의 삶은 어떤 가치관을 가지고 어떤 자세로 살아가느냐에 무게를 두는 삶의 방식이다. 전두환은 소유의 삶을 살았다. 정권을 거머쥐는 것을 목적으로 그것을 얻기 위하여 수단과 방법을 가리지 않았다. 그리하여 목표는 달성했으나 영광은 짧고 치욕은 길었다.

그가 존재의 삶을 살려면 어떻게 행동해야 했을까.

우선 군인으로서의 본분을 지켜야 했다. 1979년 10월 26일 박정희가 시해되어 나라가 뒤숭숭한 상황에서 보안사령관과 합동수사본부장으로서 자기 역할에 충실하며 사태 수습과 정국 안정에 힘써야 했다. 그리고 독재의 사슬에서 풀려난 정치인들이 민주적인 절차로 나라를 이끌어갈 수 있도록 든든히 뒷받침을 해주었어야 했다. 그러고 나서 정치에 꿈이 있었다면 전역을 하고 정계에 입문하여 국민의 선택을 받는 방식을 택해야 했다. 그것이 그가 걸어야 할 바른길이었다. 그랬다면 대권은 어렵더라도 군 장성 출신으로 국회의원 정도는 할 수 있었지 않았겠는가. 그렇게 욕심을 부리지 않고 정도를 걸었다면 평생 누구한테 손가락질받는 일 없이 마음 편한 노후를 보낼 수 있었을 것이다.

안타깝게도 전두환의 비극은 소유의 관점에서 '무엇이 되느냐'에 초점을 맞춘 데 있다. 만인이 우러러보는 권좌에 올랐으나 그것은 상처뿐인 영광이었다. 그가 존재의 관점에서 '어떻게 사느냐'에 무게를 두었더라면 그렇게 야만적인 방식으로 정권을 가로채지 않았을 것이고 죽어서까지 비난받을 만큼 말로가 비참하지는 않았을 것이다.

* 이 글은 2021년에 썼다. 전두환이 죽고 2년 뒤에 김성수 감독의 영화 〈서울의 봄〉(2023)이 나와서 그의 정권 탈취 과정을 적나라하게 보여주었다.

대한민국은 선진국인가?

오늘날 우리나라는 선진국이 되었다고 자랑한다.

흔히 선진국의 요건으로 1인당 국민소득과 경제 규모, 보편적 가치와 문화의 세계적 확산 등을 들고 있는데, 우리나라는 이 네 가지를 모두 충족하고 있다.

세계은행(World Bank)은 국민소득 2만 불 이상의 국가를 선진국으로 분류하는데 우리나라는 3만 불을 넘어 4만 불에 육박하고 있다. 경제 규모도 국가총생산(GDP)이 세계 10권 진입을 눈앞에 두고 있다. 이에 발맞추어 정치 민주화를 조기에 정착시킴으로써 경제발전과 민주화라는 두 마리의 토끼를 붙잡은 나라가 되었다. 더욱이 케이팝을 비롯한 다양한 문화상품들이 국경을 넘어 전 세계로 퍼져나가 열광을 받고 있다. 세계근대사에서 절대 빈곤을 경험한 최빈국이 한 세대 만에 선진국이 된 나라는 우리 대한민국뿐이라며 경이로운 눈길을 보내고 있다. 가슴 뿌듯한 일이 아닐 수 없다.

그런데 이러한 선진국의 증거는 대체로 외적인 현상에 비중을 둔 것이고, 내적인 선진화, 즉 우리의 정신적인 수준은 얼마나 달라졌는지 냉철히 따져볼 필요가 있다.

류시화의 산문집 『내가 생각한 인생이 아니야』(수오서재, 2023)에 보면 문명의 증거에 관한 이야기가 소개된다. 그에 따르면 미국의 인류학자 마가렛 미드(Margaret Mead, 1901~1978)가 "인류 문명의 첫 증거가 무엇인가?"라는 질문을 받고, 고고학 발굴 현장에서 나온 1만 5천 년 전 인간의 다리뼈를 증거로 내세웠다고 한다.

그 다리뼈는 '부러졌다가 다시 붙은 넓적다리뼈'였는데, 그것은 한번 부러지면 자연 상태에서 다시 붙을 때까지 6주 이상의 시간이 걸린다. 적자생존의 법칙이 지배하는 야생 환경에서 그 정도 중상을 입은 사람이라면 사냥을 하지 못하여 굶어 죽거나 맹수의 먹잇감이 되기 마련이다. 그런데 부러진 넓적다리가 다시 붙었다는 것은 누군가가 그를 돌봐주었음을 의미한다. 이렇게 자기 생존만을 도모하지 않고 남을 도울 줄 아는 모습에서 인류 문명의 증거를 볼 수 있다는 주장이었다.

결국 마가렛 미드의 말은 사람이 서로 돕고 힘을 모으며 공동체 정신을 발휘할 줄 아는 것이 문명인의 출발이라는 것이다. 나는 이러한 공동체 정신은 우리 마음의 여유에서 나온다고 본다. 그렇다면 지금 우리의 모습은 어떤가? 과연 우리는 얼마나 일상생활에서 여유 있는 모습을 보여주고 있는가?

마음의 여유가 있는 사람은 우선 표정이 밝고 차분하며 마음

씀씀이가 너그럽다. 그런데 우리 주위를 살펴보면 그렇지 못한 경우가 많다. 사람들의 표정이 굳어 있고, 늘 누구에게 쫓기듯이 뛰어다니고 자기 앞가림하기에 정신이 없다. 누가 자기 속내를 털어놓을라치면 "그건 당신 생각이고!", "나보고 어쩌라고?"라고 하며 공감을 거부하고 거리를 두려고 한다. 지하철에서 막되게 행동하는 사람이 있어도 '저건 내 일이 아니니까!'라고 생각하며 본체만체해버린다. 학교에 다니는 자녀가 벗들과 장난을 치다가 조금만 다쳐도 손해배상을 청구하고, 수업시간에 선생님에게 야단맞으면 교사가 아동을 학대했다며 소송을 제기한다. 어린아이라면 으레 뛰면서 자라는데 그 소음을 참지 못하고 위아랫집이 싸우다가 살인이 벌어지는가 하면, 보험금을 타내서 잘 먹고 살겠다고 배우자는 물론 부모까지 살해하는 사람이 있다. 이처럼 이웃을 위한 관심과 배려와 공동체를 먼저 생각하는 관용과 양보의 정신을 찾을 수가 없다. 이렇게 사람들이 각박해진 것은 모두 마음의 여유가 없기 때문인데, 이런 것을 보면 과연 우리가 선진국 국민이 맞는지 의심스러워진다.

사람들은 대개 과학 문명과 기술의 발달을 문명의 증거로 삼으며 스스로 선진국민이라 으스댄다. 그러나 고급 승용차를 굴리고 초고속 인터넷과 스마트폰을 사용한다고 해서 바로 문명인이 되는 것이 아니다. 그것은 껍데기에 지나지 않는다. 마가렛 미드는 문명인의 증거는 도구에 있지 않고 인간의 정신에 있다고 말했다. 고난에 처한 동료를 나 몰라라 하지 않고 어려움을 이겨내도록 도와주는 것이 문명인의 자세이고, 그러한 공감과

연대의 정신이 인류 문명을 이끌어온 동력이라는 것이다.

우리가 진정한 선진국이 되려면 우리 국민이 다 함께 문명인이 되어야 한다. 내가 어려운 이웃에게 관심을 쏟고 돌아볼 줄 알 때 나는 선진국민이고, 남이야 어떻든 나만 배부르면 된다고 생각하며 내 먹을 것 챙기기에만 급급하면 나는 어쩔 수 없이 후진 국민에 머물러 있는 것이다. 나는 우리나라가 어서 빨리 진정한 선진국으로 도약하기를 충심으로 바란다.

한국인의 냄비근성

"일본 유명 관광지 한국인 북새통, 대한민국 도쿄시(市)?" 최근 어느 언론 보도에 나온 제목이다.

일본에 한국인 관광객이 몰려가고 있다는 소식이다. 올해 2023년 1월부터 5월까지 일본에 간 한국 관광객이 무려 258만 명에 달하고, 5월 한 달만 해도 51만 5천 7백 명이 다녀왔다고 한다. 14억 인구를 자랑하는 중국인의 일본 관광객이 같은 달 13만 4천 4백 명이었던 것과 비교하면 엄청난 인원이다.

왜 이렇게 한국인이 일본에 몰릴까? 보도에 따르면 코로나 이후 일본 항공 노선이 다시 열린 데다 엔저 현상이 겹쳤기 때문이라고 한다. 코로나로 인해 막혔던 여행길이 풀림과 동시에 환율 변화로 여행비가 싸졌다는 이점이 작용했다는 분석이다.

이러한 보도를 보며 나는 입맛이 썼다. 그리고 빨리 뜨거워졌다가 빨리 식는 우리 민족성에 혀를 차지 않을 수 없었다.

돌이켜 보라! 멀지도 않은 4년 전의 일이다. 2019년 8월 일본

아베 총리는 느닷없이 우리나라에 자기네 반도체 소재 3개 품목의 수출을 규제한다고 발표했다. 그와 더불어 화이트 리스트라고 하여 대한민국을 안보상 문제가 없는 국가라고 지정한 백색국가에서도 제외한다고 선언했다. 그야말로 날벼락 같은 통보였다.

일본은 왜 갑자기 그런 짓을 했을까? 그것은 2018년 10월 우리나라 대법원이 일본 전범 기업으로 하여금 강제 징용 피해자에게 배상하라는 판결을 내린 바 있는데, 바로 그에 대한 보복이었다. 더욱이 그들이 수출하지 않겠다고 한 반도체 소재 세 가지 품목은 스마트폰 제작에 없어서는 안 될 필수품이었으므로 당시 세계시장에서 뜨고 있는 삼성과 엘지와 같은 우리 반도체업계에 "너희들 혼나 봐라!" 하고 타격을 입히려는 의도가 분명했다. 징용 피해자 배상은커녕 우리를 물 먹이려는 괘씸한 심보였다.

그때 우리 국민은 일본의 고약한 조치에 분개하여 "독립운동은 못 해도 불매운동은 한다."라는 마음으로 일본 상품 불매운동을 대대적으로 벌였다. 그리하여 일본 연고 가게인 ABC마트와 유니클로에 발길을 끊고, 마일드세븐과 같은 일본 담배나 아사히맥주와 같은 일본제품 사지 않는 운동을 전개하였다.

아울러 일본 여행 안 가기 운동도 일어나 예약 취소가 늘고 일본행 여객기의 좌석이 텅텅 비는 현상이 빚어졌다. 급기야 일본 관광지에 한국인의 발길이 끊기고 상가에서 파리를 날리며 울상을 짓는 일본인의 모습이 종종 방송을 타곤 했다. 그야말로 한국인을 화나게 하면 어떻게 되는가 하고 본때를 보여주는 통쾌한 장면이었다. 한편 우리나라에서도 그동안 일본 수입에 의존해오던 반도체 소재들을 국내에서 생산하자는 주장이 제기되어 일부 기업체에서 필수 소재 자체 개발에 박차를 가하기 시작했다.

그러던 것이 올해 들어 우리 한국인의 태도가 백팔십도로 바뀌었다. 일본에 한국 관광객이 북새통을 이루어 도쿄가 대한민국 수도가 아닌가 싶을 정도라는 것이다. 불과 4년 만에 어찌 이렇게 뒤바뀔 수가 있는가! 그동안 일본의 우리나라에 대한 정책이 뭐 하나 바뀐 게 있는가. 아베가 자기 나라 청년에게 총 맞아 죽은 것 말고는 그들은 아무것도 변한 것이 없지 않은가. 오히려 독도가 자기네 땅이라고 목소리를 높이고, 후쿠시마 원전 오염수를 방류하겠다고 큰소리를 치고 있지 않은가. 이렇게 뻔뻔하고 낯짝 두꺼운 나라에 왜 돈을 뿌려 주지 못해 안달복달하는가!

그렇다고 해서 일본인 관광객이 우리나라에 많이 오느냐 하면 그것도 아니다. 최근 집계에 따르면 한국에 오는 일본인 관광객보다 일본에 가는 우리 관광객이 3.6배 많다고 한다. 도대체 우리 국민은 배알이 있는 것인가 없는 것인가?

옛말에 '고려공사삼일(高麗公事三日)'이라는 말이 있었다.

고려의 정책이 사흘 만에 뒤바뀐다는 비아냥이 섞인 말로서 어떤 일을 시작해놓고 꾸준히 계속하지 못하고 흐지부지하고 마는 경우를 가리키는 말이다. 일본 상품을 안 사고, 일본 여행을 안 가겠다고 열을 내던 때가 언제인데, 지금 우리는 너도나도 일본에 가지 못해 이 난리를 치고 있단 말인가. 이렇게 우리 국민이 가벼이 행동하니 저들이 우리를 우습게 여기고 무슨 일 있을 때마다 자기들 하고 싶은 대로 함부로 내지르지 않는가. 대한민국 국민이여, 자존심을 어디에 내팽개쳐버렸는가. 제발 냉수 먹고 정신 좀 차리시라!

태도가 인간을 만든다

언젠가 신인 트로트 가수 경연대회에서 특별한 장면이 하나 있었다.

경연자들이 무대에 올라 각자의 노래 실력을 선보이는데, 어느 단계에 이르러 두 사람이 일대일로 실력을 겨루는 대목이 있었다. 각자 노래 한 곡씩을 부르고 나서 심사위원들로부터 평가를 받는데, 높은 점수를 받은 사람은 다음 단계로 올라가고 낮은 점수를 받은 사람은 탈락하는, 그야말로 죽느냐 사느냐 하는 긴박한 대목이었다.

그때 한 경연자가 무대에 올랐다.

공교롭게도 그는 여러 심사위원 가운데 어느 한 사람의 아들이었다. 그 심사위원은 〈보랏빛 엽서〉와 〈사랑이 이런 건가요〉를 부른 유명가수였다. 과연 그 심사위원은 자기 아들에게 어떤 점수를 줄까? 그것이 시청자들에게는 굉장한 관심사였다. 팔이 안으로 굽는다는 말이 있듯이 아무래도 자기 자식에게 더 높은 점수를 주지 않을까 하는 것이 내 생각이었다. 두 경연자는 연습을 많이 한 모양으로 최선을 다해 열창하였다. 내가 보니 두 사람 모두 훌륭한데, 노래할 때의 표정이며 몸동작에서 약간의 차이가 났다. 심사위원의 아들은 비교적 점잖게 노래를 부르는 데 비해 상대편 경연자는 애교스러운 연기와 요란한 춤이 돋보였다. 과연 그 경연자가 심사위원들에게 높은 점수를 받았다.

뒤이어 심사위원 점수표가 공개되었는데, 놀랍게도 그 아버지도 자기 아들이 아닌 상대편 경연자에게 점수를 준 것아 아닌가! 대단한 감동이 아닐 수 없었다. 아마 그의 아들은 아버지가 자기를 지지해줄 것으로 믿지 않았을까? 아버지도 분명 자기 아들이 이겼으면 하는 바람이 있었을 것이다. 그러나 그는 냉정함을 잃지 않았다. 그는 아버지로서가 아니라 심사위원으로서 그 자리에 앉았다는 사실을 잊어버리지 않았다. 아마 그는 집에 가서 아내에게 한 소리 듣지 않았을까. "당신은 피도 눈물도 없는 사람이구려. 세상에 어찌 제 자식에게 그럴 수가 있소?" 그의 아들도 이렇게 항의하지 않았을까. "아빠 너무한 거 아니에요? 우리 아빠 맞아요?"

그때 나는 그 심사위원의 고뇌에 찬 점수 결과를 보면서 옛날 텔레비전에서 보았던 〈동의보감〉의 한 장면이 떠올랐다.

그 드라마에 허준의 스승으로 유의태라는 의원이 나온다. 그는 자기 아들에게도 의술을 가르치고 있었는데 아들을 후계자로 삼지 않고 허준을 점찍는다. 왜 아들을 제쳐두고 허준을 선택했을까. 그것은 의술을 출세의 방편으로 생각하는 아들보다 병자를 돌보느라 과거 시험에 늦어버린 허준에게서 인술을 펼치는 의원의 사명감을 보았기 때문이다. 자기 아들이라고 해서 봐주는 법이 없이 냉정하게 사람을 평가한 것이다.

그때 유의태가 한 말이 '비인부전(非人不傳)'이다. 인간이 못되는 자에게는 함부로 도를 전하지 않는다는 말이었다. 이는 중국 동진(東晉)의 서예가 왕희지(王羲之)의 '비인부전 부재승덕(非人不傳不才承德)'에서 비롯된 말이다. 인성에 문제가 있는 자에게는 높은 기술을 전수하지 말며, 재주가 덕을 이겨서는 안된다는 가르침이었다. 그러니까 사람마다 지닌 그릇이 다른데, 유의태는 자기 아들보다는 허준이 참된 의원이 될 그릇으로 판단한 것이다.

영화 〈킹스맨(Kings Man)〉(2015)에 "매너가 인간을 만든다(Manners Maketh Man)."라는 말이 나온다. 주인공이 나쁜 놈들을 혼내주면서 한 말이다. 여기서 매너란 사람이 지니는 행동방식이나 예의범절 따위를 가리키는 것으로 우리 말로 '태도'라고 하면 좋을 것 같다. 그러니까 사람의 평소 태도에서 인간성이 드러난다는 뜻이다. 우리는 그 사람의 행동거지를 보면 그 사람의 됨됨이를 파악할 수 있지 않은가. 그 사람의 성품이나 인격, 교양 정도가 모두 태도에 묻어나오는 만큼 사람을 평가할 때 그 사람의 태도가 평가 기준이 될 수 있다는 이야기이다.

우리는 때로 사람을 잘못 볼 때가 있다. 그 사람이 지닌 그럴듯한 외적 조건에 눈이 팔려 그 사람의 본바탕을 놓치는 경우가 있다. 그 사람이 무슨 대학을 나왔고 어떤 자리에 있고, 가진 것이 얼마이고 누구누구와 가까운 사이라고 하면 "야! 대단한 사람이네!"하고 깜빡 죽는 모양새가 된다. 옆에서 뭐라고 달리 얘기하면 "에이, 설마 그럴라구?"하며 자기 생각을 바꾸지 않으려고 한다. 그러다가 종국에 가서는 그 사람에게 뒤통수를 맞고 정신을 차리는데 그때는 이미 열차가 떠나버린 뒤이다.

사람을 판단할 때 중요한 것은 외피가 아니라 속알맹이, 바로 인간성이다. 그 인간성은 그 사람의 태도에 어느 정도 우러난다. 따라서 사람을 대했을 때 자기 욕심을 앞세우는 사람이나 자기 자랑이 심한 사람, 이기적이고 양보심이 없는 사람이나 예의염치가 없는 사람, 남을 업신여기는 사람이나 입이 거칠고 험담을 많이 하는 사람, 말과 행동이 일치하지 않는 사람이나 상황에 따라 말이 바뀌는 사람, 약속을 잘 안 지키는 사람이나 얻어먹기만 하고 베풀지 않는 사람, 또 무슨 일을 할 때 앞에 나서지 않고 뒤로 빠지는 사람 따위는 아무리 그가 겉모양이 그럴듯하더라도 일단 의심해볼 필요가 있다.

인간성이 바르지 못한 사람은 아무리 재주가 뛰어나더라도 그것을 옳게 쓰지 못한다. 거듭 말하거니와 인간성은 행동으로 발현되므로 우리는 그 사람의 행동거지를 하나하나 잘 따져봐야 한다. 특히 누구를 새로 사귀거나, 손잡고 동업하거나, 배우자로 만나거나, 아니면 선거에서 지도자를 뽑을 때 이 점을 눈여겨봐야 한다. 그것을 놓치고 나서 땅을 치고 후회해봐야 이미 엎질러진 물이 아니겠는가. 잘못된 선택의 결과는 고스란히 자신이 뒤집어쓸 수밖에 없으니 말이다.

누구를 위한 정부인가?

올해 2023년 봄에 우리나라 소금값이 갑자기 폭등했다. 4월까지만 해도 20킬로그램 한 포대에 1만 4천 원이던 전남 신안산 천일염이 한 달 새에 2만 원으로 오르더니 급기야 3만 5천 원에도 살 수 없는 품절 사태를 빚다가 6월부터는 5만5천 원에까지 거래되고 있다고 한다.

왜 이렇게 소금값이 수직으로 상승하게 된 것일까.

그것은 누구나 알다시피 일본에서 후쿠시마 원전에서 나온 방사능 오염수를 바다에 쏟아낸다는 소식 때문이었다. 일본에서 가장 거리가 가까운 나라가 어디인가. 오염수를 바다에 버리면 그것이 제일 먼저 우리나라로 밀려들 것이고, 바닷물로 만드는 천일염에도 오염물질이 함유될 것은 빤한 이치가 아닌가. 그러니까 방사능 오염수를 쏟아내기 이전에 생산한 소금을 미리 사두어 그 피해를 막아보자는 생각이었다.

돌이켜 보면 2011년 3월 일본 동북 지역에 규모 9.0의 대지진과 쓰나미로 후쿠시마 원전이 파괴되면서 방사능 유출 사고가 발생했다. 이제 그로 인해 생긴 총 1백34만 톤의 오염수를 다핵종제거설비(ALPS)로 중화시켜 바다에 흘려보내겠다는 얘기인 것이다. 보도에 따르면 원전 사고가 난 후쿠시마 앞바다 1킬로미터 반경 안에서 붙잡힌 어종에서 방사선 허용기준치의 1천5백 배에 해당하는 방사선이 검출되었다고 한다. 동일본의 바다가 방사능에 심각하게 오염되었음을 알 수 있는 정보이다.

우리 국민이 오염수 방류를 염려하는 까닭은 그것이 인체에 미치는 치명적인 영향 때문이다. 방사능이 몸에 들어가면 생식세포를 파괴하고 유전자를 변형시켜 면역력 저하와 탈모, 암, 불임, 기형아 출산의 폐해가 나타나며 사망에까지 이르게 된다고 한다. 그러한 오염수를 앞으로 30년 동안 매일 바다로 흘려보낼 예정이라고 하니, 이야말로 인류 멸망으로까지 이어질 재앙이 아닐 수 없다.

그런데 이에 대한 우리 정부의 태도는 어떤가?

먼저 윤 대통령은 3월 일본 방문 때 그쪽으로부터 후쿠시마 오염수 방류 이야기를 듣고 아무런 항의나 규탄도 없이 "시간이 걸리더라도 한국 국민의 이해를 구해나가겠다."라고 말했다. 7월 북대서양조약기구(NATO) 정상회의에서도 일본 총리에게 우리 국민의 우려를 전달하기는커녕 "국제원자력기구(IAEA)의 발표 내용을 존중한다."라며 일본의 조치에 동조하는 태도를 보였다. 국민의 건강과 안전을 책임지는 대통령으로서 어찌 저럴 수가 있나 싶었다.

뒤이어 나온 우리 정부와 여당 인사들은 또 어떠했던가.

국무총리는 "후쿠시마 오염수를 마실 수 있겠느냐?"는 야당 의원의 질문에 "세계보건기구(WHO) 음용 기준에 맞는다면 마시겠다."라고 당당히 맞섰다. 만약 그의 얼굴을 가린 채 발언 내용만 들었다면 다들 그를 일본인으로 생각했을 것이다. 시종일관 오염수의 안전을 강변하는 그를 보며 당신은 대한민국 총리인가 일본 총리인가 묻고 싶었다.

또 어느 의원은 후쿠시마 원전 오염수를 '처리수'라고 써야 한다는 의견을 내놓았다. 저게 무슨 소린가 했더니 일본 도쿄전력에서 제시한 용어를 그대로 가져온 것이었다. 민의를 대변해야 할 국회의원이란 자가 어찌 저리 뻔뻔스레 일본의 나팔수 노릇을 하나 싶어 기가 막혔다. 한술 더 떠서 그는 야당이 정치적 이득을 위해 괴담을 퍼뜨리고 있다면서 앞으로 수산물 소비가 위축될 경우 야당이 책임져야 한다고 엄포를 놓았다. 방사능 오염수 때문에 문제가 생겼는데, 일본에 책임을 물어야지 왜 야당에게 화살을 돌린단 말인가.

이밖에도 정부에서 한 짓거리들은 참 어처구니가 없는 것의 연속이었다.

일본에 오염수 시찰단을 보내면서 명단도 공개하지 않았고, 검증 장비를 가지고 가서 오염수를 직접 채취하여 분석하는 일도 없었다. 그냥 맨손으로 가서 일본의 입맛대로 그들이 보여주는 것만 보고 돌아왔다. 그것은 시찰이 아니라 견학이었고, 일본이 오염수를 방류하는 명분을 세우는 일만 도와준 꼴이 되었다.

그런가 하면 영국 옥스퍼드대 명예교수라는 사람을 전문가라고 데려다가 “후쿠시마 오염수는 1리터를 마셔도 괜찮다.”라고 발표하도록 했다. 국민을 제대로 설득시키려면 반대 의견을 가진 전문가도 함께 불러 의견을 들어야 하는데, 자기네 입맛에 맞는 사람만 불러 놓고 앵무새 노릇을 하게 한 것이다.

그밖에도 후쿠시마 오염수가 국민 건강과 수산물 안전에 문제가 없다는 내용의 홍보 영상을 만들어 배포하는가 하면, 일부 인사들은 수산시장에 찾아가 생선회를 먹는 꼴불견까지 연출하였다. 이와 같은 모습을 보면 정부는 애초부터 일본의 오염수 방류에 반대할 의사가 전혀 없었고, 어떻게든 저들이 하는 일에 맞장구만 칠 생각이었던 것을 알 수 있다.

사실 후쿠시마 오염수 방류는 자국 어민들도 반대하는 사안이다. 일본 어민들은 연일 항의 집회를 열고 있으며, 일본 정부는 그들을 위해 8천여억 원의 피해 지원금을 준비해놓고 있다는 소식이다. 그러면서도 이웃 나라 대한민국 어민의 피해에 관해서는 안중에도 없다. 어느 야당 의원의 말처럼 그렇게 안전한 물이라면 자기네들 농업용수나 공업용수로 사용하지 왜 반대 여론을 무릅쓰고 바다에 내버리려고 하겠는가. 그 모양새만 보더라도 두 얼굴을 가진 그들의 속셈을 짐작할 수 있는 일이 아닌가. 나는 대한민국의 자존심과 국민의 안전은 생각지도 않고 일본의 방침을 우리 국민에게 주입하고자 안간힘을 쓰는 정부와 여당의 꼬락서니를 보며 구역질이 올라왔다.

인간은 누구나 건강하게 살 권리가 있다. 오염수 방류는 지구의 생태계를 파괴하고 인류의 건강을 위협하는 재앙이 분명하다. 생선과 해조류, 소금 등을 먹고 살아야 할 사람이라면 누구든지 오염수의 폐해를 걱정하지 않을 수 없다. 천일염 사재기야말로 민심의 현주소가 아닌가. 이러한 국민의 불안과 걱정은 외면한 채 일본의 흉계에 박수를 보내는 앞잡이들을 보며 옛날 나라를 팔아먹은 친일 매국노들이 아직도 살아있구나 하는 것을 깨닫지 않을 수 없다. 그리고 정신이 제대로 박히지 않은 얼치기 지도자를 둔 국민의 비애가 이런 것이로구나 하는 것을 비로소 절감한다.

말의 무게

"말이면 다 말이냐? 말다워야 말이지."

옛날 어른들에게서 자주 들었던 말이다.

요즘 우리 국가 지도자라는 사람이 내뱉는 언사를 들을 때면 자꾸 옛날 생각이 난다.

"저는 자유, 인권, 공정, 연대의 가치를 기반으로 국민이 진정한 주인인 나라, 국제사회에서 책임을 다하고 존경받는 나라를 반드시 만들어나가겠습니다."

그가 취임사에서 한 말이다.

특히 '자유'를 여러 차례 언급하면서 자유 시민이 되기 위해서는 공정한 규칙을 지켜야 한다고 강조했다. 오늘날 민주국가에서 자유는 국민의 당연한 권리인데 왜 저러나 싶었으나 국민의 기본권에 충실하겠다는 뜻인가 보다 하고 애써 받아들였다. 그런데 어찌 된 일인가! 취임한 이후의 행태를 보니 전연 딴판이다. 자기에게 쓴소리하는 방송사는 취재도 하지 못하게 하고, 막무가내로 방송사 운영진을 갈아치우고, 재정적인 타격을 가하고자 수단과 방법을 가리지 않고 있다. 주빈으로 잔칫상에 앉아 있어야 할 언론의 자유가 문밖으로 쫓겨나 눈물을 흘리고 있는 형편이다. 노동자들에 대해서도 마찬가지다. 헌법에 보장된 권리를 행사하지 못하도록 잔뜩 옭아매고 있다. 자기는 마음껏 자유를 누리면서 자기와 생각이 다른 사람에게는 숨도 크게 쉬지 못하도록 재갈을 물리고 있는 것이 무슨 자유란 말인가.

그리고 그는 후보 때부터 입만 열면 공정과 상식을 앞세웠다. 대한민국의 무너진 공정과 상식을 바로 세우겠노라며 가는 곳마다 어퍼컷을 날리는 그는 공정과 상식의 화신으로 보였다. 그래놓고는 지금 하는 짓거리가 어떤가? 자기 장모의 부동산 투기와 부인의 주가 조작 의혹 따위는 일절 모르쇠로 일관하고 오로지 야당 대표 때려잡기에만 골몰하고 있지 않은가. 본인의 허물에는 한없이 관대하고 상대방의 약점은 털끝만 한 것도 그냥 넘기지 않으려는 이중적인 잣대가 그가 말하는 공정과 상식인가.

그는 속임수도 능란하다. 검찰개혁을 주문한 대통령을 배반하고 돌아서서 칼을 겨눴다. 임명권자를 속인 것이다. 장모의 부동산 투기 의혹이 불거지자 "내 장모는 사기를 당한 적은 있어도 누구한테 10원 한 장 피해준 적이 없다."라며 목소리를 높였다. 그러나 올해 장모가 구속되면서 그게 말짱 거짓말이었음이 드러났다. 그뿐인가. 청와대를 버리고 용산으로 가면서 국민과 가까이 소통하기 위해서라고 했는데, 과연 지금 그러한가. 소통은 커녕 오만과 독선으로 국민의 소리에 귀 막고 있으니 도대체 우리는 그의 거짓말을 언제까지 들어주어야 할 것인가.

올해 부산 '지방시대 선포식'에 가서는 "지방이 살아야 국가가 산다. 지방자치와 지역의 균형 발전을 적극 추진하겠다."라고 공언해놓고는 얼마 가지 않아 경기도의 일부 도시를 서울로 편입하여 서울 메가시티를 만들겠노라고 떠들고 있다. 국가 지도자의 말이 어찌 앞뒤가 맞지 않고 제멋대로인가. 어찌 우리가 안심하고 국정을 맡길 수 있겠는가.

사람의 말에는 신중함이 있어야 한다. 그리고 진실해야 한다. 신중함이 있고 진실성이 있어야 말에 힘이 실린다. 국가 지도자의 말은 더욱 그렇다. 국가 지도자의 말이 가볍고 신중함이 없고 진실성이 의심되면 국민이 엄중히 받아들이지 않는다. 그저 알맹이 없는 넋두리로 여기고 코웃음 치며 한쪽 귀로 흘려버린다. 이는 지도자 본인의 실패임은 물론 국민의 불행이요 국가의 손실이 아닌가.

우리는 양치기 소년의 고사를 잘 알고 있다. 심심풀이로 장난을 친 것이 사람들을 속인 것이 되어 마침내 신뢰를 잃고 비극을 맞이한다. 거짓말쟁이가 받는 가장 큰 벌은 그가 진실을 말했을 때 사람들이 믿어주지 않는 것이다. 그래서 우리 선인들은 "말 한마디를 천금처럼 무겁게 하라(男兒一言重千金)."라고 했고, "말 한마디를 하려면 세 번을 생각하라(三思一言)."고 하지 않았던가. 우리의 국가 지도자가 저토록 입을 가볍게 놀리면서 말의 무게를 떨어뜨린다면 필경 양치기 소년의 운명과 맞닥뜨리지 않을까 심히 염려된다.

나쁜 놈들 전성시대

이 세상에는 나쁜 놈이 참 많다.

거짓말로 사기를 치고, 남의 물건을 훔치고, 누구를 때려 상해를 입히고, 심지어는 죽이기까지 하는 소식이 날마다 방송에 나온다.

오늘도 텔레비전을 보니 사기 전화에 속아서 돈을 잃은 이야기를 비롯해서 금은방에 들어가서 손님 행세를 하다가 귀금속을 훔쳐서 달아난 절도범 이야기, 직장 일을 마치고 귀가하는 여성을 발로 차서 실신시킨 폭행범 이야기와 아파트 층간 소음문제로 이웃과 다툰 이야기가 나오고 있다. 이렇게 남에게 신체적, 정신적, 물질적 피해를 주는 사기행위와 도둑질, 폭력과 살인을 법에서는 범죄로 규정한다. 그래서 경찰은 공공의 안녕과 질서를 지키기 위해서 이런 짓을 저지르는 자들을 붙잡아서 법의 심판을 받도록 하고 있다.

그런데 나쁜 놈은 이런 자들만이 아니다. 아주 악질적인 나쁜 놈이 또 있다. 그것은 바로 신의를 깨뜨린 자이다. 믿고 일을 맡겼는데 딴마음을 먹고 등을 돌리는 자, 신뢰를 뒤엎고 뒤통수를 치는 자, 사람들은 이런 나쁜 놈을 '배신자'로 지칭한다. 내가 세상에서 내가 제일 혐오하는 자가 이런 놈이다. 그런데 이렇게 남을 속이고 믿음을 뒤집는 짓은 범죄가 성립되지 않는지 경찰에서 잡아가지도 않으니 하늘은 벼락을 아껴 두었다가 어디에 쓰려는 것일까. 무엇보다 기가 막힌 것은 지금 우리가 이런 자를 매일같이 지켜보면서 살고 있다는 사실이다.

"검찰총장에 취임하게 되면 국민의 신뢰와 기대에 부응할 수 있도록 검찰개혁을 위해 노력하겠습니다."

이는 검찰총장 후보자가 인사청문회 때 국회의원들 앞에서 한 말이다.

"고맙습니다. 대통령님 뜻을 잘 받들고 절대 어긋나지 않게 잘 하겠습니다."

2019년 7월 25일 검찰총장 임명장을 받고 나서 청와대 민정수석실 공직기강비서관에게 했다는 말이다.

임명권자는 그를 믿었다. 검찰 권력의 해묵은 적폐를 척결하여 좀 더 선진화된 민주국가를 만들고자 하는 열망으로 일개 검사였던 그를 차관급인 중앙지검장으로 승진시키고 장관급인 검찰총장으로까지 발탁하면서 검찰 내부의 부패 요인을 깔끔히 도려내어 줄 것을 기대했다.

그러나 그는 뻔뻔스럽게도 그 믿음을 배반했다. 검찰총장 자리에 오르자 곧장 태도를 바꾸어 검찰개혁에 앞장선 법무부 장관과 그 가족을 마녀사냥을 하듯이 털기 시작했다. 그렇게 이 잡듯이 집안을 뒤지면 온전할 사람이 과연 몇이나 있을까. 예수님도 바리새인들이 간음한 여자를 벌하려고 하자 "너희 가운데 죄 없는 자가 먼저 저 여자에게 돌을 던져라."라고 일갈하지 않았던가. 과연 검찰총장 자신은 누구를 털어 허물을 탓할 만큼 깨끗했던가?

사람에게 충성하지 않겠다던 그는 철저히 자기네 검찰 조직을 지키는 데에는 충성했고, 검찰개혁을 하라고 준 칼을 오히려 자기를 키워준 임명권자에게 겨누었다. 그는 요동을 치라고 내어준 군대를 몰고 돌아와 고려조정을 무너뜨린 이성계와 같이 후안무치했다. 그래도 이성계는 정도전과 같은 개혁론자와 손잡고 새로운 나라를 세우고자 하는 열망이 있었다.

그러나 무도한 검찰총장은 오로지 검찰개혁을 저지하고 수구언론과 보수 야당과 한통속이 되어 개인적 권력욕을 채우는 데만 몰두했다. 권력을 잡고 나서 한 일들을 보면 그가 얼마나 국가의 안위니 국리민복에 대해서는 아무 생각이 없는지 충분히 알 수 있지 않은가. 한마디로 아무런 국정 철학도 갖춰지지 않은 자가 얼떨결에 권좌에 올라 국정을 어지럽히고 있으니 "모든 국민은 자신들의 수준에 맞는 지도자를 갖는다."라는 말과 "국가 지도자의 질은 국민의 질을 능가할 수 없다."라는 말을 떠올리며 자괴감을 짓씹지 않을 수 없다.

애초에 그가 검찰개혁에 대한 의지가 없었다면 검찰총장 자리를 사양해야 마땅했다. 그러나 그는 얼씨구나 하고 그 자리를 받아들였다. 양두구육(羊頭狗肉)의 위장술로 임명권자를 기만한 것이다. 어떤 이는 그를 검찰총장에 앉혀 화근을 만든 대통령을 나무라기도 한다. 그러나 열 길 물속은 알아도 한 길 사람 속은 모른다고 하지 않던가. 밤도둑을 맞은 사람에게 왜 밤중에 깨어 있지 않고 잠을 잤느냐고 나무라는 것이 과연 온당한 일인가.

검찰개혁은 임명권자의 국정 철학이었을 뿐만 아니라 온 국민의 열망이었고 시대적인 요청이었다. 그는 부패한 검찰 권력을 뿌리 뽑고 선진국으로 나아가려는 임명권자의 명령을 묵살하고 국민의 간절한 열망을 짓밟았으며 당면한 국가의 시대적 과제에 등을 돌리고 나 몰라라 하였다. 그의 배신으로 국민이 그토록 바라던 검찰 권력의 적폐 청산은 끝내 물거품이 되고 말았다. 그뿐만 아니라 오랜 세월 피땀 흘리며 쌓아온 대한민국의 민주 질서가 엉망진창이 되고 국격이 땅에 떨어져 버렸다. 그러면서도 입만 열면 자기가 몸담았던 정부를 욕하고 있으니, 자기 눈의 들보는 보지 못하고 남의 눈에 보이는 티끌만 트집 잡는 꼴이 아닌가. 그 한 사람으로 인해 나라의 근간이 흔들리고 국민이 비참해지고 있으니 이야말로 국가적 일대 참사가 아닐 수 없다. 단언컨대 그는 대한민국의 시대 정신을 거스르고 민주주의를 후퇴시킨 일로 역사의 냉엄한 심판을 받을 날이 올 것이다.

사람과 사람의 관계는 믿음을 근간으로 이루어진다. 믿음은 혼자만의 문제가 아닌 상호 존중의 윤리인 까닭에 믿음이 깔려 있지 않은 인간사회의 모든 관계는 진정성 있게 유지되기 어려우며 결국 파탄으로 치달을 수밖에 없다. 이렇게 신의를 헌 신발

짝처럼 내팽개치는 인간성이 바닥인 국가 지도자에게서 우리가 무엇을 배우고 무엇을 기대할 수 있겠는가. 요즘 나라 안에 나쁜 놈들이 들끓는 것도 다 까닭이 있는 게 아닐까. 나쁜 놈이 득세하는 시대, 실로 나라의 수치요 국민의 비극이 아닐 수 없다.

부끄러움을 모르는 사람

요즘 우리 사회를 보면 참과 거짓이 뒤죽박죽되고 정의가 불의에 짓밟힌 듯한 느낌이 든다. 악화(惡貨)가 양화(良貨)를 쫓아낸다고 하듯이, 우리가 인간으로서 꼭 필요한 중요한 것 하나를 잃어가고 있는 게 아닌가 하는 비감에 젖어들곤 한다.

옛사람들은 부끄러움을 매우 중요하게 생각했다.

맹자는 '수오지심(羞惡之心)'이라고 하여 의롭지 못함을 부끄러워하는 마음을 인간이 지닌 '네 가지 본성(四端)'의 하나로 보았고, "사람이 부끄러움을 모르면 안 된다(人不可以無恥)."라고 강조하였다.

조선의 마지막 선비라고 불리는 매천 황현(黃玹, 1855~1910)이 경술국치를 당하여 "글 아는 사람노릇하기 어렵구나(難作人間識字人)."라고 절명시를 남기고 자결한 것도 지식인으로서 나라 잃은 부끄러움을 이기지 못했기 때문이다.

사실 부끄러움은 짐승에게는 없는 인간만이 느끼는 감정이다. 누구나 경험하듯이 무슨 잘못을 저지르면 사람은 얼굴이 빨개지며 상대방을 똑바로 쳐다보지 못하고 고개를 떨구게 된다. 그래서 부끄러움을 아느냐 모르느냐는 짐승과 인간을 구별하는 기준이 될 수 있다.

이 부끄러움과 직결되는 말이 '염치(廉恥)'이다. 염치란 얼핏 부정적인 개념으로 들리는데, 전혀 그렇지 않다. 사전에 나와 있듯이 염치란 체면을 생각하고 부끄럽게 생각하는 마음이다. 자기가 무슨 실수를 했으면 응당 그것을 뉘우치고 다시 그런 일을 저지르지 않도록 주의해야 한다. 또 남에게 신세를 졌으면 당연히 고맙게 여겨야 하고, 어쩌다 폐를 끼쳤을 때는 마땅히 미안한 마음을 가져야 한다. 그것이 인간으로서 행해야 할 기본적인 도리인 것이다.

그런데 요즘 우리 주위를 보면 잘못을 저질러놓고도 당당히 고개를 쳐들고 큰소리를 치는 사람들이 있다.

이따금 '지하철 막말녀'라고 하여 나이 어린 여자가 노인에게 반말하고 욕설하는 모습이 방송에 비치곤 하는데, 바로 그것이 부끄러움을 모르는 사례라고 할 만하다. 새파랗게 젊은 여자가 많은 승객이 보는 가운데서 어떻게 어른에게 그리 막돼먹은 행동을 할 수 있을까. 저 여자는 부모도 없나 하고 혀를 차지 않을 수 없다.

그런데 그보다 더한 것은 국가 지도자의 경우이다.

지하철 막말녀야 무명인이라 시청자들이 "세상 참 말세로군!"

하며 혀를 차고는 금방 잊어버릴 수 있다. 그러나 국가 지도자는 공인(公人)인 만큼 그의 말 한마디와 행동거지 하나하나가 국민에게 영향을 미친다. 그래서 지도자라면 누구나 말 한마디라도 신중해야 하고, 거짓말을 하지 않아야 한다.

그런데 우리나라 지도자는 어떤 모습인가.

미국 국회에 참석했다 나오면서 말실수를 해놓고 오리발을 내밀고, 오히려 그것을 보도한 방송사를 탓하며 불이익을 주고 있다. 서울 인근의 고속도로 노선이 바뀐 것에 이권 개입 의혹을 제기하자 그에 대한 해명은커녕 아예 공사를 백지화해버렸다. 해병대원의 사망 수사에 감 놔라 배 놔라 해놓고는 그게 논란이 되자 뒤에 숨어서 갖은 연막전술을 피우고 있다. 그런가 하면 동해에 최대 140억 배럴에 달하는 석유와 가스가 매장되어 있다며 우리나라가 곧 산유국이 될 것처럼 발표했으나 신뢰도가 형편없는 탐사회사의 엉터리 보고에 따른 것임이 드러났다.

나는 일찍이 취임식 때 그의 사람됨을 여실히 볼 수 있었다.

2022년 5월 10일의 일이다. 제20대 대통령 취임 행사가 여의도 국회 앞마당에서 열렸다. 취임식 실황이 텔레비전에 중계되었는데, 그에게 표를 주지 않았던 나는 애초에 그것을 볼 생각이 없었다. 그런데 한 가지 궁금한 것이 있었다. 전직 대통령이 거기에 참석했는데, 그가 어떤 얼굴로 전직 대통령을 대면할까 하는 궁금증이었다. 그래서 채널을 돌리지 않고 잠자코 텔레비전을 지켜보았다.

몇 달 전만 하더라도 두 사람은 한배를 타고 있었다. 그러나 대통령 선거를 앞두고 둘로 갈라졌고, 이제는 전직 대통령과 신임대통령의 자격으로 얼굴을 보게 된 상황이었다.

사실 그는 임명권자에게 반기를 든 자였다. 민주국가여서 그냥 넘어갔지 봉건 왕조시대였다면 역린(逆鱗)도 그런 역린이 없었다. 대통령은 그를 검찰총장으로 임명하면서 검찰개혁의 임무를 주었다. 당시 청와대 민정수석의 술회에 따르면 검찰총장 인선 때 그가 몇몇 후보자 가운데서 검찰개혁을 가장 강력히 동조했다고 한다. 그래서 여러 가지 흠결이 있음에도 불구하고 그의 개혁 의지를 믿고 대통령은 중차대한 시대적 과제를 그에게 맡겼다.

그러나 검찰총장 취임 후 그는 곧장 본색을 드러냈다. 그는 낯짝 두껍게도 두 얼굴을 가지고 있었다. 대통령도 검찰개혁을 하겠노라는 그의 말에 깜빡 속아 넘어갔다. '살아있는 권력'을 수사한다면서 검찰개혁의 수장인 법무장관을 탈탈 털어 그의 집안을 도륙(屠戮)하다시피 했고, 울산시장 선거에 개입했다느니, 월성원전 폐쇄에 개입했다느니 하여 청와대를 압수 수색하며 대통령의 턱밑에까지 칼끝을 들이댔다. 망나니 칼춤으로 자기를 믿고 발탁한 정권에 치명타를 가한 것이다. 그야말로 구밀복검(口蜜腹劍)이요 양두구육(羊頭狗肉)이었으며 검찰개혁을 무산시키고자 하는 음험한 전략이었다.

그렇게 자신이 몸을 담은 정부를 흔들어놓은 그는 곧장 보수당 대통령 후보로 말을 갈아타고 대권에 도전하였다. '살아있는 권력'을 향해 거침없이 칼을 휘두르는 그를 일부 국민은 정의의

사도인 양 제법 그럴듯하게 보았던 모양이다. 그렇게 대통령을 배신하고 권좌에 오른 그가 취임식장에서 어떤 표정으로 전임 대통령을 마주할까 하는 것이 유일한 나의 관심사였다.

드디어 취임식이 시작되었다.

그는 성큼성큼 무대 위로 걸어 올라갔다. 그리고 먼저 단상에 올라가 앉아 있는 전임 대통령에게 다가가서 인사를 하고 악수했다. 전임 영부인에게도 똑같이 했다. 그때 카메라가 그의 뒷모습을 비추고 있어서 그의 표정을 볼 수는 없었다. 그러나 그의 동작으로 판단하건대 그는 아무런 거리낌이 없어 보였다. 어쩌면 저럴 수가 있을까! 그와 인사를 나누는 전직 대통령과 영부인은 가볍게 웃음을 띠고 있었다. 그러나 배신자를 바라봐야 하는 부부의 속마음은 좀처럼 편하지가 않았을 것이다.

내가 기대한 것은 그가 전임 대통령과 마주칠 때 조금이라도 부끄러워하는 모습이었다. 그래도 자기를 믿고 발탁해준 대통령이 아닌가. 그 기대를 저버린 일에 한 가닥 거리낌이라도 지니고 있다면 뭔가 그러한 의사를 드러내는 몸짓 같은 것이 있어야 하지 않을까. 그러나 그것은 순진한 나의 기대에 지나지 않았고, 그가 보여준 것은 아주 통상적이고 의례적인 모습뿐이었다. 나는 그에게서 아무런 심적 동요도 감지할 수 없었고, 바로 거기에서 그의 인간성의 한 부분을 파악할 수 있었다. 아! 저 인간은 부끄러움을 전혀 모르는구나!

우리는 부끄러움을 모르는 사람을 낯짝이 두껍다고도 말한다. 얼굴에 철판을 깔았다고도 하고 철면피(鐵面皮)라고도 한다. 대개 사람들은 마음에 꺼림칙한 일이 생기면 스스로 양심의 가책을 느끼고 고개를 들지 못하기 마련이다. 그런데 떳떳지 못한 일을 해놓고도 별다른 죄책감도 없이 고개를 쳐들고 다니면 뻔뻔스럽다고 손가락질하거나, 몰염치하다느니 파렴치하다느니 욕하며 손가락질을 하게 된다.

『삼국지』를 보면 조조가 자기를 도와준 사람을 처단하는 내용이 있다.

황규와 마등이 조조를 죽이려고 모의했다. 황규의 누이와 연애하던 묘택이 그 사실을 여자에게 전해 듣고 조조에게 달려가 고자질한다. 조조는 곧바로 황규와 마등을 잡아들여 목을 벤다. 공을 세운 묘택이 조조에게 말했다. "저는 아무 상도 바라지 않습니다. 그저 그 누이를 아내로 맞게 해주십시오." 그러자 뜻밖에도 조조가 꾸짖었다. "너는 계집에 눈이 어두워 매부를 배신한 놈이다. 너 같은 쓰레기를 살려두어 무엇 하겠느냐? 여봐라! 이놈도 끌어내다가 목을 쳐라!"

천하의 간웅(奸雄)이라 일컫는 조조도 신의를 저버린 자를 좋지 않게 보았음을 알 수 있다.

예부터 사람들은 어진 군주를 모시는 것을 홍복(洪福)으로 여기고, 나라의 일은 도덕성이 있는 사람에게 맡겨야 한다고 생각했다. 좋은 성품을 지닌 사람이 꼭 나라를 잘 다스린다는 보장은 없지만 적어도 인간적인 도리에서 벗어나지는 않으리라는 믿음이 있었기 때문이다. 그런 지도자는 최소한 백성을 속이려 들지는 않을 것이 아닌가.

당태종은 〈정관정요(貞觀政要)〉에서 이렇게 말했다.

"강물이 맑고 흐린 것은 그 근원 때문이다. 군주가 정치의 근원이라면 백성은 강물과 같다. 군주가 속임수를 쓰면서 백성에게 바로 하라고 요구하는 것은 근원이 흐리면서 맑은 강물을 기대하는 것과 같다."

우리 속담에도 '윗물이 맑아야 아랫물이 맑다(上濁下不淨).' 라고 하지 않는가. 최소한의 인간의 도리마저 내팽개치는 낯짝 두꺼운 국가 지도자를 둔 나 자신이 요즘 심히 부끄럽다.

제4부

기찻길 연정

물장구치던 시절

만화광에서 책벌레로

시골뜨기, 위기의 학급을 구하다

자취생활의 추억

기찻길 연정

내 인생의 봄날

복조리 사려

단발머리

거북이 날다

첫 원고료

물장구치던 시절

자신의 어린 시절을 얘기할 때는
어떤 사람도 눈이 빛나게 마련이다.
- 김승옥 소설 〈보통 여자〉

고향을 생각하면 깨복쟁이 어린 시절이 떠오르고 한여름 벗들과 물놀이하던 때가 그리워진다.

장흥 천관산 아래 우리 동네 와룡리 가까이에 냇물이 하나 흐르고 있었다. 그 냇물에는 징검다리가 놓여있었다. 학교에 오갈 때 띄엄띄엄 놓인 그 돌다리를 밟고 다녔다. 학교에서 돌아올 때는 으레 허리에 둘렀던 책 보따리를 자갈밭에 풀어놓고 빨가숭이가 되어 물속으로 뛰어들었다. 냇물은 종일 뜨거운 햇볕을 받아 뜨뜻미지근했다. 그래서 우리는 냇물 아래쪽에 있는 둠벙으로 옮겨가곤 했다. 그곳은 수심이 깊어서 물이 조금 시원했다. 거기서 다들 개구리가 되어 헤엄을 쳤다. 헤엄치는 법은 누구한테서 배운 적이 없었다. 그냥 남이 하는 대로 두 팔로 물을 헤치면서 열심히 뒷발질하면 조금씩 앞으로 나아갈 수 있었다. 나는 몸이 둔한 편이어서 다른 애들보다 헤엄을 잘하지 못했다.

그때만 해도 냇물에 물고기가 참 많았다. 붕어며 송사리며 버들치며 모래무지며 미꾸라지가 눈에 많이 띄었다. 우리는 모래무지나 미꾸라지 따위는 고기로 치지도 않고 몸통이 손바닥만 한 붕어에만 눈이 갔다. 민물새우나 우렁이나 참게나 가재 같은 것도 많았다. 가재 같은 것은 너무 흔해서 쳐다보지도 않았고, 새우는 빠르지가 않은지라 웬만하면 잡을 수 있었다. 새우를 잡으면 그 자리에서 집게와 발을 떼어내고 입에 넣었다. 고소한 그 맛을 어찌 잊을 수 있으랴!

요즘 냇물을 보면 물고기가 없다. 어쩌다 시골길에서 다리 아래를 내려다보면 물속이 청태가 가득 낀 채 쥐 죽은 듯이 조용하다. 옛날에는 이러지 않았다. 물고기들이 떼로 몰려다니는 것이 훤히 보였다. 큰놈 작은놈들이 어디 우리 한 번 잡아보란 듯이 울긋불긋 미끈한 몸매를 자랑하면서 물속을 휘젓고 다녔고, 어떤 놈은 물 밖으로 풀쩍 뛰어오르기도 했다.

물고기뿐만 아니다. 요즘에 또 볼 수 없는 것들이 있다. 바로 메뚜기다. 논둑에서 메뚜기 만나기가 대낮에 별 보기만큼이나 어렵다. 옛날에는 벼 잎사귀를 갉아 먹다가 파르륵파르륵 날아가는 녀석들을 많이 볼 수 있었다. 그것들을 붙잡아서 빈 소주병에 넣어서 집에 가면 닭들이 그리 좋아할 수가 없었다. 요즘은 독한 농약 때문인지 눈을 씻고 찾아봐도 파드득거리는 녀석들을 구경할 수 없다.

다시 물놀이 얘기로 돌아가서, 우리 남학생들이 물속에서 시시덕대며 물장구를 치고 있노라면 뒤에 저만치 오던 여학생들도 냇가에 이르는 모습을 볼 수 있었다. 그들은 징검다리를 건넌 다음 위쪽의 냇물이 한 굽이 꺾인 곳으로 향했다. 그들도 더우니까 우리가 안 보이는 곳으로 가서 냇물에 몸을 담그려는 것이었다. 그러자 한 친구가 이렇게 속삭였다. "야, 우리 저것들 한번 놀래주자!" 우리는 너나없이 물 밖으로 나와 빨가숭이 몸매로 그쪽을 향해 달려갔다. 그냥 달려가는 것이 아니라 다들 한 손으로는 아래쪽을 가리고 뛰어가는 것이었다. 그리고 굽이를 도는 순간 "우우!"하고 소리를 질렀다. 여학생들도 빨가숭이로 있다가 깜짝 놀라서 "꺅!" 소리를 지르며 물속으로 뛰어들었다. 그 가운데 용감한 축이 우리를 향해 주먹질했다. "야, 미친놈들아. 저리 안 갈래?" 우리는 가까이는 가지 않고 먼발치에서 놀려댔다. "헤헹, 우리는 다 봤지롱." 계집애들은 목만 물 밖으로 내놓은 채 다들 소리쳤다. "너희 새끼들 빨리 안 가? 두고 봐라. 우리 오빠한테 일러서 가만 안 둘 거야." 그러면 우리는 깔깔 웃음소리만 남긴 채 돌아서서 줄행랑을 쳤다. 우리는 심심하면 그런 개구쟁이 노릇을 했다. 별다른 의도가 있었던 것이 아니라 계집애들이 놀라서 물속에 몸을 감추는 것이 재미났기 때문이었다. 그 일로 그네들 오빠한테 혼난 적은 한 번도 없었다.

홍수가 날 때는 학교 가는 일이 골칫거리다. 징검다리가 물에 잠겨 냇물을 건널 수가 없기 때문이었다. 장마 때는 천관산에서 내린 물이 농안리를 거쳐 흐르다가 부평리와 성산리에서 내려온 물과 합수되면 물살이 무척 거세졌다. 그럴 때는 징검다리가 잠겨서 우리 꼬맹이들은 냇물을 건널 수가 없었다. 동네 장정들이 냇가에 나와서 우리를 하나씩 업어서 건너 주었다.

하루는 아침 등교 때는 아무렇지도 않았는데, 학교에 있는 동안에 폭우가 쏟아졌다. 학교를 마치고 집으로 돌아오면서 냇물이 불었으면 어쩌나 걱정스러웠다. 언젠가 한 번도 돼지가 꽥꽥거리며 떠내려갈 만큼 물이 불어났다. 도저히 냇물을 건널 수가 없는지라 우리는 삼십 리를 걸어서 면소재지의 다리를 건너고서야 집으로 올 수 있었다. '제발 오늘은 그런 불행을 겪지 않기를!' 하고 비는 마음이었다.

냇물에 다다라 보니 과연 물이 많이 불어 있었다. 싯누런 물속에 징검다리가 잠겨서 디딤돌들이 보일동말동했다. 어찌할 거나? 저쪽에는 우리를 업어줄 어른들도 나와 있지 않았다. 난감한 상황이었다. 냇물이 줄어들 때까지 기다릴까? 아니면 면소재지로 돌아갈까? 냇물이 언제 줄어들지 알 수가 없고, 그렇다고 삼십 리 길을 걸어 면 소재지를 거쳐 돌아오는 방법은 생각하고 싶지 않았다. 3분이면 건너는 길을 놓아두고 세 시간을 걷는다는 것이 얼마나 억울한가.

우리는 위험을 무릅쓰고 냇물을 건너기로 뜻을 모았다. 웬만하면 건널 수도 있을 것 같은 생각이었다. 우리는 줄줄이 손을 잡았다. 혹시 누가 물에 휩쓸리면 바로 끌어주기 위해서였다. 여학생들을 남학생들 사이에 하나씩 끼워 넣었다. 계집애들은 힘이 약하므로 우리 남학생들이 가운데서 붙잡아주려는 것이었다. 평상시에는 빨가벗고 약을 올리다가도 어려울 때 우리는 그렇게 한마음이 되었다.

나는 금례라는 애와 손을 잡았다. 내 뒤로 손잡은 계집애는 누구였는지 생각나지 않는다. 금례는 얌전하고 착하게 생긴 애여서 내가 평소에 호감을 지니고 있었다. 나는 그 애의 손을 꼭 붙잡고 냇물을 무사히 건너 주고 싶었다. 우리는 한 줄로 손을 잡고 늘어서서 냇물로 들어섰다. 물이 무릎 위까지 차올랐다. 거센 물살에 몸이 흔들리며 자칫 잘못하면 휩쓸려갈 것 같았다. 나는 어렵사리 몸의 균형을 잡으면서 조심조심 발을 떼었다. "야! 물을 내려다보면 어지러우니까 앞을 봐라!" 누군가 소리쳤다. 아닌 게 아니라 물을 보고 있자니 눈알이 빙글거리며 어지럼증이 일었다. 발을 딛기 위해 물속의 돌다리를 내려다보기도 하고 현기증을 벗어나기 위해 앞을 바라보기도 하면서 한 발짝 한 발짝 불안하게 발을 내디뎠다.

그때였다. 앞에 가던 금례가 발을 헛디디며 "엄마야!" 하며 물속으로 미끄러졌다. 그와 동시에 나는 붙잡고 있던 손을 놓쳐버렸다. 금례는 머리까지 물속에 잠긴 채 순식간에 저만치 떠내려갔다. 나는 어어 소리만 지르며 그 자리에서 몸이 얼어붙었다. 다른 애들도 어쩔 줄 모르고 물에 휩쓸려가는 금례를 바라볼 뿐이었다.

바로 그 순간이었다. 우리 맨 뒤에 있던 물속으로 몸을 날리는 친구가 있었다. 그는 창식이었다. 그는 물살을 따라 헤엄쳐 내려가면서 금례에게 다가갔다. 참으로 긴장되는 순간이었다. 창식이는 오래지 않아 금례를 붙잡았다. 그는 한동안 대각선으로 헤엄쳐 내려가다가 마침내 냇물 가장자리에 이르렀다. '휴! 다행이다!' 우리는 부랴부랴 냇물을 건넌 다음 창식이 쪽으로 달려갔다. 금례가 캑캑거리며 물을 토하고 있었고 창식이는 등을 두드려주고 있었다.

그날 창식이는 일약 우리의 영웅이 되었다. 그가 아니었더라면 금례는 어찌 되었을 것인가. 죽을 뻔한 애를 살려냈으니 대단한 일이었다. 그런데 어쩌면 그렇게 위기의 순간에 과감한 행동을 할 수 있을까? 나는 그가 위대해 보이면서 한편으로는 스스로 몹시 부끄러웠다. 사실 금례를 구해야 할 사람은 내가 아니었던가. 내가 손을 놓쳐버려서 그 애가 물에 빠졌는데, 나는 구할 생각은커녕 눈만 크게 뜨고 바라만 보고 있었다. 나는 용기 없는 자신이 한없이 초라하게 느껴졌다. 그래서 금례를 바로 쳐다볼 수가 없었다. 내가 창식이 대신 금례를 구해냈더라면 나는 그 애 앞에서 얼마나 당당할 수 있을 것인가. 창식이는 늦게 입학하여 우리와 같은 학년이라도 나이는 두 살 많았다. 그런데도 그는 형대접을 받으려고 하지도 않고 늘 해죽이 웃고만 지냈다. 그런 그가 그렇게 과단성을 발휘한 것은 정말 뜻밖이었다. 창식이는 그날 나잇값을 충분히 했다.

뒤늦게 냇가로 나온 어른들이 눈을 부라리며 나무랐다. "느그덜 죽을라고 환장했냐? 쪼끔만 기다리믄 우리가 마중을 나올 것인디 그 새를 못 참고 뭔 짓거리여?" 그러면서도 창식이만큼은 여러 차례 머리를 쓰다듬어주었다. 그날의 일은 두고두고 내게 여러 깨우침을 주었다.

중학생이 되어서 국어 시간에 황순원의 〈소나기〉를 공부했다. 소설 가운데 서울에서 내려온 소녀가 개울에서 물장난하는 장면이 있었다. 그 대목을 읽으며 나는 고향 마을의 냇물을 떠올렸다. 내 어린 시절에는 소설처럼 외지에서 온 소녀 따위는 없었다. 나는 금례를 소녀의 자리에 배치해놓고 그 애와 함께 들판을 다니면서 무도 뽑아 먹고 송아지도 타고 원두막에서 소나기도 피하는 상상을 해보곤 했다. 어린 시절의 추억은 늘 달콤하지만 떠올릴 때마다 한 가닥 아쉬움이 남는 것은 어찌할 수가 없다.

만화광에서 책벌레로

내가 여태껏 살아오면서 심취했던 것들이 몇 가지 있다. 그것들을 이야기하자면 내가 살아온 과정을 털어놓는 일이 될 것 같다. 소싯적부터 내가 좋아하여 흠뻑 빠졌던 일을 몇 가지 소개해보겠다.

나는 어려서 만화를 무척 좋아했다.

지금도 제목을 기억하고 있는데, 〈바라문의 녹의동자〉라는 만화가 있었다. 인도를 배경으로 하여 일곱 명인가 되는 왕자들이 무슨 일로 뿔뿔이 흩어져 서로 만나고자 하여도 여러 장애로 인해 만나지 못하고 헤매는 이야기였다. 시골 동네에 떠돌아다니던 만화였는데, 한 번 접한 뒤로 뒷이야기가 궁금해져서 어떻게든 다음 권을 보지 않으면 안달이 날 정도로 빠져들었다.

5학년 때 외가가 있는 도회지 학교로 옮겨갔는데, 가장 다행스러운 것이 만화를 손쉽게 볼 수 있다는 것이었다. 학교 가는 길목에 만화방이 있었다. 신간이 나오면 표지를 떼어서 유리창에 걸어두었다. 나는 참새가 방앗간을 그냥 지나치지 못하듯이 가게 앞에 멈춰서서 어떻게 하면 저것을 볼 수 있을까 고심에 빠지곤 했다. 그때는 용돈이 생기면 무조건 만화방으로 직행했다. 외할머니는 내가 안 보일 때는 만화방으로 오면 바로 나를 찾을 수 있었다.

나는 동물만화가 재미있었다. 제목은 잊었는데, 동물이 레슬링을 하는 만화와 전쟁을 벌이는 만화들에 몹시 끌렸다. 그때는 한 편의 만화가 단행본으로 끝나는 것이 아니라 일주일 간격을 두고 후속편이 나오곤 했다. 나는 라디오 연속극을 기다리는 마음으로 다음 책이 만화방 유리창에 걸리기를 손꼽아 기다렸다. 지금도 이근철과 박기당, 김종래 등의 만화가 이름이 뇌리에 생생하다. 언젠가는 용돈이 좀 생겨 평소 읽고 싶었던 만화를 잔뜩 빌렸다. 그리고 밤새 읽는데 자정이 넘어도 정신이 또렷하고 새벽이 가까워지는데도 잠이 오지 않았다. 재미난 읽을거리를 두고 어찌 눈이 감길 수 있단 말인가.

만화를 열심히 보다 보니 만화 그리는 일도 하게 되었다. 그래서 만화 주인공이 레슬링 우승 벨트를 허리에 찬 모습이라든지 주인공이 기관총을 들고 있는 모습 따위를 연습장에 뻔질나게 그렸다. 나중에는 만화책을 빌려다가 주인공이 멋지게 자세를 취한 장면을 뜯어내곤 했다. 나쁜 일인 줄을 알면서도 그림을 그릴 욕심으로 한두 장씩 뜯어낸 다음에 책을 반납했다. 그러다 꼬리가 밟히고 말았다. 한두 장만 뜯어내면 표시가 잘 안 날 텐데 유독 그 만화책은 멋진 그림이 많아서 욕심을 부린 것이 마침내

가게주인이 알아챈 것이다. 나는 주인아저씨가 크게 나무랄 줄 알았다. 그런데 뜻밖에도 혼내지 않고 조용히 타일렀다. 내가 워낙 단골이어서 그랬는지 모른다. 그는 다른 사람도 보는 책인데 못 쓰게 버려놨으니까 책값을 변상하라고 했다. 나는 어찌어찌 돈을 마련해서 아저씨께 갖다 드렸다. 그 일이 있고 나서는 죄책감에 가게주인을 다시 쳐다볼 면목이 없어서 만화방에 갈 수가 없었다. 그리하여 자연히 만화와도 거리를 두게 되었다. 한번 깊이 빠졌다가 나오니 별 미련이 없이 쉽게 그만둘 수 있었다.

중학생 때는 관심이 영화로 옮아갔다.

내가 사는 집 근처에 영화관이 있어서 그 주변에서 놀다 보니 자연스레 영화를 자주 보게 되었다. 그 무렵에는 서부 영화와 홍콩 무술영화가 대세였다. 카우보이모자를 쓴 서부 사나이들이 말을 타고 먼지를 날리며 광야를 달리는 모습이 아주 멋져 보였다. 우리나라는 왜 산만 첩첩하고 저렇게 드넓은 사막지대가 없을까 하며 풀 한 포기 자라지 않는 미국 서부의 황야가 부럽게 여겨지곤 했다. 당시의 배우로 〈황야의 무법자〉(1964)와 〈석양의 무법자〉(1966)에 나온 클린트 이스트우드(Clint Eastwood)와 〈황야의 은화 1불〉(1965)의 몽고메리 우드(Montgomery Wood), 〈방랑의 무법자〉(1967)의 리 반 클리프(Lee Van Cleef) 등이 한껏 주가가 높았다. 이렇게 서부영화의 인기가 높아지자 한국영화도 그것들을 본떠 국적 불명의 작품이 쏟아져 나왔는데, 그 가운데서도 만주 벌판을 배경으로 독립투사들의 이야기를 그린 신상옥 감독의 〈마적(馬賊)〉(1967)만큼은 예외로 꼽을 만한 작품이었다.

홍콩 무술영화는 마약과도 같았다. 대만 감독 호금전(胡金銓)의 〈용문의 결투〉(1967)와 홍콩 장철(張鐵) 감독의 〈의리의 사나이 외팔이〉(1967)가 그 시작이었다. 머리를 정수리에 올려 댕기로 묶고 흰 복장에 등에 칼을 차고 다니는 주인공의 모습이 어쩜 그리도 매력적이었을까. 영화 한 편을 보고 나면 내가 마치 그 주인공이라도 된 듯이 벗들과 어울려 뛰고 날며 영화의 장면들을 흉내 내지 않으면 좀이 쑤실 지경이었다. 왕우(王羽)와 로례(羅烈), 전풍(田豐) 등이 당시 은막을 주름잡던 배우들이다. 그렇게 무술영화가 뜨니까 국산영화도 아류작 양산에 열을 올렸는데, 그 가운데서도 임권택 감독의 〈요검(妖劍)〉(1971)과 〈십오야(十五夜)〉(1979)가 완성도가 있는 작품으로 기억에 남는다. 특히 〈요검〉은 임감독의 아내가 여주인공을 맡았고, 〈십오야〉는 가수 남진이 주연배우로 나왔다. 그 무렵 남진은 가수와 영화배우를 겸하던 대한민국 최고의 스타였다.

대학시절에는 문학서적에 심취했다.

전공이 국어라서 문학 관련 책을 많이 읽었다고 할 수 있겠으나, 내 경우는 그보다도 문학서적에 관심이 많아서 국어를 전공했다고 보는 편이 맞을 것이다. 입시 준비한답시고 미뤄두었던 책들을 대학생이 되면서 봇물 터진 듯 접하게 되었다. 광주 계림동 헌책방 순례가 자주 이루어졌고, 세계문학전집에 들어 있는 톨스토이와 도스토예프스키를 비롯해서 푸시킨, 스탕달, 앙드레 지드, 존 스타인벡, 헤밍웨이, 펄 벅 등을 낱권으로 사다가 밤낮없이 시간을 쏟았다. 특히 인상 깊은 작가로 대만 출신으로 미국에서 생활했던 임어당(林語堂)의 『생활의 발견』이다. 내가 나중에 수필에 입문하게 된 것은 이 책 덕분으로 본다.

국내 작가로는 〈수라도〉의 작가 김정한을 필두로 〈당신들의 천국〉의 이청준과 〈무진기행〉의 김승옥, 〈객지〉와 〈한씨 연대기〉의 황석영 등의 소설에 끌렸다. 특히 선이 굵은 황석영 소설이 마음에 들어 그 이후로도 〈장길산〉을 위시하여 그가 쓴 소설은 출간되는 족족 탐독하게 되었다. 그때 독서동아리에도 참여했는데, 덕분에 헤르만 헤세의 〈나르치스와 골드문트〉, 서머셋 몸의 〈달과 6펜스〉, 카뮈의 〈이방인〉과 〈페스트〉, 루이제 린저의 〈생의 한가운데〉, 샐린저의 〈호밀밭의 파수꾼〉 등을 읽을 수 있었다. 그때의 내 모습이 가히 책벌레였다고 해도 지나치지 않을 것이다. 언젠가는 친구 집에 가서 하룻밤을 묵게 되었는데, 책꽂이에 볼만한 책이 몇 권 있었다. 그것이 눈에 들어온 이상 잠이 어찌 오겠는가. 자다가 깬 친구가 "제발 불 끄고 잠 좀 자자!" 하고 애원하다시피 했으나 그에 아랑곳하지 않고 새벽녘까지 부스럭댄 일이 있다.

이와 같은 학창시절의 활동들이 마침내 오늘의 나를 만든 것 같다.

어린 시절 만화를 좋아한 것이 책을 가까이하는 계기가 되었고, 그것이 문학서적으로 이어져서 오늘날 내가 글을 쓰는 사람으로 살게 되었다. 처음부터 작가가 되려는 생각은 하지 않았다. 그저 만화를 좋아할 때는 만화가가 되어볼까 생각했고, 영화를 좋아할 때는 어디서 좋은 풍경을 보면 '여기서 영화 한 장면을 찍으면 어떨까?' 하고 생각할 만큼 영화감독이 되고 싶었다. 문학 서적을 접하던 시절에는 당연히 작가가 되면 좋겠다 싶었으나 펜을 잡아도 글이 술술 나오지 않으므로 '아, 나는 능력이 부족하구나!' 하는 생각에 자포자기에 빠지곤 했다. 그래도 배운 것이 도둑질이라고 나이 서른이 넘으면서 이것 하나라도 붙잡지 않으면 내 인생이 너무 초라해질 것 같다는 생각에 마음을 다잡고 글쓰기에 돌입했다.

그렇게 문학의 길을 걸어온 지도 어느덧 서른 해가 훌쩍 지났다.

그동안 책 몇 권 내놓은 것 말고는 별로 해놓은 일이 없다. 명색이 문인이라지만 내 이름 석 자는 같은 지역 사람들이나 조금 알지 울타리를 조금만 벗어나도 아는 사람이 없다. 그러니 아직도 나는 무명작가이다. 그렇다고 나를 누구에게 알리려고 애쓰지는 않는다. 나는 글을 씁네 하며 얼굴 내밀고 다니는 사람들을 마뜩잖게 본다. 작가로서 중요한 것은 작품이므로 열심히 쓰다 보면 알아줄 수도 있고 그러지 않을 수도 있다. 그것은 운수에 관한 일이다. 설사 알아주지 않더라도 내가 좋아서 하는 일에 자족하면 됐지 일부러 나를 내세우려고 애쓸 필요까지는 없다고 본다. 기왕 내가 선택하여 걸어온 길이니, 앞으로도 힘이 닿을 때까지 묵묵히 걸어갈 뿐이다.

시골뜨기, 위기의 학급을 구하다

초등학교 시절 학교를 한번 옮긴 적이 있다.

5학년에 막 올라갔을 때였다. 어느 날 갑자기 부모님이 도회지 학교로 전학을 가라고 하였다. 아마 내가 학교까지 시오릿길을 걸어다니는 꼴이 안 되어 보였던 모양이다. 나는 다른 학교로 가고 싶은 의사가 전혀 없었으나 부모님의 뜻을 거역하지 못하고 엉겁결에 외가가 있는 경남 마산으로 옮기게 되었다.

도회지 학교로 가니 확실히 시골과는 달랐다.

우선 애들의 입성부터 차이가 났다. 시골에서는 다 떨어진 누더기도 부끄러운 줄 모르고 입고 다녔는데 도시 애들은 깔끔하고 말쑥한 옷차림이었다. 신발도 시골애들처럼 검정 고무신이 아니라 다들 하얀 운동화 바람이었다. 머리도 촌놈들은 대부분 까까중이었는데 이 녀석들은 다들 곱상한 하이칼라였다. 피부는 또 어떤가. 시골에서 햇볕에 새까맣게 탄 낯짝들만 보다가 도시 아이들의 뽀얀 얼굴을 대하니 이곳은 내가 올 데가 아닌 딴 세상처럼 느껴지며 첫날부터 주눅이 들었다.

무엇보다 색다른 것은 사투리 억양이었다.

내가 무슨 말을 하면 애들이 모두 와 하고 웃었다. 전라도 사투리와 경상도 사투리의 차이였다. 그때 나는 비로소 우리나라에 사투리가 있다는 것을 깨달았다. 당시는 텔레비전도 없고 라디오마저 귀할 때인지라 다른 지방의 사투리를 들어볼 기회가 없었다. 녀석들에게 내 말이 생소한 것처럼 나 또한 녀석들의 말이 귀에 설었다.

그때 내 번호가 25번이었다. 대개 전학생은 맨 끝 번호를 받게 마련인데, 나는 누군가 전학 가고 비어있는 자리를 채우는 바람에 중간 번호를 얻게 되었다. 그런데 그 '이십오'의 발음이 문제였다. 나는 '이'에 힘을 주어 말하는데 그네들은 '이'는 약하게 발음하고 '오'에 힘을 주고 있었다. 녀석들은 나의 전라도식 억양을 신기해하며 웃어대는 것이었다. 전혀 예상치 못한 문화적 충격이었다. 나는 졸지에 동물원의 원숭이나 된 듯한 느낌이 들어서 입을 굳게 다물고 눈치만 살피는 신세가 되었다. 담임선생님도 전라도 산골짜기에서 온 시골뜨기에게 아무런 눈길도 주지 않았다.

그러던 내가 어느 날 뜻밖에 박수를 받는 일이 벌어졌다.

전학한 뒤로 한 달쯤 지나서였을까. 학교에 무슨 손님이 온 날이었다. 며칠 전부터 우리는 청소를 하느라 부산을 떨었다. 유리창을 닦고 또 닦고, 복도에 양초를 칠하고 맥주병으로 문지르며 온갖 준비를 다 했다. 담임선생님은 1교시 수업을 시작하며 책상 줄을 맞추고 최대한 바른 자세로 앉을 것을 주문했다. 우리는 무슨 영문인지는 몰라도 선생님이 시키는 대로 바짝 긴장한 상태로 수업에 임했다.

2교시쯤 되어서 손님들이 나타났다.

교장선생님과 교감선생님이 어떤 신사분을 모시고 교실 뒷문으로 들어와 수업 광경을 지켜봤다. 담임선생님은 상기된 얼굴로 뭔가를 열심히 설명하고 있었다. 뒤에 누군가 지켜보고 있는 것을 의식하니 나는 선생님의 이야기가 별로 귀에 들어오지 않았다. 어서 저 양반들이 교실을 나가주었으면 하는 바람만이 간절했다.

그때 신사분이 교실 앞으로 나오더니, 잠깐 선생님의 수업을 멈추게 하고는 이렇게 말했다.

"여러분이 지금 공부하고 있는 내용을 보니 육하원칙을 기본적으로 알아야겠군요. 이 육하원칙에 대해서 알고 있나요?"

육하원칙? 처음 들어보는 말이었다.

"육하원칙을 아는 사람은 손을 들어보세요!"

그는 자기 손을 반쯤 들며 우리를 휘휘 둘러보았다. 그러나 아무도 반응이 없었다. 짧지만 긴장된 순간이 흘렀다. 담임선생님이 곤혹스러운 표정을 짓고 있었다.

신사분이 설명을 덧붙였다.

"우리가 글을 쓸 때 지켜야 할 여섯 가지 원칙이 있잖아요. 누가, 언제, 어디서, 무엇을…. 이 여섯 가지가 뭘까요?"

그는 대답을 이끌어낼 요량으로 그렇게 친절을 발휘했다. 쥐

죽은 듯한 분위기 속에서 담임선생님의 얼굴이 점점 낭패감으로 일그러지고 있었다.

그때 퍼뜩 내 머리에 떠오르는 것이 있었다. 육하원칙이라는 말은 몰라도 누가, 언제, 어디서 하는 저것은 언젠가 동아전과에서인가 어디선가 봤던 기억이 번개처럼 스쳤다. 나는 전부터 국어에 관심이 많아서 진도와 상관없이 여기저기 마구잡이로 뒤적여보는 버릇이 있었다. 나도 모르게 번쩍 손이 올라갔다. 어디서 그런 용기가 나왔을까!

"오! 저 어린이 말해보세요."

신사분이 반가운 듯 나를 가리켰다.

나는 벌떡 일어서서 외쳤다.

"누가, 언제, 어디서, 무엇을, 어떻게, 왜입니다."

"아! 좋아요. 맞습니다. 육하원칙을 아주 정확하게 말했어요."

그가 만족스러운 얼굴로 고개를 끄덕이며 이렇게 덧붙였다.

"여러분! 대답을 잘한 우리 친구에게 박수를 보내주세요."

박수가 요란하게 터졌다. 담임선생님도 지옥에 떨어졌다가 구세주를 만나 십 년 감수했다는 듯한 표정으로 손뼉을 쳤다.

알고 보니 그날이 장학지도 날이었다.

교육청 장학사가 몇 개 교실에 들어가 그렇게 돌발적인 질문하면서 학교교육이 제대로 이루어지고 있는가를 점검하는 것이었다. 이때 학생들이 대답을 잘하면 교육이 잘 이루어지는 것으로 평가하고, 대답을 하지 못하고 꿀 먹은 벙어리로 앉아 있으면 교육을 잘못하는 것으로 판단하는 것이었다. 그런 까닭에 교장과 교감선생님은 좋은 평가를 받기를 바라면서 조바심을 내며 따라다니고 있었고, 담임선생님도 자칫 애들이 대답을 잘못해서 교육을 잘못하는 것으로 평가받아 교장선생님께 야단맞으면 어쩌나 하는 불안감에 싸여 전전긍긍하고 있었던 것이다.

나는 그날 우리 반의 영웅으로 떠올랐다.

학급을 구하고, 담임선생님을 구한 영웅이었다. 따지고 보면 교장과 교감선생님과 학교까지도 구한 셈이다. 다른 교실에서는 어떠했는지 모르지만 일단 5학년 우리 반은 나의 발표 덕분에 조마조마했던 고비를 무사히 넘긴 것이다. 나는 임진왜란 때 나라를 구한 이순신 장군이나 된 것처럼 우쭐한 기분이 들었다.

손님이 나가고 나자, 잠시 한숨을 돌린 담임선생님은 곧장 야단을 쳤다.

"이놈들아! 육하원칙을 모르면 우짜노? 그거 작년에 배운 거 아이가? 4학년 단원에 다 나온 긴데 우짜몬 그리 까먹을 수 있노? 엉? 이 문디 자석들아!"

당신이 가르치지 않은 사실은 쏙 빼놓고 4학년 때 배우지 못한 것만 탓했다. 애들은 아무 말도 하지 못하고 고개만 푹 숙이고 있었고, 나만 속으로 쾌재를 부르고 있었다.

그날 이후로 담임선생님이 나를 보는 눈이 달라졌다.

전에는 교실에 있는지 없는지 거들떠보지도 않더니, 수업 중에 이따금 나에게 눈길을 던지는가 하면 "병호가 말해볼래?" 하고 발언 기회를 주기도 했다.

하루는 내 청소하는 모습을 눈여겨보았는지 종례시간에 이렇게 말했다.

“너거덜 청소하는 것도 병호한테 몬 따라간다. 아무 성의도 없이 실렁실렁 그기 뭐꼬? 병호 빗자루질하는 거 함 봐라. 구석구석 몬지까정 꼼꼼히 쓸어야 하는 기라.”

갑작스러운 칭찬에 정신이 아뜩해지면서 구름을 타고 하늘을 오르는 기분이었다. 하기야 그 빗자루질도 우연한 것이 아니었다. 어릴 때부터 아버지를 따라 너른 마당을 쓸면서 꽤 관록이 붙은 솜씨였으니 말이다. 선생님이 그렇게 추어주니 아이들도 차츰 나를 다시 보기 시작했다. 이제 내가 무슨 말을 해도 웃지를 않고, 쉬는 시간에 말도 붙여 오는 것이었다. 그때 나는 비로소 깨달았다. 사람이 살아가는 데 중요한 것은 실력이구나! 실력을 갖추고 있으면 어디 가서든 무시당하지 않고 인정을 받을 수 있는 것이로구나! 그래, 좋아! 이렇게 사는 거야. 궁벽한 산골에서 온 시골뜨기는 그렇게 망망대해 같던 도시학교에 조금씩 적응해가고 있었다.

자취생활의 추억

우리집 아이가 서울로 대학을 진학하면서 집과 떨어져 지내게 되었다.

처음 한두 해는 학교 기숙사 생활을 하더니 나머지는 홀로 살겠노라며 방을 얻어달라고 하였다. 어지간하면 기숙사에 눌러앉아 있지 그러느냐고 권했으나 이제는 그만 나오고 싶다고 하여 좋을 대로 하라고 했다. 다행히 학교 근처가 원룸촌이어서 어렵지 않게 셋방을 구할 수 있었다. 그런데 방에 들어가 보고 나는 깜짝 놀랐다. 냉장고와 싱크대, 가스렌지와 기름보일러에 화장실까지 어느 하나 모자라는 것이 없었다. 이게 호텔인가 자취방인가. 나는 눈이 돌아갈 지경이었다. 나는 옛날 나의 학창시절을 떠올리지 않을 수 없었다.

나는 학교에 다닐 때 자취생활을 오래 했다. 중학생 때부터 부모님과 떨어져 객지 생활을 시작한 것이 대학교 졸업 때까지 이어졌으니 자취생활로 잔뼈가 굵었다고 해도 지나치지 않다.

시골 출신이 도시에 나가 학교에 다니려면 숙식을 해결하는 방법이 세 가지 있었다. 하나는 이모나 고모, 삼촌과 같은 친척 집에 의탁하여 먹고 자는 것이고, 또 하나는 하숙집에 들어가는 것이고, 세 번째 방법이 자취생활이다. 나도 친척 집에 가서 몇 달 있어 봤는데 아무래도 눈치가 보이고 자유롭지가 않았다. 그렇다고 하숙을 하자니 부모님께 경제적 부담을 드리는 것 같고, 어쩔 수 없이 사글셋방을 얻어 자취를 시작했다.

자취 살림은 간단했다. 솥단지와 냄비, 밥그릇과 국그릇, 접시와 수저 따위는 집에서 어머니가 챙겨줘서 가져왔다. 밥을 지을 석유곤로는 시내 가게에서 샀다. 사실 '곤로(焜炉)'는 일본말이고 우리말로는 풍로(風爐)라고 하는데 그때는 뭣도 모르고 곤로라고 불렀다. 이 곤로에 석유를 됫병으로 사다가 붓고 심지에 불을 붙여 밥을 짓고 국을 끓였다. 반찬 그릇을 넣어둘 2단짜리 찬장과 세숫대야도 시장에서 사왔다.

쌀과 반찬은 집에서 조달했다. 한 달에 한두 번 정도 시골집에 가서 쌀과 반찬을 가져왔다. 집에 다녀올 때는 내 양손에 늘 짐이 있었다. 한 손에는 쌀자루를 들고 또 한 손에는 김치단지를 들었다. 그때만 해도 지금처럼 반찬 담는 플라스틱 그릇이 없었다. 김치 담은 옹기를 새끼줄로 얽어서 들었지만 매끄러운 옹기 겉면에 새끼줄을 붙들어 맬 수 없는 터라 자칫하면 느슨한 새끼줄 틈새로 옹기가 빠져나가곤 했다.

한번은 버스에 올라 김치 옹기를 내 두 발 사이에 끼워 넣고 신줏단지처럼 모시고 가는 중이었다. 차가 굴곡이 심한 비포장도로에서 널뛰기하는 바람에 그것이 발 사이를 빠져나가고 말았다. 그리고 데굴데굴 굴러 맞은편 승객의 의자에 부딪히면서 퍽 하고 깨져버렸다. 다행히도 겉을 새끼줄로 얽어놓기 때문에 옹기의 모양새는 그대로 유지하고 있었으나 깨진 틈새로 김칫국물이 새어 나오는 것은 어찌할 수가 없었다. 급기야 빨건 김칫국물이 흘러 버스 바닥은 한강이 되고 김치 냄새가 차 안에 진동하기 시작했다. 지금도 그때를 생각하면 낯이 뜨거워진다.

자취생활은 손수 밥을 짓고 국을 끓이는 일이 번거롭기는 하지만 오래 거듭하다 보면 웬만큼 손에 익어 별 부담이 없었다. 가장 큰 어려움은 반찬 문제였다. 당시는 냉장고가 없던 때라 반찬을 오래 놓아둘 수가 없었다. 특히 여름철이 문제였다. 아침에 학교에 가면서 김치 단지를 세숫대야 찬물에 담가놓는데 저녁에 돌아와 보면 물이 뜨뜻미지근하여 되레 김치가 익기에 안성맞춤이었다. 그러니 아무리 새 김치라도 닷새쯤 지나면 신김치가 되어버렸다. 하지만 어쩔 것인가. 멸치볶음이나 장아찌가 전부인 밥상에 식초가 되어가는 김치라도 버릴 수는 없는 일이었다.

그나마 김치라도 있을 때는 밥을 넘길 만했다. 때로는 반찬이 모두 바닥나버리는 때도 있었다. 찬장 속에 눈에 띄는 것이라고는 샘표간장 하나뿐이었다. 할 수 없었다. 맨밥에 간장을 부어서 비빔밥을 만들어 먹을 수밖에 없었다.

자취생활은 특히 겨울나기가 고역이었다. 당시에는 연탄불로 난방을 했는데, 그게 늘 말썽이었다. 연탄불은 일정 시간이 지나면 새 연탄으로 갈아줘야 불을 꺼뜨리지 않고 난방을 유지할 수 있었다. 그런데 연탄불은 매정하게도 내가 학교에서 돌아올 때까지 기다려주지 않았다. 집에 와서 아궁이 뚜껑을 열어보면 연탄재는 하얗게 식은 채 죽어 있었다. 나는 주인아주머니가 몹시 원망스러웠다. 집에 있으면서 자취생 연탄불이나 때맞춰 갈아주지 도대체 집주인이 되어가지고 뭐 하는 거야. 그러나 깍쟁이 아주머니는 한번 연탄불을 봐주게 되면 날마다 해주어야 하니까 절대로 봐주는 일이 없이 나 몰라라 했다.

연탄불을 살리는 방법은 두 가지가 있었다. 주인집에 새 연탄 한 개를 주고 불붙은 연탄을 가져다가 그것을 밑불로 하여 살리는 방법이 하나 있고, 아니면 구멍가게에서 봉지로 파는 숯을 사다가 숯불로 살리는 방법이 있었다. 그런데 이 방법은 연기도 많이 나고 냄새도 고약한 데다가 성공률이 그리 높지 않았다. 그렇지만 나는 주인아주머니에게 아쉬운 소리를 하기도 싫고, 연탄 한 개의 값보다 숯값이 쌌기 때문에 이 방법을 주로 썼다. 나중에 번개탄이 나와서 연탄불 살리기가 훨씬 수월해졌는데, 내가 자취할 때는 그런 혜택을 보지 못했다.

때로 연탄불 살리기가 귀찮을 때는 이불을 둘러쓰고 그냥 잠자리에 들기도 했다. 단열재도 들어가지 않은 허름한 블록집은 외풍이 염라대왕보다 무서웠다. 눈바람이 저승사자처럼 괴성을 지르며 밤새 봉창을 두들겨대는 소리를 들으며 되레 내 체온의 신세를 지려고 작정한 냉방에서 이불을 머리까지 뒤집어쓴 채 견디는 시간은 그야말로 악몽처럼 길고 괴로웠다. 그래도 워낙 혈기가 왕성할 때라 별 탈 없이 그 시기를 넘겼다.

내가 모든 시설이 갖춰진 원룸에 감탄하자 아이는 오히려 나를 신기한 표정으로 쳐다보았다.

"아빠! 요즘 원룸은 다 이래요. 이런 게 없으면 누가 들어와 살려고 하겠어요?"

"그래 너희들은 참 좋은 시대에 태어났구나. 이 정도 시설이라면 자취하기가 누워서 떡 먹기로겠구나."

나는 주방 싱크대의 수도꼭지를 틀어 물이 쏟아지는 것을 보며 말했다. 내가 자취할 때만 해도 수돗물이 어디 있는가. 지하수를 펌프질해서 밥해 먹고 세수하고 빨래까지 했던 것이다.

"이건 아무것도 아니에요. 돈만 좀 더 주면 텔레비전에 에어컨까지 갖춘 원룸도 얻을 수 있다구요."

아이의 말을 들으며 나는 옛 시절을 이야기하려다 입을 다물고 말았다. 괜히 옛날 고생했던 시절을 꺼내봤자 호랑이 담배 먹던 시절 얘기가 아이에게 별로 먹히지 않을 것 같았기 때문이다.

기찻길 연정

기찻길을 보면 내 사춘기 시절이 생각난다.

내 생애에서 첫 시련기는 열일고여덟 살 때였다. 당시는 요즘과는 달리 고교입시가 살아 있었다. 중학교를 마치고 고등학교에 진학하려면 본인이 원하는 고등학교에 지원서를 내고 입학시험을 치러야 했다. 나는 실력이라고는 쥐뿔도 없으면서 '뭐 잘되겠지!'하고 명문고를 고집하다가 보기 좋게 미역국을 먹고 말았다. 그렇게 굴욕을 당했으면 정신을 좀 차려야 할 텐데, 아직도 혼이 덜 났는지 또 적당히 하다가 다음 해에 다시 낙동강 오리알 신세가 되어버렸다.

'이거 큰일났다!'

세상이 항상 내 편이 아니로구나 하는 깨우침이 머리를 때렸다. 이러다가 인생의 낙오자가 되는 게 아닌가 하는 경각심도 나를 압박했다. 벗들은 고등학교 2학년에 올라가는데 나는 이게 뭐람? 그동안의 자만과 나태에 대한 뉘우침이 파도처럼 밀려들면서 이제 어떻게 할 것인가 고민에 빠졌다. 마침내 잃어버린 세월을 만회하는 길은 검정고시밖에 없다는 결론에 이르렀다.

나는 그해 3월 보따리를 싸 들고 광주에 올라가 방을 얻고 검정고시 학원에 등록했다. 신문 광고를 보고 찾아간 학원은 고등학교 3년 과정을 1년 만에 속성으로 공부시켜 주는 검정고시 전문학원이었다. 3층 건물인데 1층은 중학교 과정반이고, 2층은 고등학교 과정반이며, 3층은 공무원 시험인가 무슨 취업 준비반 같은 것이 운영되고 있었다.

내가 공부하는 고등학교 과정반은 인원이 서른 명 가까이 되었는데, 나이도 제각기 다르고 형편도 가지각색이었다. 나처럼 고교입시에 미끄러지거나 고등학교에 다니다가 그만두고 온 친구들은 그래도 나이가 어린 편이었고, 중학교 졸업하고 어디 가서 돈벌이를 하거나 농땡이를 치다가 안 되겠다 싶어서 뒤늦게 마음잡고 온 대학생 같은 형들도 있었고, 군대를 제대하고 온 늙수그레한 아저씨가 있는가 하면 심지어 초등학생 자녀를 둔 아줌마까지 있었다.

그들 가운데 내가 제일 부러운 사람은 과목 합격자들이었다. 검정고시 응시 과목은 모두 아홉 과목으로서 전 과목 평균점수가 60점 이상이면 합격이었다. 대신 과락이라고 하여 40점 이하의 과목이 없어야 하는데, 그런 과목이 있는 경우에는 60점 이상 과목만 합격증을 받고 나머지는 다음 기회에 응시하게 되어 있었다. 한 해에 한 번씩 치르는 검정고시에 진작부터 응시하여 "나는 두 과목 남았다."라고 하거나 "세 과목만 합격하면 끝난다.” 하고 으스대는 이들이 있었는데, 그들을 볼 때면 나는 언제 아홉 과목을 모두 합격하나 싶어 눈앞이 깜깜해졌다.

그런데 학원생 가운데 교복을 입고 다니는 학생들이 몇이 있었다. 학교도 아닌 학원에서 무슨 교복인가 생뚱맞아 보였으나 한편 생각하면 정규학교에 다니다 말고 와서 그럴 수도 있겠고, 아니면 교복 입은 학생들이 부러워서 그럴 수도 있겠다 싶었다. 그 시절 나도 길거리에서 교복 차림의 고등학생을 보면 사복 입은 내 신세가 추레하게 여겨져서 심한 열패감에 빠지는 형편이었다. 학원에서는 우리의 복장이나 머리 모양에 아무런 규제도 하지 않았다.

우리는 쉬는 시간이면 교실 창가에서 바깥을 내다보며 얘기를 나누곤 했다. 그때 아래층의 중학생반도 밖에 나와 옹기종기 모여 잡담하는 것을 내려다볼 수 있었다. 그 가운데 교복 입은 여학생 두엇이 유독 눈에 띄었다. 그것은 그들이 깜장 교복을 입고 있었기 때문일 수도 있으나 그보다는 교복의 앞섶이 넓게 파여서 그들의 가슴골이 살짝 드러나 보였기 때문이었다. 엉큼스러운 일이었지만 그것을 훔쳐보는 게 나를 비롯한 우리 또래들의 은밀한 즐거움이었다. 그들 가운데 내게 눈익은 여학생이 하나 있었다. 그는 나와 집이 같은 방향이었다. 아침 등원 길에 종종 보는 얼굴이었다.

학원에 나가기 시작하여 얼마 되지 않았을 때의 일이다.

학원 가는 길에 3백여 미터쯤 기찻길을 걷는 구간이 있었다.

그때만 해도 기찻길을 통제하지 않아 철길 보행자가 많았다.

철길을 걷다가 열차가 철커덕거리며 달려오면 가장자리로 비켜서서 지나가기를 기다렸다가 다시 걷곤 하였다. 나는 구불구불한 주택가의 길보다 곧은 철길이 걷는 시간이 단축되었으므로 늘 그쪽을 이용하고 있었다.

어느 날 철길에 교복 입은 여학생 하나가 눈에 들어왔다. 허리가 잘록한 뒷모습을 보며 나는 어느 여자고등학교 학생인 줄로만 생각했다. 그런데 그가 철길에서 벗어나서 도로로 접어드는 것이 내 등원길과 같지 않은가. 이것 봐라? 나는 십여 미터 거리를 두고 계속 그를 따라갔다. 따라갔다고 하기보다는 평소 다니는 길이라서 그냥 내 길을 것이라고도 할 수 있었다. 다만 걸음을 빨리하여 그를 추월할 수도 있는데도 그러지 않고 천천히 그의 걸음 속도에 맞출 뿐이었다. 그는 무슨 생각을 하고 걷는지 한 번도 뒤돌아보는 일이 없이 오동통한 엉덩이를 흔들며 걸음을 재촉하더니, 아니나 다를까 내가 다니는 학원으로 쏙 들어가는 것이었다. 아! 우리 학원생이로구나! 그렇게 나는 그를 알게 되었다.

다음 날부터 나는 철길을 걸을 때는 그 여학생을 찾아 두리번거리게 되었다.

그가 눈에 띄면 나는 기분이 좋아져서 십여 미터 뒤에서 그를 따라 걸었다. 그는 뒤태가 예뻤다. 잘록한 허리에서 도톰한 엉덩이로 이어지는 곡선미가 눈길을 끌었다. 나는 여자의 매력은 얼굴이나 가슴에 있다고만 생각했는데, 여자의 뒷모습도 사람의 마음을 사로잡는다는 것을 그때 비로소 깨달았다. 어쩌다 그가 안 보이는 날은 '오늘은 웬일이지?' 하고 가슴 한쪽이 텅 비는 느낌이 들었다. 그래서 학원 쉬는 시간에 창밖을 내려다보며 두리번거리곤 했다. 다행히 그가 눈에 띄면 안도하는 마음이 생기고, 눈에 띄지 않으면 '무슨 일로 결석했을까?'하고 슬며시 궁금증이 일곤 했다. 그러나 그것은 나 홀로의 마음일 뿐, 그에게 말을 붙여보려는 데까지는 미처 생각지 못하고 있었다.

그런데 어느 날 뜻밖에도 그와 말을 붙이는 일이 일어났다.

그날 아침에 보슬비가 내렸다. 집을 나서려는데 쓰고 갈 우산이 없었다. 우산을 찾다가 지난번 비 오는 날 어딘가 쓰고 갔다가 깜빡하고 그냥 와버린 일이 떠올랐다. 다행히 큰 비가 아니라서 우산 없이 학원에 가기로 했다. 철길에 들어섰다. 교복 여학생이 저만치 가고 있었다. 그는 우산을 쓰고 있었다. 여느 때처럼 그의 뒤를 따라 걷기 시작했다. 그런데 가느다랗던 빗방울이 점점 굵어지는 것이 아닌가. 어찌할 것인가. 여학생을 따라 천천히 걷다가는 옷을 다 버릴 것 같았다. 안 되겠다 싶어서 책가방을 가슴에 부여안고 달음박질을 시작했다. 금세 여학생을 앞질렀다.

'오늘같이 비 오는 날은 여학생이 문제가 아니다. 우선 옷이 안 젖어야 한다.'

나는 이 생각뿐이었다.

철길을 벗어나 도로로 접어들었다. 나는 숨이 가빠졌다. 비는 더욱 거세지고 있었다. 계속 빗속을 달릴 수가 없었다. 속옷까지 젖으면 곤란하기 때문이었다. 마침 식료품 가게가 눈에 띄었다.

물건을 내놓느라 차양을 인도까지 쳐놓고 있었다. 나는 그 차양 아래로 들어섰다. 그리고 젖은 머리를 털며 빗발이 약해지기를 기다렸다.

얼마쯤 서 있으니 저쪽에서 교복 여학생이 걸어오는 게 보였다. 나는 고개를 딴 데로 돌린 채 그가 지나가기를 기다렸다. 그리고 잠시 후 이제는 지나갔겠거니 하고 고개를 바로 돌리니, 앗, 깜짝이야! 그가 내 앞에 걸음을 멈추고 서 있지 않은가. 그는 수줍은 미소를 머금고 자기 우산을 내밀었다.

"같이 쓰고 가요."

이게 꿈인가 생시인가. 나는 무슨 죄를 짓다 들킨 듯이 얼굴이 빨개졌다. 나만 이 애를 알고 있었던 게 아니라 이 애도 나를 알고 있었구나 하는 생각이 퍼뜩 들었다. 그러나 망설일 겨를이 없었다. "고맙습니다!"라는 말과 함께 그의 우산 속으로 뛰어들었다. 덕분에 나는 그날 아침 비를 맞지 않고 학원에 갈 수 있었다. 아니, 비를 맞지 않은 것은 그다지 중요한 일이 아니었다. 그와 함께 우산을 썼다는 것이 그 이상 행운일 수 없었고, 그가 내게 우산을 내밀었다는 것이 그 이상 감격일 수가 없었다.

그날 이후 나는 그와 이야기를 나누는 사이가 되었다.

그러나 그는 중학교 과정반이라 나와 층수가 달라 학원 안에서는 거의 마주칠 일이 없었다. 그를 만날 수 있는 시간은 오로지 아침에 기찻길을 걸을 때뿐이었다. 그가 앞에 걷고 있으면 "같이 가요!" 하며 내가 뛰어갔고, 뒤에 걸어오는 게 보이면 "어서 와요!" 하며 기다려주었다. 그리고 거기서부터 학원까지 나란히 걸으며 이런저런 이야기를 나눌 수 있었다.

그는 이름이 조화숙이라고 했다. 나이는 열여덟, 용케 나와 같았다. 시골에서 일곱 남매 가운데 다섯째로인가 태어나 초등학교만 졸업하고 중학교에는 진학하지 못한 채 곧장 광주 큰오빠 집에 와서 조카들을 돌보고 있다고 하였다. 큰오빠 내외가 맞벌이 공무원이라서 자기가 조카 둘을 맡아서 젖먹이 때부터 우유 타주고 기저귀 빨아주며 키웠단다. 그리고 둘째 조카가 올해 초등학교에 입학하면서 비로소 공부할 수 있는 여유가 생겼고, 그래서 자기도 검정고시를 치르려고 학원에 다니게 되었다는 것이었다.

"올해 중학교 검정고시 보고, 내년에 고등학교 검정고시 보려고 해요. 검정고시만 합격하면 오빠가 나 대학에 보내준대요."

두 해 만에 중고등학교 과정을 모두 끝낼 수가 있을까 싶기도 했지만 어쨌든 나는 그의 당찬 계획이 꼭 성사되기를 바라는 마음이었다.

나는 그가 입고 다니는 교복에 대해서도 물어보았다.

"왜요? 교복이 보기 흉한가요?"

그가 반문했다.

"아뇨. 아주 잘 어울려요. 난 처음에 진짜 여고생인 줄 알았어요."

그 말은 진심이었다. 나는 그의 교복 차림이 내 마음을 사로잡았다는 말은 차마 하지 못했다.

"이거 우리 올케언니가 여고 때 입었던 거예요. 여고 시절 추억으로 안 버리고 장롱에 넣어두고 있었나 봐요. 교복을 입으면 학생 기분이 나서 공부가 더 잘된다고 나더러 입고 다니래요."

나는 그의 올케언니가 고맙게 생각되었다. 그렇지 않으면 내가 어떻게 이런 여고생을 만나 이야기를 나눌 수 있겠는가.

그도 나에게 궁금한 것이 있었던 모양이다.

"수첩에 뭘 그렇게 적어가지고 다니세요?"

나는 속으로 뜨끔했다. 그도 아침에 내 뒤를 따라오며 나를 지켜볼 때가 있었던 것이다.

"아, 이거요? 영어단어장이에요. 걸어다니면서 외우려구요."

그것은 중학생 때 시도했던 일이었다. 영어선생님이 '한 손에는 가방, 한 손에는 단어장'을 강조하며 등하교 때 영어단어를 외우라고 하였다. 그러나 그게 좀처럼 쉽지 않았다. 집을 나설 때는 손에 단어장을 들고 있는데 도중에 벗을 만나면 어느새 그게 호주머니로 들어가 있곤 했다. 그래서 검정고시 학원에 다니면서 그것을 스스로 실천해보는 중이었다.

"그럼 나땜에 영어공부에 지장이 많겠네요?"

"무슨 말씀요. 대신 아침마다 이렇게 즐겁게 데이트를 하잖아요."

우리는 하하 웃었다.

그와의 아침 만남은 그해 7월까지 이어졌다.

8월은 학원이 여름방학을 했고, 그 기간에 검정고시가 치러졌다. 나는 운 좋게 전 과목을 통과하였고, 계속 검정고시 학원에 계속 나갈 필요가 없어졌다. 이제부터는 대학입시를 겨냥할 단계여서 마음이 한층 조급해졌다. 화숙이를 한번 만나보고 싶기도 하고 그의 검정고시 결과도 알고 싶었다. 그러나 그때 나는 궤도 이탈에서 벗어나는 일이 더욱 시급했다. 그는 나중에 만날 기회가 있겠지 하고 막연히 미뤄둘 뿐이었다. 그리하여 나에게 새로운 일들이 닥치면서 까마득히 잊어먹고 말았다.

그 후 대학생이 되고 나서 나는 그를 딱 한 번 볼 수 있었다.

고향 후배가 내 자취방에서 지내며 공무원 시험을 준비하고 있었다. 시험날 그를 시험장 학교에 바래다주고, 오후 시험 끝나는 시간에 맞추어 다시 학교에 가서 후배를 기다렸다. 시험을 마친 수험생들이 운동장으로 쏟아져 나왔다. 그 인파 속에서 놀랍게도 화숙이가 눈에 띄었다. 교복을 입지 않았어도 첫눈에 알아볼 수 있었다. 예전보다 훨씬 성숙한 모습이었다.

"화숙씨!"

그가 깜짝 놀란 표정을 지었다.

"어머, 오랜만이에요. 시험 잘 봤어요?"

그는 내가 시험을 보러온 줄로 알고 있었다.

"아니요. 시험 보러 온 게 아니고, 여기 시험 끝난 후배를 기다리고 있어요."

나는 사실대로 말했다.

"그래요?"

말꼬리를 살짝 올리는 것이 약간 미심쩍은 표정이었다. 내가 시험을 보러 온 것이 창피해서 달리 둘러대는 것으로 여기는 눈치였다. 당시 공무원은 워낙 쥐꼬리 봉급이라 선호하는 직종이 아니었다. 어디 기업체 같은 데 이리저리 알아보다가 안 되면 '에라, 모르겠다!' 하고 막판에 응시하는 것이 공무원 시험이었다. 그래서 어디 가서 "나 시험 봅네." 하고 말할 처지도 못 되었고, 시험장에 오면서도 누구 눈에 띌까 봐 잔뜩 움츠리며 모자를 눌러쓰는 형편이었다.

"오늘 시험 어땠어요? 물론 잘 봤겠지요?"

이번에는 내가 물었다.

"아니, 그냥 연습 삼아 한 번 봤어요. 워낙 경쟁률이 높아서 자신이 없네요."

나는 그때 그를 붙잡아야 했다. 어디 찻집에라도 가자고 하여 그동안 궁금했던 사항도 알아보고 연락처도 주고받았어야 했다. 검정고시는 중고 과정 모두 통과했는지, 학원에는 지금도 다니는지, 아니면 그만두었는지, 그리고 대학진학은 어떻게 되었는지 묻고 싶은 것이 많았다.

그런데 시험을 마치고 나오는 후배를 기다려야 한다는 생각에 사로잡혀 그를 그냥 보내버리고 말았다. 그때도 나중에 다시 만날 기회가 오겠지 하고 기대했던 것일까. 그러나 그 '나중'은 두 번 다시 오지 않았다.

지금도 철길을 걸어가던 교복 차림의 뒷모습이 눈에 선하다. 특히 비 오던 날 우산을 들고 내 앞에서 살짝 웃음 짓던 표정은 잊을 수 없다. 그 시절 그는 나에게 단순한 말동무에 지나지 않았을까. 아마 그렇지는 않았을 것이다. 분명 보랏빛 감정 같은 것이 있었다. 교복에 잘 어울리는 아담하면서도 잘록한 그의 뒤태며, 2층 창가에서 내려다보는 그의 모습은 사춘기의 나를 몹시도 자극했던 것이 사실이다. 그러나 그때 나에게 연애 감정은 사치였다. 수렁에 빠진 나 자신을 정상궤도에 올려놓는 일이 급선무였기 때문이다. 지금 생각하면 참 어리석었다. 아무쪼록 어느 하늘 아래서든 그가 꿈을 이루며 행복하게 살기를 바랄 뿐이다.

내 인생의 봄날

내 인생의 봄날이 언제였을까?

인생의 초겨울에 접어든 지금, 지난 계절을 돌이켜볼 때 특별히 '이것이다!' 하고 자신 있게 내놓을 만한 호시절은 얼른 손에 잡히지 않는다. 굳이 끄집어낸다면 멋모르던 햇병아리 교사 시절과 이젠 됐다 싶던 신혼 시절, 도서관에서 많이 살던 대학원 시절과 꿈에 부풀던 교육전문직 시절, 의욕이 샘솟던 초임 교장 시절 따위가 떠오르기는 한다. 그러나 '봄'에 무게를 둔다면 아무래도 스무 살 대학 시절을 돌아보는 것이 좋지 않을까 싶다.

나는 대학에 들어가기까지 방황을 좀 했다. 고교입시에 미역국을 먹고는 한동안 시골에 내려가 공부고 뭐고 작파하고 농사꾼이 되어보려고도 했고, 그래도 미련이 남아 지푸라기라도 잡는 심정으로 검정고시에 도전하면서 대열에서 뒤진 낙오병의 소외감과 불안감에 허우적거리기도 했다.

따라서 대학생이 되었다는 것은 궤도에서 이탈했던 내가 갈팡질팡하던 처지에서 벗어나 다시 정상궤도에 접어들었다는 것을 의미했다. 내가 들어간 대학은 호남 사학의 명문이니 최초의 민립대학이니 하면서 그럴듯한 수식어를 붙이고 있었으나 솔직히 내 양에 차지는 않았다. 무엇보다 비싼 등록금 때문에 부모님께 면목이 없었는데, 용케도 입학 성적이 괜찮았던지 장학금 혜택을 받게 되어 미안한 마음이 조금 가시긴 했다.

나는 어렸을 때 시건방진 면이 좀 있었다. 어떤 일에 마주치면 노력도 하지 않으면서 '뭐 잘 되겠지!' 하고 낙관하는 버릇이 있었다. 그렇게 세상을 얕보다가 된통 당한 것이 고입 관문에서 낙동강 오리알 신세가 된 것이었다. 그리하여 낙심천만과 절치부심 속에 고난의 행군(?)을 하는 동안 비로소 철이 들었던지 대학에 들어가면서부터는 고개를 좀 수그릴 줄 알게 되었다. 그래서 탐탁지 않은 대학이나마 내 주제를 알고 현실을 받아들이기로 마음먹었다.

대학 생활은 모든 게 새로웠다. 우선 나는 우람한 학교건물이 마음에 들었다. 백팔 계단을 걸어 올라간 곳에 서 있는 비쭉비쭉 첨탑이 솟은 흰색 건물은 자못 고풍스러운 상아탑 분위기를 자아냈고, 그곳 5층 합동강의실에서 내려다보는 드넓은 교정은 막혀 있던 내 가슴을 시원하게 틔워주곤 했다.

무엇보다 전공이 내 취향에 맞았다. 교수님들의 강의가 귀에 쏙쏙 들어왔고, 전공 관련 서적에도 손이 자주 갔다. 동아리 활동도 재미있었다. 문학동아리와 독서동아리, 지도력을 키우는 동아리에 들어가 제법 부지런을 떨었다.

그 시절에 있었던 몇 가지 일이 떠오른다.

하루는 괜찮은 영화가 들어왔다고 해서 용감하게 수업을 빼먹고 영화관에 몰려갔는데, 다음 날 노발대발한 교수님이 나를 혼내더니 그것만으로 부족했든지 학점까지 불이익을 주고 말았다. 주동자는 다른 친구인데 과대표인 내가 본보기로 홀라당 독박을 쓴 것이었다. 또 언젠가는 교육학 과제를 하면서 타과의 여학생에게 두어 차례 도움을 준 일이 있었는데, 그게 어쩌다 소문이 나서 과제만 나오면 여기저기서 주문이 쇄도하는 바람에 난감한 지경에 이르기도 했다.

게다가 서툰 솜씨로 연극을 한답시고 시나리오 작업에 연출까지 맡아 밤늦도록 여러 날 회원들과 부대꼈는가 하면, 문집 발간비를 마련하느라고 대보름날 꼭두새벽에 복조리를 짊어지고 골목길을 누비면서 "복조리 사려!"를 외치기도 했다. 어느 해 가을 축제 때는 수업이 없는 틈을 타서 3박 4일 지리산 종주에 도전했다. 벗들과 화엄사에서 출발하여 노고단과 임걸령, 연하천과 세석평전을 거쳐 마침내 천왕봉에 올라섰을 때의 감격은 지금도 어제 일처럼 생생하다.

어리석고 우스꽝스러운 일도 많았다. 동아리 수련회로 홍도에 가서 물놀이를 하다가 수영 미숙으로 바닷물을 잔뜩 마시고 반쯤 죽었다가 살아난 일도 있고, 친구 따라 강남 간다고 기독교 신자도 아니면서 교회 수양회에 따라갔다가 주님의 벌을 받았는지 첫날 밤 자고 나서 고개가 한쪽으로 꺾이는 바람에 심각하게 고민이라도 하는 듯 갸우뚱한 자세로 닷새를 견딘 일도 있다. 그런가 하면 두 눈을 가릴 정도로 머리를 기르고 다니다가 경찰의 장발 단속에 걸려 가위질도 당했고, 크리스마스 전날 밤 친구와 셋이서 충장로에 여자사냥을 나갔다가 번번이 퇴짜를 맞고 애꿎은 막걸리에 분풀이하다가 정신을 놓아버린 일도 있다.

궁색할 때도 적지 않았다. 자취생활에 반찬이 떨어져 간장에 밥을 비벼 먹기도 했고, 연탄불을 제 때에 갈지 못해 한겨울 냉방에서 이불을 머리까지 둘러쓰고 새우잠을 청하기도 했으며, 빈 주머니에 시내버스도 못 타고 산수동에서 광천동까지 걸어서 왕복한 적도 있다.

선생님의 회초리가 종아리에 닿는 그 순간은 고통이지만 세월이 지나면 재미난 추억의 꽃으로 피어나듯이 내 청춘 시절의 좌충우돌과 간난신고도 이제는 아련한 그리움으로 채색되는 듯싶다. 어쩌면 그 자잘했던 일들이 지금의 나를 만들고 이끌어준 견인차가 아니었나 싶기도 하다. 젊어서 고생은 탕약처럼 쓰지만 그래도 몸에는 두고두고 보약이 되는 것이다. 그렇게 학창 시절을 보낸 끝에 교직에 나아가 평생 밥벌이하며 살았으니 그 첫 단추를 끼워준 대학은 내게 아주 고마운 존재가 아닐 수 없다.

그 무렵 어느 5월 체육대회 날이었다. 확성기를 통해 운동장에 울려 퍼지던 흥겨운 노래가 있었다.

Such a feeling's coming over me

바로 이런 느낌이야

There is wonder in most everything I see

눈에 띄는 모든 게 신비로워

Not a cloud in the sky

하늘에 구름 한 점 없고

Got the sun in my eyes

눈동자에 태양이 비치고

And I won't be surprised if it's a dream

꿈이라도 놀랍지 않아

Everything I want the world to be

내가 원했던 모든 것이

is now coming true especially for me

지금 현실이 되고 있네

And the reason is clear

그 이유는 분명하지

It's because you are here

바로 네가 여기 있기 때문이지

You're the nearest thing to heaven that I've seen

누구보다 하늘에 가까운 그대

I'm on the top of the world

나는 세상의 꼭대기에 올라

looking down on creation

온세상을 내려다보네

And the only explanation I can find

내가 할 수 있는 유일한 말은

is the love that I've found

내가 찾아낸 사랑

Ever since you've been around

그대 있음에

Your love's put me

그대의 사랑이 나를

at the top of the world

이 세상 꼭대기에 올려놓는다네

사랑하는 이를 만난 기쁨을 세상 꼭대기에 오른 기분으로 표현한 노래였다. 카펜터스(Carpenters)의 그 노랫말처럼 나는 세상의 꼭대기에 오른 듯한 기분으로 그 시절을 보냈다. 목마른 계절이었지만 그래도 신록처럼 푸르고 참새처럼 즐겁던 스무 살 청춘의 한때, 바로 내 인생의 봄날이었다.

복조리 사려

옛날에 복조리를 사서 집안에다 걸어놓는 풍습이 있었다. 정월 초하룻날이나 대보름날 대나무 조리를 사서 대청마루나 안방의 벽에 걸어놓고 복이 들어오기를 기원했다. 조리는 쌀에 섞인 이물질을 걸러내는 도구이므로 그것을 걸어놓음으로써 집안에 침노하는 나쁜 기운은 걸러내고 좋은 기운만 거두어들이려는 뜻이었다. 그래서 정월에 파는 조리를 특별히 복조리라 불렀다.

조리는 옛 부엌의 필수품이었다. 여인네가 쌀을 씻을 때 이 조리를 물에 넣고 살랑살랑 물살을 일으키면 그에 따라 돌과 같은 이물질은 바닥에 가라앉고 가벼운 쌀알은 물에 뜨기 때문에 그것만 조리로 건져내는 것이다. 나도 자취생 시절 조리를 사용하여 밥을 지었다. 오랜 자취경력 덕분에 지금도 조리를 잡으면 능숙하게 쌀을 일어낼 수 있다.

내가 복조리 이야기를 꺼내는 까닭은 옛날에 내가 이것을 팔아본 적이 있기 때문이다.

대학교 2학년 시절이었다. 그때 내가 속한 독서동아리에서 회원들의 글을 모아 문집을 내려고 하였다. 그런데 문제가 출판경비 조달이었다. 출판비가 아무 데서도 나올 데가 없으니 회원들이 나누어 부담해야 할 형편이었다. 그러나 다들 호주머니 사정이 빤한지라 무슨 뾰쪽한 방법이 없을까 궁리하고 있는데, 어느 회원이 의견을 냈다. 자기 친척 하나가 담양에서 죽세공에 종사하며 복조리를 엮는 일을 하는데, 그 복조리를 도매로 떼어다 대보름날 팔면 어떻겠냐는 것이었다.

난데없는 이야기에 처음에는 다들 어리둥절했다. 더욱이 복조리 장사는 몇 가지 조건이 따른다고 하였다. 우선 아무 때나 파는 것이 아니라 정월 대보름날 팔아야 하고, 그것도 대낮이 아니라 새벽에 팔아야 하며, 한곳에 쌓아놓고 파는 것이 아니고 등에 짊어지고 주택가를 돌아다니며 팔아야 하며, 더욱이 "복조리 사려!"를 외쳐대야 한다는 것이었다.

회원들 모두가 한 번도 안 해본 일이어서 망설이기만 하고 선뜻 대답이 나오지 않았다. 그러나 출판비만 마련할 수 있다면 무슨 일인들 못 하겠느냐는 생각으로 한번 도전해보자는 쪽으로 의견이 모였다. 우선 안전을 고려하여 여성회원들은 제외하였는데, 그러고 나니 남자회원들이 고작 열 명 정도밖에 되지 않아 어느 한 사람도 빠질 수가 없게 되었다. 다만 혼자 다니면 적적하니까 두 명씩 짝을 지어 다니자고 하였다. 그리고 어느 한 군데로 몰려다니면 안 되니까 조별로 장소를 나누기로 하였다. 대개 자기가 사는 동네와 가까운 지역으로 정해졌다.

나는 산수동과 동명동과 서석동 일대를 맡게 되었다. 과연 복조리를 얼마나 팔 수 있을지 의문이었으나 새로운 경험인 만큼 재미가 있을 것 같기도 하였다. 그렇게 하여 대보름 전날 담양에서 실어온 복조리 무더기에서 제각기 백여 개씩 받아서 집으로 가져왔다. 복조리는 낱개가 아니라 두 개씩 한 쌍으로 묶여 있었다.

이윽고 정월 대보름날이 되었다. 새벽 네 시에 일어나 복조리를 짊어지고 집을 나섰다. 그리고 이웃에 사는 선배와 만나 할당된 동네로 갔다. 새벽 공기가 싸늘했으나 복조리를 많이 팔아야 한다는 생각에 추위도 느껴지지 않았다. 혹시 누구 아는 사람과 마주치면 어쩌나 싶기도 했는데 다행히 행인은 별로 없었다. 복조리는 부피만 컸지 무게는 그리 나가지 않아서 짊어지고 다닐 만했다.

우리는 주택이 밀집한 골목에 들어섰다. 넓은 길에는 가로등이 있었으나 골목 안은 깜깜했다. 인적이 없는 골목에 우리 두 사람의 발걸음 소리만 들렸고, 이따금 컹컹하고 개 짖는 소리만 정적을 깨곤 했다. 이제 "복조리 사려!"를 외쳐야 할 시점이다. 그런데 웬일인가! "복조리 사려!"라는 소리가 입에서 나오지 않는 것이었다. 예상치 못한 상황이었다. 한밤중에 골목에서 들리곤 하던 "찹쌀떡 사려!"와 같이 구성진 목소리가 나와야 하는데, 그게 되지 않았다. 당황스러운 순간이었다. 선배도 마찬가지인지 시종 머뭇거리기만 했다. 야단났다! 이렇게 입을 다물고만 다니면 백날 골목을 누벼봐야 소용없는 일이 아닌가.

이윽고 선배가 입을 열었다. "복조리 사려!" 그러나 목소리가 크게 나오지 않았다. 나도 용기를 내어 소리를 질렀다. 나 역시 마찬가지였다. 그렇게 몇 차례 서투른 연습을 거듭하고 나서야 겨우 골목을 울릴 만한 소리를 낼 수 있었다. 마침내 첫 손님이 나타났다.

"여보시오! 복조리!"

소리나는 쪽으로 고개를 돌려보니 우리가 지나쳐온 집 대문에서 한 아저씨가 얼굴을 내밀고 있었다.

"여기 복조리 하나 주시오."

아이고 반가워라! 우리는 얼른 달려가서 복조리를 내놓았다. 아저씨는 고맙게도 두 쌍이나 사주었다. 나는 두 번 세 번 고개를 숙여 아저씨께 감사를 표했다. 복조리를 팔고 나니 용기가 좀 생겼다. 그래서 좀 더 크게 "복조리 사려!"를 외치기 시작했다.

이윽고 선배와 나는 서로 떨어져 다니기로 했다. 함께 다니는 것보다 홀로 다니며 파는 것이 유리하겠다는 생각이 든 것이다. 나는 부지런히 골목을 쏘다니며 목청을 돋우었다. 불이 켜진 집 앞에서는 더욱 소리를 높였다. 주인이 집에서 나와 나를 부르기까지의 시간을 고려하여 발걸음 속도도 적당히 늦추었다. 복조리가 하나둘씩 팔려나가면서 등짐도 차츰 가벼워졌다.

여섯 시가 지나면서 좀 바빠지기 시작했다. 아직 어둠은 가시지 않았으나 다들 잠을 깨었는지 이 집 저 집에서 나를 불러댔다. 어떤 집은 누구한테 선물로 주겠다며 한꺼번에 다섯 쌍을 사기도 했다. 나는 아주 횡재한 기분이었다. 일곱 시가 되자 날이 부옇게 밝아오기 시작했고, 운동 나가는 사람이며, 새벽차를 타러 가는 사람이며 골목에 행인들이 다니기 시작했다. 나는 마지막 남은 복조리까지 팔기 위해 열심히 다녔으나 여덟 시쯤 되어 날이 완전히 밝자 더 팔리지 않았다. 할 수 없이 여남은 개 팔지 못한 것은 집으로 짊어지고 왔다. 그것은 값을 치르고 사 온 것이라 반품할 수 없는 것이었다. 나는 내 자취방에도 하나 걸어놓고, 주인집에도 하나 선물하고, 나머지는 갖고 있다가 친구들에게 나누어주었다. 복조리 장사 덕분에 난데없는 인심까지 쓰게 되었는데, 다행스럽게 독서회 문집도 무난히 찍어낼 수 있었다.

그런데 요즘은 정월에 복조리를 집에 걸어놓는 풍습이 사라지고 없다. 언제부터인지 대보름날 복조리를 외치는 사람도 찾을 수 없다. 더구나 요즘 부엌에는 조리를 구경할 수가 없다. 아내가 밥 짓는 것을 보면 조리질을 아예 하지 않는다. 정미소에서 쌀을 찧으면서 돌을 가려내버리는지라 조리질할 필요가 없다. 세상이 그만큼 편해지고 살기가 좋아진 셈이다. 그래도 정초에 복조리를 사서 집에 걸어놓는 전래풍습마저 자취를 감춰버렸다는 것은 못내 아쉬운 일이다.

단발머리

지난 2020년은 3월에 학교 문을 열지 못했다.

코로나 감염증 때문이었다. 3월에 초중고등학교와 대학이 모두 문을 닫은 것은 사상 처음 있는 일이었다. 워낙 코로나 확산세가 심하다 보니까 학생 안전을 위해서 정부에서 그리 조치한 것이었다.

나는 그때 누구보다 새내기 대학생들이 안타깝게 생각되었다. 입시 준비에 골몰하던 고교생활을 마치고, 이제 갓 대학생이 되어 청춘의 날개를 펼치며 한껏 자유와 낭만을 만끽해야 할 시기에 학교에 나가지 못하고 황금 같은 세월을 집에 틀어박혀 숨죽이고 지내야 한다니! 코로나로 인해 대학 생활을 도둑맞지 않았나 하는 생각이 들었다. 그것은 마흔 해 전에 내가 겪은 일과 닮아서 더욱 그랬는지도 모른다.

1980년이었다. 마흔 해 전 그때 나는 대학 4학년이었다.

3월 개학을 하고 신입생 환영회가 있었다.

재학생과 신입생이 한자리에 모여 맥주잔을 부딪치며 "위하여!"를 외치고 장기자랑을 하면서 선후배 간에 얼굴을 익히는 자리였다. 나는 그때 군 복무를 마치고 갓 복학한 터였다. 같은 4학년이라도 나와는 3년이나 차이가 나는 새까만 후배들인 데다가 아래 학년들도 모두 낯선 얼굴이어서 자리가 별로 탐탁지 않았다. 어린 녀석들 노는 것도 유치해 보이고 해서 적당히 눈치 봐서 자리를 뜰 생각을 하고 있었다.

그때 한 여학생이 곁으로 다가왔다.

"선생님!"

고개를 까딱 숙이는데 낯선 얼굴이었다. 그는 빤히 내 눈을 쳐다보며 초롱초롱한 눈망울을 반짝였다.

"누구시더라?"

단발머리에 스웨터와 청바지 차림의 그는 아무리 봐도 눈에 익은 얼굴이 아니었다. 더구나 나는 누구한테 선생님으로 불릴 신분이 아니지 않은가.

여학생은 여전히 웃음기를 띠며 말했다.

"저 경주예요. 오경주, 불국사요! "

아, 불국사! 그제야 비로소 반짝 떠오르는 것이 있었다. 몇 년 전 어느 중학생에게 그런 별명을 붙인 일이 있었다.

"아니, 네가 어떻게 여기에?"

너무도 뜻밖이라 나는 입이 딱 벌어졌다.

"선생님은 하나도 안 변했군요. 아까 저기서 딱 보고 알아봤어요."

경주가 활짝 웃었다. 옛날 단발머리의 인상이 확연히 떠올랐다. 나는 손을 내밀고 악수를 청했다.

"여기서 보다니 반갑구나. 올해 입학한 거야?"

"아니요, 작년에 입학했어요. 이제 2학년이죠."

나는 놀란 마음이 얼른 진정되지 않았다. 그 풋내기 중학생이 언제 이렇게 성숙한 아가씨가 되었단 말인가!

"제가 작년에 얼마나 선생님을 찾았는지 아세요? 아무리 찾아봐도 안 보이길래 졸업하신 줄로만 알았어요."

"응, 작년이면 한창 군복무 중이었지. 이번에 4학년에 복학했어."

"그러니까 3학년을 마치고 군대에 가셨군요."

그는 이제 알겠다는 듯이 고개를 끄덕였다.

"그런데 어찌 된 거야? 어떻게 여기로 올 생각을 했어?"

나로서는 가장 궁금한 사항이었다. 경주가 같은 대학 같은 학과의 후배가 될 줄은 꿈에도 몰랐다.

"그야 선생님 말씀대로 한 거죠. 선생님이 저한테 사범대학 국어교육과로 진학하라고 하셨잖아요."

난데없는 답변이었다.

"그래? 내가 그런 말을 했었나? 별로 기억이 없는데?"

"아이참! 선생님이 안 그랬으면 제가 어떻게 이리로 왔겠어요?"

"내가 그랬던가?"

나는 고개를 갸우뚱하며 몇 년 전의 여름을 떠올려보았다.

대학 2학년 때였다. 여름방학을 맞아 우리 독서동아리에서 농촌 봉사활동을 갔다. 산골이지만 제법 큰 마을에 일주일간 머물며 농촌 일손 돕기를 했다. 말이 봉사활동이고 농촌 일손 돕기지 고작 하는 일이라고는 골목길 청소와 우물 소독, 도로변 잡초 제거, 쓰레기 모아서 태우기 따위에 지나지 않았다. 저녁에는 학생들을 마을회관에 모아놓고 수업도 몇 시간씩 했다. 학생들은 남녀 합해서 열댓 명쯤 되었다.

첫 시간에 내 소개를 하며 사범대학에 다닌다고 했더니, 한 학생이 대뜸 손을 들었다.

"선생님! 사범대학이 뭐예요?"

눈망울이 초롱초롱한 단발머리 여학생이었다.

"네, 좋은 질문이에요. 사범대학은 장차 선생님이 될 사람을 양성하는 대학이랍니다."

나는 그 친구가 기특해서 이름을 물어보았다.

그 애가 바로 중학교 3학년생 경주였다. 나는 장난기가 발동하여 그를 '불국사'라고 불렀다.

"우리 불국사 친구도 나중에 사범대학에 간다면 선생님이 될 수 있겠지요?"

그런데 몇 해가 지나서 그때의 단발머리 학생을 같은 대학, 같은 학과에서 만날 줄을 어찌 알았으랴! 아무리 생각해도 뜻밖의 일이었다. 이렇게 진로를 선택한 그 마음의 밑바닥에는 어떤 생각이 깔려 있었을까?

신입생 환영회가 있고 나서 며칠 뒤, 경주를 찻집에서 다시 만났다. 내가 한 달간의 교육실습을 앞둔 시점이었다.

"불국사, 요즘 학교생활이 어때? 지낼만해?"

"아유 선생님, 불국사가 뭐예요. 이제는 제 이름을 불러주세요."

경주가 눈을 흘겼다.

"나는 불국사가 좋은걸."

"경주에는 불국사만 있나요? 첨성대도 있고 석굴암도 있고, 안압지도 있는데, 왜 하필 불국사에요?"

"불국사가 경주의 대표적인 관광지잖아? 불국사 하면 경주, 경주 하면 불국사!"

"선생님, 이제 그런 별명은 싫어요. 전 불교 신자도 아니거든요. 그냥 '경주야!' 하고 불러주세요."

응석을 부리듯 고개를 흔들자 그의 단발머리도 살랑살랑 물결을 탔다.

"좋아. 그렇게 하기로 하지. 그럼 경주도 나를 선생님이라고 부르지 않았으면 좋겠는걸?"

나 역시 솔직한 심정이었다.

"어차피 졸업하면 학교 선생님이 되실 건데, 선생님이 어때서요?"

"그건 내년 일이고, 아직 나는 학생이잖아. 선생님이라고 부르니까 거리감이 느껴져서 그래."

그것은 정말이었다. 지난번 만났을 때부터 나는 선생님 호칭이 부담스러웠다.

"그럼 뭐라고 부르죠? 선배님? 아니면 오빠?"

경주는 눈망울을 반짝이며 나를 쳐다보았다.

나도 막상 적당한 호칭이 떠오르지 않았다. 선배님은 아무래도 딱딱한 것 같고, 오빠는 좀 간지러운 느낌이 들었다.

"글쎄, 뭐가 좋을까. 그냥 경주가 편할 대로 불러!"

"알았어요. 오늘까지는 선생님이라고 부르고, 다음부터는 달리 부를게요."

나는 고개를 끄덕였다.

"그런데 선생님, 한 가지 궁금한 게 있는데, 여쭤봐도 돼요?"

경주가 빤히 나를 쳐다보았다. 그의 눈망울이 더욱 또록또록해졌다.

"뭔데?"

"선생님 혹시 여자친구 있어요?"

뜻밖의 질문에 내심 당혹스러웠다.

"여자친구? 엊그제 군대 제대했는데, 무슨!"

그것은 사실이었다. 나에게 여자친구가 있었다면 얼룩무늬 예비군복을 입고 군문을 나와서 고향에 돌아올 때 그토록 적막하지 않았을 것이다.

"예전부터 사귀던 분은 없었나요?"

"그랬으면 내 군대 생활이 좀 덜 외로웠겠지. 그런데 왜 그걸 묻지?"

"아니, 혹 제가 방해가 되지 않나 싶어서요."

"생각해주는 것은 고마운데, 그런 걱정일랑은 붙들어매두어도 되겠는걸?"

경주는 함빡 웃음을 띠며 말했다.

"그럼 잘됐네요. 제가 선생님 졸업할 때까지 올 일 년 동안 친구해드릴게요. 어때요? 괜찮지요?"

이거야말로 예상하지 못했던 당돌한 제안이었다. 중학생 때 사범대학이 무엇이냐고 물었던 것도 이런 당돌함 때문이었을까.

"나야 땡큐지. 그렇지만 학생이 공부해야지 누구 만나러 다닐 만큼 여유가 있을까?"

나는 짐짓 능치며 그의 눈치를 살폈다.

"아유, 그런 걱정 마세요. 주중에는 아르바이트 땜에 좀 바쁘지만 주말에는 얼마든지 시간을 낼 수 있어요."

"그런데 난 다음 달부터 교육실습을 나가거든? 고향의 중학교에 내려가서 실습할 거니까 아무래도 한 달 동안은 만나기 힘들겠는걸."

"만나자마자 또 이별이군요."

경주가 아쉬운 표정을 지으며 덧붙였다.

"선생님, 그럼 고향 내려가시기 전에 한 번 더 만나요."

"그래, 만나서 식사나 한번 하자꾸나."

우리는 악수를 하고 헤어졌다. 경주의 부드러운 손의 감촉이 오래 여운으로 남았다.

그런데 나는 그 약속을 지키지 못하고 말았다. 고향 어머니로부터 연락을 받았는데, 아버지가 건강이 급격히 나빠졌다는 것이었다. 나는 가슴이 철렁해서 부랴부랴 시골로 내려갔다. 예정보다 앞당겨 내려가다 보니 경주와 만날 겨를도 없었고 소식도 전하지 못했다.

그렇게 고향에 가서 교육실습에 임하고 있는데, 어느 날 또 하나의 놀라운 소식이 들려왔다. 광주 시민들이 난데없이 궐기했다는 뒤숭숭한 소식이었다. 급기야 광주가 봉쇄되어 교통편이 끊긴 가운데 공수대원이 투입되어 시위대를 진압했고, 그 와중에 숱한 희생자가 발생했다는 소문들이 쉬쉬하며 퍼졌다. 한 달간의 실습이 끝나고 학교로 복귀하려는데, 전국 대학에 휴교령이 내려졌다. 앞날을 기약할 수 없는 무기한 휴교였다. 나는 고향에 그대로 머물러 있을 수밖에 없었다.

그때 집에서 아버지는 암 투병 중이었다. 나는 아버지를 모시고 병원에 다니면서 나날을 보냈다. 석 달 후 아버지는 쇠약해진 나머지 끝내 돌아가셨고, 쓸쓸히 장례를 치렀다. 그렇게 고향에서 지내다 보니 학교와는 사뭇 멀어졌다. 경주와도 연락할 방도가 없었다.

연말이 되어서야 휴교령이 풀렸다. 오랜만에 들어선 교정은 앙상한 나뭇가지가 찬바람에 흔들리며 몹시 을씨년스러웠다. 잔뜩 웅크린 학생들 얼굴에는 웃음기를 찾아볼 수 없었다. 얼렁뚱땅 졸업시험만 치르고 한 학년을 마무리했다. 그렇게 나의 대학 생활 마지막 한 해가 허망하게 날아갔다. 마지막 대학 생활을 송두리째 도둑맞은 느낌이었다. 경주는 어디에 있는지 만나지 못했다. 이듬해 3월 나는 교사 발령을 받아 학교로 나아갔다.

그 무렵 한창 방송을 타던 노래가 있었다.

그 언젠가 나를 위해 꽃다발을 전해주던 그 소녀
비에 젖은 풀잎처럼 단발머리 곱게 빗은 그 소녀
반짝이던 눈망울이 내 마음에 되살아나네
내 마음 외로워질 때면 그날을 생각하고
그날이 그리워질 때면 꿈길을 헤매는데….

5월 광주의 비극이 아니었으면 경주와 그렇게 소식이 끊어졌을까. 1980년 한 해는 나에게 온통 잿빛이었다. 벅찬 가슴으로 출발했던 나의 대학 졸업반 시절은 한 달간의 교육실습과 아버지의 장례식 말고는 지금 아무것도 기억나는 게 없다. 나는 대학생활을 4년이 아닌 3년으로 마감한 셈이다.

코로나로 모든 학교가 문을 닫는 것을 보며 마흔 해가 지난 나의 암울했던 한때를 되돌아보았다. 아쉬웠던 그 시절을 생각할 때마다 "그 소녀 데려간 세월이 미워라."라는 조용필의 노랫말이 내 가슴을 때린다.

거북이 날다

내가 살아오면서 몇 차례 어깨가 으쓱했던 순간이 있었다. 어렸을 때 집에 왔던 손님이 깜빡하고 우산을 두고 갔다. 아버지가 뒤늦게 우산을 발견하고 나더러 빨리 쫓아가서 전해드리라고 했다. 나는 우산을 들고 한참 달려간 끝에 손님을 만나 우산을 전해드렸다. 그러자 손님이 고맙다면서 지갑에서 동전 한 닢을 꺼내주었다. 그게 얼마짜리였는지는 모르겠는데, 나로서는 처음 받아보는 돈이었다. 남을 위해 좋은 일을 하고 대가를 받았다는 것이 그리 가슴 뿌듯할 수가 없었다. 나는 황홀감을 느끼며 하늘을 날 듯한 기분으로 집으로 달려왔다. 여섯 살 때의 일이다.

교직에 있을 때도 그렇게 가슴 뿌듯한 일들이 있었는데, 그 하나를 소개해보고자 한다.

첫 발령지에서 있었던 일이다.

그때 나는 행동이 느리다는 소리를 듣고 있었다. 젊은 친구가 빠릿빠릿한 면이 있어야 하는데 너무 여유만만하다 보니 선배 교직원들이 나를 느림보 거북이로 봤던 모양이었다. 그 진원지는 아무래도 그때 교장선생님이었을 것 같다.

어느 날 오후 청소시간이었는데 현관에서 교장선생님과 마주쳤다. 교장선생님과 잠깐 무슨 이야기를 나누고 있는데, 운동장 구석지에 있는 쓰레기장에서 파란 연기가 모락모락 피어올랐다. “저게 무슨 연긴가?” 교장선생님이 놀란 표정으로 물었다. “애들이 뭘 좀 태우는 모양입니다.” 나는 대수롭지 않게 대답했다. 학생들 몇이 둘러서 있는 것이 별로 위험스러워 보이지 않았다. 더욱이 녹음이 짙은 여름철인지라 불이 다른 데로 옮겨붙을 염려도 없을 것 같았다. 내가 눈치도 없이 꼼짝하지 않고 있으니 교장선생님이 답답했던 모양이었다. “어이, 애들만 있는데 빨리 한번 가 보소.” 그제야 아차 싶어서 실내화를 구두로 바꿔 신고 쓰레기장으로 달려갔다. 교장선생님이 내 뒷모습을 보며 혀를 끌끌 찼을 것이다.

그 학교는 내가 부임하기 전 겨울방학 때 큰 화재가 있었다. 나란히 있던 중학교 교사가 불에 타버리고 그로 인해 교장선생님이 바뀐 상태였다. 불난 학교에 부임한 교장으로서 화재라면 부쩍 신경이 날카로웠을 터인데, 나는 그 속도 모르고 심드렁했던 것이다.

며칠 뒤 교무주임이 슬쩍 나에게 귀띔해주었다. “교장선생님이 자네더러 너무 ‘슬로 모션’이라고 하대.” 나는 얼굴이 뜨거워졌다. 이런 굴욕이 있나! 나는 느긋한 성격이긴 해도 스스로 행동이 느리다고 생각해본 적은 없었다. 평소 "군자는 말은 느려도 행동은 빠르고자 한다(君子欲訥於言 而敏於行)."라는 공자님의 말을 행동지침으로 삼고 있어서 평상시에는 느릴지라도 위급한 상황에서는 나도 누구 못지않게 빨리 움직일 수 있었다. 늘 바삐 뛰어다녀야 하는 군대에서도 남에게 뒤져서 욕을 본 일은 없었다.

그날 나는 교무주임에게 아무런 변명도 하지 않았다. 내심 교장선생님이 아직 나를 잘 모르시는구나 하면서도 구차스럽게 나를 옹호하거나 드러내려고 하지 않았다. 그저 시간이 흐르다 보면 나를 알아줄 때가 있겠지 하는 막연한 생각뿐이었다.

그런데 그 기회는 오래지 않아서 예상하지 못한 곳에서 왔다.

이듬해 봄 교육자대회가 열렸다. 5월 스승의 날에 즈음하여 관내 초중고등학교 교직원들이 모두 모여 체육행사를 하는 날이었다. 이때는 학교 대항 배구경기가 가장 큰 볼거리였다. 학교별로 일대일로 시합하여 패자는 탈락하고 승자들끼리 다시 붙어 최종 결승에 이르는 토너먼트 방식이었는데, 우승학교에는 우승컵과 상금이 수여되는 까닭에 경기는 물론이고 응원전도 아주 치열하였다.

그런데 얼핏 생각하면 체육교사가 있는 중고등학교가 경기에 유리할 것 같은데, 결과는 그게 아니었다. 선수 한두 명이 잘한다고 해서 배구경기를 이길 수가 없었다. 매번 최종우승자는 초등학교였다. 그들은 특출한 선수는 없어도 수비가 아주 강했다. 평소에 얼마나 훈련을 많이 했는지 몰라도 우리 공격자가 때리는 공을 거뜬히 받아내는 것이었다. 그리고 초등학교 교사들은 실수가 없었다. 우리 쪽은 서브한 공이 그물에 걸리거나 아니면 금 밖으로 나가버리는 경우가 종종 있었으나 그들은 그런 부분도 거의 완벽하다시피 했다. 평소 훈련도 많이 하지 않고 체육교사 하나에만 의존하여 뭔가 해보려던 우리 학교는 초반에 탈락하여 코가 한 발이나 빠졌다. 이제는 남의 학교 경기들이나 팔짱끼고 바라보다가 끝날 무렵에 경품권 추첨이나 기다릴 수밖에 없는 형편이었다.

그런데 그날은 특이하게도 배구경기 말고 달리기경기가 또 있었다. 대회 본부에 다녀온 체육주임이 4백 미터 계주에 나가야 한다며 선수를 뽑는데, 느닷없이 나를 지명하는 것이 아닌가. 초등학생 때부터 대학생 때까지 학창시절을 통틀어 단 한 번도 육상 경기에 나서본 적이 없는 내가 교사가 되어서 학교 대표 선수가 된다니 우스운 생각이 들었다. 더욱이 체육주임은 "장선생, 자네가 제일 젊으니까 첫 번째로 주자로 뛰게." 하는 것이었다. 내가 달리는 것을 한 번도 본 적이 없는 분이 뭘 믿고 그러는지 알 수 없었다. 그러나 못하겠다고 발뺌할 수도 없고 고개를 끄덕이고 말았다. 기왕 선수로 뽑혔으니 힘껏 뛰어보자는 생각이었으나 내심 부담스럽기 짝이 없었다. 체육주임은 우리 넷을 운동장 한쪽으로 데리고 가서 배턴 주고받는 요령을 몇 차례 연습시켰다.

드디어 경기가 시작되었다.

일고여덟 명의 선수가 출발선에 나란히 섰다. 나는 중간쯤에

섰다. 좌우를 살펴보니 다들 젊은 축에 드는 얼굴이었고 손에 배턴을 추켜든 모습이 승부욕이 넘치고 있었다. 키들은 대부분 작달막했다. 원래 키가 작은 사람들이 몸놀림이 날쌘지라 첫 주자로 제격인데 왜 우리 체육주임은 나를 여기에 내세웠을까 하는 의구심이 얼핏 떠올랐다. 그렇지만 다른 생각할 겨를이 없었다. 오른손에 배턴을 부여잡고 심판이 쳐들고 있는 신호총만 쳐다보았다.

"탕!"

마침내 총소리가 울렸다. 나는 힘껏 땅을 차며 앞으로 내달렸다. 좌우에서도 후다닥 뛰는 소리가 요란했다. 나는 옆을 곁눈질할 겨를도 없이 오직 앞만 보고 열심히 두 팔과 두 다리를 놀렸다. 그런데 절반 가까이 뛰었을까. 이게 웬일인가! 놀랍게도 내 앞에 달리는 사람이 아무도 없지 않은가. 내가 맨 앞으로 나섰다는 느낌이 들었다. 야, 일등이다! 기분이 째지는 순간이었다. 나는 죽어라 힘내어 달렸다. 그리고 다음 주자인 공 선생에게 안전하게 배턴을 넘겨주었다.

우리 학교가 한번 선두에 나서니 두 번째 주자나 세 번째 주자나 거침이 없었다. 앞서거니 뒤서거니 옥신각신하는 2등짜리와 3등짜리를 여유 있게 따돌리고 마지막 주자인 김 선생에게까지 배턴이 이상없이 전달되었다. 김 선생도 원래 운동을 좀 하는 친구라 진돗개처럼 잘 달렸다. 그런데 저만치 뒤떨어졌던 2등 주자가 만만치 않았다. 배턴을 받자마자 무섭게 질주하기 시작하는데, 당시 이름을 날리던 미국 육상선수 칼 루이스를 방불케 하는 속력이었다. 우리 김 선생과의 거리가 금세 좁아지면서 자칫 하면 따라잡힐 것 같았다. 큰일 났다! 가슴이 조마조마해지는 순간이었다. 그러나 처음에 벌어졌던 거리를 만회하기에는 남은 거리가 너무 짧았다. 마침내 우리 김 선생의 발이 아슬아슬하게 칼 루이스보다 한두 발 앞서서 결승선을 밟았다. 만세! 우리가 이겼다!

그날 우리 학교는 그야말로 난리가 났다. 뜻밖의 달리기 우승! 그런 이변이 없었다. 배구경기 탈락의 아쉬움이 말끔히 씻어지는 감격의 순간이었다. 우리 학교 선생님들이 환호성을 지르며 우루루 달려왔다. 우리 네 명의 주자는 완전 영웅이 되었다. 그중에서도 첫 번째 주자인 내가 제일 박수를 많이 받았다. "야, 장 선생이 그리 달리기를 잘하는 줄 몰랐네?" "육상은 확실히 다리가 긴 사람이 유리하지. 남들 두 발 뗄 때 한 발만 떼면 되잖아?" 다들 감탄스러운 눈으로 한마디씩 했다.

누구보다 체육주임이 입이 함박만 하게 벌어져 다물어지지 않았다. "수고했네! 자네가 스타트를 잘해준 덕분에 우리가 일등을 했네." 그는 연신 내 등을 두드려대며 대견해 했다. 내가 업어 달라고 하면 업어주기라도 할 태세였다. 그이도 다른 선생님들한테 칭찬을 들었다. "역시 전문가는 달라. 우리 체육주임이 보는 눈이 있어." 나를 첫 번째 주자로 내세운 것에 대한 치하였다. 교장선생님도 흐뭇한 얼굴로 내 손을 꼭 잡아주었다. 그리고 저녁 회식 때는 나를 가까이 오라고 하여 술도 따라주었다. "교장 선생님, 오늘 제가 뛰는 것 보셨죠? 그래도 제가 '슬로 모션'입니까?" 나는 내심 그렇게 묻고 있었다. 나는 못 마시는 술이지만 그날만큼은 여기저기서 건네는 술을 실컷 받아 마셨다.

그날 우리가 의기양양하게 받아온 우승컵은 바로 진열장으로 들어가지 않고 오랫동안 교무실 한가운데 자랑스럽게 놓여 있었다. 학생들이 교무실에 와서 쳐다보고는 눈이 휘둥그레졌다. 선생님들은 수업시간에 달리기대회 무용담을 자랑삼아 얘기했다. "선생님이 달리기에서 일등 나셨다면서요?" 수업에 들어갈 때마다 애들이 박수갈채를 보내주었다. 교무실에 놓여 황금빛으로 번쩍이는 우승컵 덕분에 나에게 드리워졌던 느림보 거북이 인상은 차츰 희미해지고 있었다.

첫 원고료

나는 평소 글을 쓸 때 원고료 같은 것은 생각하지 않는다. 처음 창작을 시작할 때부터 지금까지 줄곧 같은 마음가짐이다. 그것은 내 형편이 넉넉해서가 아니라 글 쓰는 사람들 동네의 사정을 잘 알기 때문이다. 월간지나 계간지를 내는 잡지사가 여럿이지만 하나같이 허리띠를 졸라매는 처지라 작가에게 원고료까지 챙겨줄 여력이 없는 것이다.

전업작가라면 마땅히 생계수단으로 원고료를 염두에 두겠으나 직장을 가진 나로서는 굳이 거기에 목매달 필요가 없었다. 물론 원고료를 준다면 사양하지는 않겠지만 잡지사 사정을 빤히 아는 터라 푼돈 따위에 신경 쓸 것 없이 마음 편히 글을 쓰자는 것이 나의 생각이었다.

이런 내가 뜻밖의 원고료를 받은 일이 있다.

전혀 기대하지 않고 글을 썼는데 답례를 받은 것이었다.

좀 오래된 일인데, 우리 지역의 수필가 한 분이 작고했을 때였다.

수필문학회 회장님이 고인의 추모특집을 마련한다면서 나더러 그분 작품론을 한번 써보라고 했다. 내게 일이 떨어진 것은 다른 까닭이 아니라 고인이 살던 곳이 내가 사는 순천이었기 때문이다. 나는 그분과 개인적 친분은 없었고 단지 문인 행사장에서 두어 차례 뵌 적이 있을 뿐이었기에 글을 쓴다는 것이 썩 내키지는 않았으나 같은 지역에 사는 처지라 사양할 수도 없는 형편이었다.

일단 글을 쓰기 위해서는 그분의 저서가 필요하였다.

어느 날 주소를 물어 댁을 찾아갔더니 사모님이 집을 지키고 계셨다. 돌아가신 경위며 평소 생활 태도와 즐겨 하시던 일, 가족관계 등 궁금한 점 몇 가지를 묻고 그분의 책을 얻어왔다. 사모님은 책이 가득한 그분의 서재를 살아계실 때와 다름없이 고이 보존해놓고 있었다.

그분이 쓴 책은 수필집과 해외 여행기, 소설집 등 모두 세 권이었다. 늦깎이로 문단에 나왔기 때문에 많은 분량은 아니었다. 나는 그것을 모두 읽고 작품세계를 정리했다. 한 작가의 생애와 작품의 특성을 오롯이 담아내자는 생각으로 나름대로 정성을 기울였다.

마침내 글이 완성되었고, 얼마 뒤에 글이 실린 책이 나와서 그분 댁으로 한 권을 부쳐드렸다. 고인에 관해 쓴 글이니 혹 읽지는 않더라도 기념으로 간직하시라는 뜻이었다. 그리고는 그분에 관해서 까마득히 잊어버렸다. 나는 대개 끝난 일은 염두에 두지 않는 편이다. 추후 다시 이어질 일이라면 몰라도 일단 마무리

된 일은 구태여 머릿속에 저장해둘 필요가 없지 않은가. 그래서 컴퓨터에 불필요한 자료를 지우듯이 일단락된 일은 훌훌 털어버리는 것이다. 그분의 작품론을 쓴 일도 마찬가지였다.

그로부터 몇 달이 지나 가을이 되었다.

은행잎이 노랗게 물드는 어느 날 전화가 왔는데, 작가의 아드님이라고 하면서 내가 사는 집 주소를 물었다. 무슨 일이냐고 물으니 잠깐 뵐 일이 있다고 하였다. 주소를 알려주고 대문 밖에 나가 기다리니 이윽고 차가 도착했다. 아드님은 고인과 인상이 많이 닮아 있었다. 작가의 사모님도 함께 왔다.

"저희 아버지에 관해 좋은 글 써주셔서 감사합니다. 몇 번이나 찡한 마음으로 읽었습니다. 진작 찾아뵙고 인사를 드리려고 했는데 차일피일하다가 이렇게 늦었습니다."

그리고 차의 트렁크를 열더니 노란색 쌀포대 하나를 내렸다.

"이것은 저희 논에서 나온 쌀입니다. 제가 직접 농사를 지은 것은 아니지만 저희 논에서 생산된 것이라 가져왔습니다. 이제 막 찧은 것이라 밥맛이 괜찮을 겁니다. 선생님이 저희 아버지를 평해주신 은혜에 비하면 턱없이 부족하지만 조그만 성의로 생각하고 받아주십시오."

그는 쌀포대를 대문간에 내려놓고 다시 차에 올랐다. 들어가서 차나 한 잔 하자고 말했으나 극구 사양하면서 손을 흔들었다.

전혀 생각지 못한 선물이었다.

원고를 쓰면서 누구에게 무엇을 받으리라는 기대는 하지 않았다. 그저 한 선배 문인의 생애를 정리해드리는 것이 내가 할 수 있는 일이라고 생각했을 뿐이었다. 쌀 20킬로그램 한 포대가 금액으로 따지면 얼마나 되겠는가. 그렇지만 글을 써준 일을 고맙게 생각하고 그에 답례하고자 하는 마음이 감동으로 다가왔다. 나는 그것을 원고료로 생각했다. 글을 쓰기 시작한 뒤로 받은 나의 첫 원고료였다.

제5부 줬으면 그만이지

교사의 보람

줬으면 그만이지

편리해진 대중교통

말 한마디의 중요성

내 탓이오

자녀와 좋게 지내는 법

공감의 방식

왕의 유전자를 가진 아이

무너지 교권 서글픈 교단

지하철 반인륜녀

교사의 보람

교사로서 가장 가슴 뿌듯한 순간은 언제일까?

내 경험으로는 졸업한 제자가 "선생님!" 하고 찾아와 넙죽 절할 때가 아닌가 싶다. 장성한 제자가 선생님을 찾는다는 것은 세월이 지나도 잊을 수 없을 만큼 제자에게 뭔가 좋은 영향을 끼쳤기 때문이 아니겠는가. 선생님이 보고 싶어서 다시 찾아올 정도의 제자가 있다면 교사로서 그보다 행복한 일은 없을 것 같다.

예전에 'TV는 사랑을 싣고'라는 프로그램이 있었다. 인기 연예인들이 나와서 학창시절의 선생님을 찾아가는 내용이었는데, 그것을 볼 때마다 부러운 생각이 든 나머지 나 자신을 되돌아보곤 했다. 나는 제자를 어떻게 길렀던가. 그리고 지금 제자를 어떻게 기르고 있는가. 과연 나는 나중에 찾아와줄 제자가 있을까. 저렇게 방송을 통하지 않더라도 그냥 찾아와 주기만 해도 고마운 일이 아니겠는가. 그런데 아무리 생각해도 그렇게 나를 찾아

줄 제자가 있을 것 같지 않았다.

내 선배 가운데 제자를 특별 관리하는 이가 있었다.

수첩에 졸업한 제자들의 연락처를 적어놓고 수시로 연락을 취하며 안부를 주고받곤 했다. 그렇게 하여 제자들에게 당신의 존재를 잊어먹지 않도록 하는 것이었다. 그래야 제자들이 명절 때 과일 한 상자라도 보내주고 동창회 같은 데에도 불러준다고 했다. 의도적으로 제자를 관리하고 있다는 이야기인데, 나로서는 낯간지러운 일이었다. 제자가 먼저 연락해오면 반갑게 응대는 하겠지만 제 살길 바쁜 제자에게 특별한 용건도 없이 전화해서 미주알고주알 얘기를 늘어놓을 염치는 아무리 해도 없었다.

대개 장성한 제자들이 은사를 찾는 것은 학창시절 선생님과 특별한 사연이 있는 경우라고 본다. 자기가 어려운 처지에 놓였을 때 선생님이 신경을 써주었다든지, 소풍이나 수학여행을 갔을 때 선생님과 함께 별다른 일을 겪었다든지, 아니면 선생님의 교육력이 탁월하여 자기에게 큰 감화를 주었거나 선생님 덕분에 자신의 진로가 바뀌었다든지 했을 때 평생 그 선생님을 잊을 수 없을 것이다. 이를테면 영화 〈죽은 시인의 사회〉(1989)에 나오는 키팅 선생님처럼 학생들에게 특별한 영향력을 발휘한 선생님이라면 어찌 학생들이 다시 보고 싶어하지 않겠는가.

그렇지만 나는 그저 평범하게 교실에서 수업만 했지 애들에게 감화 같은 것을 주지 못했다. 또 제자들과 더불어 특별한 일을 경험한 일도 그다지 없었다. 더욱이 교직 생활의 절반 정도는 교육청에서 행정업무를 맡거나 학교 관리자로 재직한 터라 학생들과 교실에서 얼굴을 마주한 시간도 별로 많지 않았다. 이러한 형편에 졸업한 제자들이 찾아줄 것을 언감생심 꿈이라도 꿀 수 있겠는가.

그래서 'TV는 사랑을 싣고'와 같은 것을 볼 때면 늘 마음이 켕기는 것이었다. 교사 시절 아이들을 좀 더 따뜻이 대할 것을! 아이들에게 더 많이 웃어 줄 것을! 너무 성적만을 강조하지 말 것을! 졸업한 뒤에도 계속 관심을 보여줄 것을! 그러나 엎질러진 물인데 이제 한탄한들 무슨 소용이 있겠는가.

내가 여학교에 발령을 받았을 때 한 선배로부터 이런 말을 들었다.

"거기 오래 있을 생각 말고 얼른 나오게. 여학교에 오래 근무해봤자 다 소용이 없네. 제자가 안 생기니까!"

남학생들은 출세해서 스승을 찾아오는데, 여학생들은 재학시절에는 죽고 못 살 것처럼 하다가도 졸업 후에는 언제 그랬냐는 듯이 소식이 딱 끊어버린다는 것이다.

'그 애만은 안 그럴 줄 알았는데….'

결국에는 실망감만 떠안고 만다는 것이었다. 그러니까 여학생들은 아예 정도 주지 말고 기대도 하지 않는 것이 현명하다고 했다. 하지만 나는 이렇게 생각했다. 제각기 사회생활에 바쁘다 보니 선생님을 못 찾는 것뿐이지 설마 마음까지야 그러하겠는가. 설혹 옛 선생을 찾지는 않을지라도 제자들 마음 한구석에 괜찮은 선생님으로 자리 잡고만 있어도 다행스러운 일이 아닐까.

그래서 내 퇴임식 때의 제자들이 그리 고마울 수가 없다.

어떻게 정년에 이른 줄 알고 퇴임식 날짜를 물어오고 기념 수건을 만들어 보내주고 식장에 와서 축사까지 해주었다. 지극히 단조로웠을 퇴임식이 그 친구들 덕분에 빛이 났다. 명색이 교육자로 평생을 살아왔는데 찾아온 제자가 없었다면 얼마나 맥빠졌겠는가. 천만다행으로 그 친구들 덕분에 체면이 섰다. 애들아 고맙다!

요즘은 교직을 성직으로 우러러보지 않는다. 교사는 단순한 직업인일 뿐이다. 시장경제의 논리에 따라 교사를 수요 공급의 차원에서 지식 공급자 정도로만 생각한다. 학생들에게 교직 선호도가 높은 것도 교육에 대한 열정이나 사명감보다는 공무원으로서 정년 보장과 생활의 안정성 때문일 것이다. 이런 환경에서 사제 간에 어떤 특별한 인연을 생각한다는 것은 치기 어린 감상인지도 모르겠다. 그렇지만 나는 아직도 교직은 다른 직종과는 달리 사명감이 있어야 하며, 교사의 보람은 금전적인 보수가 아니라 제자를 기르는 데 있다는 생각을 버리지 못하고 있다.

줬으면 그만이지

교직에 있을 때 한 선배에게 단단히 혼난 적이 있다. 승진 축하 화분을 보냈는데 왜 감사의 답신을 보내지 않느냐고 나무라는 것이었다. 나는 그동안 축하 전보나 화분을 받으면 나름대로 답신을 보내왔기 때문에 어찌 된 일인가 의아스러웠으나 일단 죄송하다고 말씀드렸다.

그리고 집에 돌아와 그때 정리해놓은 화분 목록과 내가 보낸 답신 명단을 찾아보았다. 아니나 다를까 선배의 말대로 내가 화분은 받아놓고 답신을 빠뜨린 것을 알 수 있었다. 결례를 했으니 백 번 꾸지람을 들어도 어쩔 수 없는 일이었다.

그런데 한편으로는 아무리 내가 예의를 차리지 못했기로서니 그렇게 나무랄 일인가 싶은 생각도 슬며시 고개를 들었다. 축하를 보내놓고 그렇게 서운함을 드러내어 상대방에게 죄책감을 심어준다면 애초의 좋은 뜻이 증발해버리지 않나 싶었던 것이다.

나는 그때 어디에선가 읽은 스님의 이야기가 떠올랐다.

한 스님이 눈보라 속에서 험한 산길을 걷고 있었다.

도중에 거지 한 사람을 만났는데, 차림새가 가벼워 곧장 얼어 죽을 듯이 보였다. 그래서 자기 방한복을 벗어 거지에게 입혀주었다. 당신도 추웠으나 거지가 너무 안 되어 보여 자비심을 베푼 것이었다.

그런데 거지가 아무 인사도 없이 그냥 가려고 했다.

스님은 섭섭한 생각이 들어 “여보시오. 고맙다는 인사 한마디는 해야 할 것 아니오?”하고 말했다. 그러자 그 거지가 이렇게 되받는 것이었다.

“줬으면 그만이지. 뭘 되돌려받겠다는 것이오?”

그때 스님은 깨달았다.

‘그렇지! 그냥 줬으면 됐지 무슨 대가를 받으려 했는가. 내가 아직 공부가 모자라는구나. 오히려 나에게 공덕을 쌓을 기회를 준 이 사람이 더 고마운 사람이지.’

우리 주변을 보면 어떤 일을 하면서 꼭 그 일을 스스로 드러내어 생색을 내는 사람이 있다. 자기가 이러이러한 선행을 했노라고 스스로 자랑하는 사람도 있다. “자선을 베풀 때는 오른손이 하는 일을 왼손이 모르게 하라.”라는 성경 말씀에 어긋나는 일이다. “자기 공을 자기 입으로 까먹는다.”라는 비아냥이 나오듯이 좋은 일을 하고서 가장 경계할 것이 자화자찬이다. 자기의 공을 자기 입에 올리면 자신을 드러내기 위해서 그 일을 한 셈이 된다. 선행의 순수함이 훼손되어버리는 것이다.

또 어떤 사람은 은근히 보답을 바란다. 나는 너에게 이만큼이나 해주었는데 왜 너는 나에게 아무것도 없느냐고 섭섭함을 드러낸다. 그 사람은 처음부터 보답을 기대했음을 알 수 있다. 따라서 아무리 크게 은혜를 베풀었더라도 그 순수성을 의심하지 않을 수 없다. 그런 점에서 익명의 기부자야말로 최고의 선행자라고 할 수 있다.

축의금과 조의금 같은 것도 꼭 받은 대로만 하려는 사람이 있다. 내 자녀의 결혼식에 오지 않았으니 나도 당신 자녀의 결혼식에 가지 않겠다, 내 부모님 장례식 때 조의금을 받지 않았으니 나도 당신에게는 조의금을 보내지 않겠다는 식이다. 내가 받은 만큼만 상대에게 주겠다는 이야기인데, 너무 계산적이지 않나 싶다. 더욱이 "나는 안 주고 안 받겠다."라고 하며 지인의 결혼식이나 장례식에 발길을 끊는 사람도 있다. 인간관계를 이해타산으로 따지는 것이 지나치게 야박하지 않은가.

우리가 세상을 살면서 끝까지 잃지 말아야 할 것은 인간애가 아닐까 싶다. 인간애는 개인과 개인이 친밀한 관계를 맺도록 하는 윤활유로서 이기적이고 삭막한 세상을 따뜻하고 윤기 있게 만드는 요인이 된다. 이것을 우리 식으로 말하면 '정(情)'이라고 할 수 있을 것이다. 유독 한국인에게 많은 이 정은 이해관계를 넘어서서 서로 마음을 주고받으며 끈끈한 인간관계를 이어주는 구실을 한다. 정으로 맺어진 인간관계가 바람직한 공동체를 형성하는 밑거름이 된다.

오늘날 우리 사회에 필요한 베풂과 나눔의 정신도 이러한 정에서 우러나오는 것이 아닐까. 아낌없이 주는 나무처럼 베풂을 기쁨으로 여기는 사람들, 그러한 사람들로 이루어진 정이 넘치는 세상에서 살고 싶다.

편리해진 대중교통

요즘 대중교통 수단인 시내버스를 타면서 격세지감을 많이 느낀다.

버스 기다리기가 예전보다 많이 편리해졌기 때문이다.

우선 버스 정류장에 모니터가 붙어 있어서 버스가 몇 분 뒤에 오는지 문자를 띄워 알려주고 있다.

옛날에 이런 모니터가 없을 때는 어떠했던가. 차가 5분 뒤에 올지 10분 뒤에 올지 알지 못한 채 마냥 거위처럼 목을 빼고 무작정 버스를 기다리지 않았던가. 사실 무엇을 기다린다는 것은 무척이나 고통스러운 일이다. 다들 경험해봐서 알겠지만 이제나 올까 저제나 올까 막연한 상태에서 애를 태우는 일은 상당한 스트레스가 아닐 수 없다. 제발 빨리 좀 왔으면 좋겠는데 조급한 심정과는 아랑곳없이 늑장을 부리는 것이 여간 짜증스럽지가 않다. 그렇지만 어찌할 것인가. 먼 데까지 걸어갈 수도 없고 울며 겨자 먹기로 세월아 네월아 버스를 기다릴 수밖에 없는 일이었다. 요즘은 버스 진행 상황을 모니터에서 시시각각 알려주기 때문에 과거의 불안과 초조에서 해방되었으니 버스 승객으로서는 크게 고마운 일이다.

버스를 기다리면서 또 한 가지 고마운 것이 있다.

그것은 겨울철 정류장 의자 온열 장치이다. 따뜻하게 앉아서 버스를 기다리도록 자리에다 전기 장치를 해놓았다. 차디찬 날씨에 따뜻이 몸을 녹이며 버스를 기다리도록 배려한 것인데, 그 마음 씀씀이가 참 고맙다. 선진국이냐 아니냐 하는 것은 어떤 커다란 것의 변화가 아니라 이와 같은 작은 부분에서 판가름 나는 것이 아닐까.

버스에 올라타서도 친절은 이어진다.

버스가 닿는 곳마다 차내 모니터에 정류장이 문자로 표시된다. 차내 방송으로도 "지금 내리실 곳은 중앙병원입니다. 다음은 시대백화점입니다." 하고 상냥한 목소리가 나온다. 옛날 이런 안내 방송이 없을 때는 운전기사에게 "중앙병원까지 얼마나 가야 합니까?" 하고 묻거나 "중앙병원에 가면 얘기 좀 해주세요." 하고 개별적으로 당부해야 했다. 그래 놓고도 자칫 지나쳐버리거나 잘못 내리지나 않을까 싶어 불안한 마음을 내려놓지 못하고 전전긍긍해야 했다. 요즘은 닿는 곳마다 차내 모니터와 방송을 통해서 꼬박꼬박 알려주기 때문에 마음 졸일 필요가 없다.

버스의 안내 방송은 이것만이 아니다. "넘어질 수가 있으니 버스가 정차한 뒤에 일어서 주시기 바랍니다." 하고 승객의 안전까지 걱정해준다.

또 하나 고마운 것은 시내버스의 환승제도이다.

목적지에 바로 가는 버스가 없을 때는 중간에 내려서 다른 버스로 갈아타야 하는데, 옛날에는 갈아탈 때마다 두 번이건 세 번이건 새로 요금을 물어야 했다. 차가 드문 지역 주민들은 호주머니 부담이 클 수밖에 없었다. 그러나 지금은 환승제도 덕분에 한 시간 이내에 갈아타면 추가 요금을 내지 않아도 된다. 이 모든 것이 컴퓨터로 운영되는 첨단 과학의 발달 덕분이다.

차내의 냉온방장치도 고맙기 그지없다.

겨울철에 차에 올라 목적지까지 떨지 않고 갈 수 있는 것이 얼마나 다행인가. 오래전 내 학창시절에는 버스에 온방장치가 없었는지, 아니면 있어도 성능이 좋지 않았는지 몰라도 어깨를 잔뜩 웅크린 채 차디찬 버스를 탔던 기억이 있다. 그러다가 차 안에 승객이 들어찬 뒤에야 그 사람들 체온 덕분에 비로소 한기가 가셨다. 반면 여름 시내버스는 찜통 사우나나 마찬가지였다. 냉방장치도 없이 오로지 창문을 열어놓고 밖에서 불어오는 자연바람으로 더위를 식히려다 보니, 되레 바깥의 열기가 끼쳐 들어와 엎친 데 덮친 격으로 불쾌지수가 높아지기 일쑤였다. 요즘 여름철 버스는 빵빵한 냉방장치 덕분에 피서지가 따로 없다. 어떤 사람은 버스에서 감기에 걸렸다고 불평할 정도이다.

시내버스는 우리 보통사람들의 발이다. 학생들이나 직장인들이 버스에 의지하여 하루 생활을 시작하고 하루 생활을 마친다. 나도 승용차를 운전하기 전에는 시내버스로 직장을 출퇴근했다. 이제 퇴직하고부터는 웬만하면 버스를 이용하려고 애쓰고 있다. 서민의 벗인 이 버스가 과학 문명의 발달에 발맞추어 진화를 거듭하고 있다. 덕분에 우리의 고충이 줄어들고 생활이 편리해지고 있으니, 과학 문명의 혜택이 고마울 따름이다. 앞으로 또 어떤 것이 새로 나와서 우리를 더욱 편하게 해줄지 궁금해진다.

말 한마디의 중요성

얼마 전 내가 사는 이웃 도시에서 좋지 않은 소식이 들려왔다.

아파트 층간 소음으로 다투다가 살인으로 이어진 일이었다. 요즘 이런 층간 소음 문제가 언론에 자주 보도되는데, 이것이 살인으로까지 치달았다는 것은 놀라운 일이 아닐 수 없었다.

나는 그 보도를 보면서 이런 생각을 했다.

그들이 애초에는 상대방의 생명을 해칠 생각은 하지 않았을 것이다. 아마 다투다 보니 화가 나서 막다른 단계에까지 갔지 않았을까 추측된다. 사람이 잔뜩 흥분하면 이성을 잃게 되고 그것을 제어하지 못하면 그와 같은 극단적인 일이 벌어질 수가 있는 것이다. 부부싸움 끝에 아파트에서 몸을 던지기도 하고, 명절날 형제들이 모였다가 유산 문제로 칼부림이 나는 경우도 있지 않은가. 살인은 꼭 강도만이 저지르는 것이 아니다. 개미 하나 죽일 줄 모르는 선량한 사람도 감정을 제대로 다스리지 못하면 얼마든지 우발적인 행동이 나올 수가 있다고 본다.

사람은 누구나 불쾌한 상황에서는 감정이 끓어 오른다. 이때 가장 중요한 것이 분노 조절이다. '참을 인(忍)'자를 세 번 쓰면 살인을 면한다는 말이 있듯이, 슬기롭게 자제력을 발휘하여 감정을 다스려야 하는데, 대개 참지 못하고 폭발해버린다.

분노가 치밀어오르는 상황에서 가장 조심할 것이 '말 한마디'이다. 이때는 되도록 말을 아끼는 것이 좋다. 특히 상대편의 감정을 자극하는 말은 삼가야 한다. 그런데 화가 머리끝까지 오른 상태에서는 입놀림을 제어하기가 도무지 쉽지 않다. 그리하여 흥분 상태에서 내지른 원색적인 말이 타는 불에 기름을 붓는 꼴로 상대를 격분시킨다. 대개 다툼은 애초에 문제가 되었던 사안보다도 서로 주고받는 폭언에서 촉발된다. 싸울 만한 일도 아닌데 언성이 높거나 말투가 공손하지 못하면 "이런 건방진 놈 봤나! 너 나이가 몇 살이냐?"라고 하며 멱살을 잡기 마련이다. 본질은 놓아두고 엉뚱한 문제로 옥신각신하는 상황이 된다.

층간 소음으로 다툰 사람들의 경우를 생각해보자.

아마 아래층 사람이 먼저 위층 사람에게 고충을 토로했을 것이다. 그때 위층 사람이 어떻게 응대했을까?

"아유, 어쩌나! 죄송해요. 저희 아이들이 폐를 끼쳐드렸군요. 뛰지 말라고 늘 타이르고는 있습니다만 워낙 철부지들이라 그러나 봅니다. 일부러 이렇게 올라오시게 해서 정말 죄송합니다. 앞으로 이런 일 없도록 단단히 이르겠습니다."

이렇게 사과했다면 불만을 품고 올라온 사람도 너그러워져서 이렇게 응답할 것이다.

"그래요. 충분히 이해합니다. 애들이야 뛰면서 자라지요. 그런데 저의 집사람이 요즘 건강이 안 좋아서 좀 예민하거든요. 늦은 밤에 쿵쿵거리니까 잠을 자주 깨는 모양입니다. 웬만하면 그냥 넘어가려고 했는데, 그래도 저희 사정을 알고는 계시라고 해서 이렇게 올라온 것입니다."

이렇게 이야기가 오가게 되면 상황은 행복하게 마무리된다. 화가 나서 위층 문을 두드렸던 사람도 가벼운 마음으로 되돌아갈 것이다. 다음날 위층 사람이 수박이라도 한 통 사다가 아래층에 들이밀면 그 이후로 두 집은 서로 웃으면서 지내는 이웃사촌으로 바뀔 수 있다.

그러나 이와 달리 불행한 상황도 얼마든지 연출될 수 있다.

대개 사람들은 누구한테 항의나 불평을 들으면 방어심리가 발동하여 신경질적인 반응을 보이기 마련이다.

"참 너무하시네. 아저씨는 애들 안 키워봤어요? 어린애들이 거실에서 놀면서 좀 뛸 수도 있잖아요. 하루 종일 뛰는 것도 아니고 어쩌다가 한 번씩 그러는 건데, 그 정도는 이해해주셔야지요."

이렇게 자기 애들을 두둔하면서 상대에게 불편함을 참으라고 요구한다면 어떻게 되겠는가. 이보다 한술 더 뜨는 사람도 있다.

"뛰긴 누가 뛴다고 그래요? 우리 애들은 학교에 갔다가 학원에 갔다가 뛸 시간도 없어요. 그리고 저희는 거실에 두꺼운 카펫을 깔아놓아서 아래층에는 울리지 않을 텐데요? 전에 살던 아파트에서는 이런 얘기를 한 번도 안 들어봤거든요? 혹시 잘못 들은 것 아니에요?"

이처럼 딱 잡아떼며 상대의 말을 부정하려 든다면 어떻게 될까. 아래층 사람도 그냥 물러서지는 않을 것이다.

"아니, 무슨 말씀을 그렇게 하세요? 제가 있지도 않은 일을 가지고 우기겠어요? 밤마다 쿵쿵거리니까 도저히 잠을 잘 수가 없단 말이에요. 어지간하면 참으려고 했는데 도저히 안 되겠으니까 이렇게 말씀드리는 거예요. 제발 애들 뛰지 않도록 좀 해주세요."

여기서 위층 사람이 하고 싶은 말이 있더라도 꾹 참고 "예, 잘 알겠습니다. 앞으로 그런 일 없도록 하겠습니다." 하고 대답하면 상황이 종료될 수도 있다. 그러나 대개는 자존심이 상하고 짜증이 나니까 버럭 자기 성깔을 드러내버린다.

"아니, 이 아파트가 아저씨 거요? 내가 내 집에서 사는데 아저씨가 뭔데 이래라 저래라 하는 겁니까? 정 시끄러워서 못 살겠으면 딴 데로 이사를 가세요. 조용한 데로 이사 가서 살면 되잖아요. 별 이상한 사람 다 보겠네."

이렇게 불쾌한 심기를 드러내게 되면 사태가 험악하게 돌변한다.

"뭐라고? 당신 말 다했어? 미안하다는 말은 하지도 않고 나더러 이사를 가라고? 나 참 기가 막혀 말이 안 나오네. 내가 내 집을 놔두고 왜 이사를 가? 당신이 뭔데 이사를 가라 말라 해. 엉?"

"야, 미치겠네. 이 아저씨 정말 웃기는 사람이네? 당신이 나를 언제 봤다고 반말이야? 나도 나이를 먹을 만큼 먹었다구. 아침부터 남의 집에 와서 이거 무슨 행패야! 누군 성깔 없는 줄 알아?"

이리하여 두 집은 한 치의 물러섬도 없이 맞서서 맹수처럼 으르렁거리는 동물의 왕국으로 치달으면서 눈에 보이는 게 없는 상황으로 돌변하는 것이다. 그리하여 애초에 전혀 의도하지 않았으면서도 평생을 두고 뉘우쳐야 할 일을 홧김에 저지르고 마는 것이다.

이렇게 아파트 층간 다툼의 과정을 재구성해보았다.

그들의 싸움을 실제로는 보지 못했지만 아마 이런 식으로 진행되지 않았을까 싶다.

일시적인 감정을 자제하지 못하고 홧김에 내쏜 말이 상대의 감정을 자극하고 그 결과는 부메랑이 되어 그 자신에게 되돌아온다. 앞서 말했듯이 중요한 것은 한 마디의 말이다. 층간 소음으로 인한 다툼도 상대방을 존중하고 배려하는 말을 했더라면 그토록 극단적인 사태로까지는 번지지 아니하였을 것이다. 상대편이 어떤 불만을 표시할 때는 맞받아치며 자기방어를 할 것이 아니라 역지사지(易地思之)의 마음으로 그의 처지를 헤아려주는 마음의 자세가 필요하다. 예절 바른 언어사용과 관용과 양보의 정신은 이웃과 더불어 사는 공동체 사회에서 꼭 필요한 덕목이 아닌가 싶다.

내 탓이오

승용차를 운전하다 보면 꼭 내 잘못이 아니라도 사고를 당할 수가 있다.

몇 해 전의 일이다.

신호등 앞에서 차를 멈추고 있다가 접촉사고를 당했다.

신호등이 바뀌어 막 출발하려는 찰나였다. 내 왼쪽 차선에 서 있던 승용차가 갑자기 내 앞으로 끼어 들어왔다. 그러면서 그 차의 뒤꽁무니가 내 차의 앞부분을 때렸다. 퍽 하는 소리가 들렸다.

깜짝 놀라 차에서 내려 보니 왼쪽 전조등이 깨지고 모서리가 함몰되어 있었다. 그때 앞차에서 운전자가 내리더니 대뜸 소리를 질렀다.

"아니 왜 거기에 있는 거요?"

"예?"

무슨 말인지 알 수가 없어서 되물었다.

"차가 들어가면 좀 비켜줘야지 왜 그냥 있느냔 말이오."

그제야 말뜻을 알아차렸다. 내가 피하지 않아서 사고가 났다는 이야기였다. 이런 어이없는 일이 있나! 똥뀐 놈이 성낸다는 말이 바로 이런 경우가 아닌가.

"무슨 말씀이요? 당신이 갑자기 끼어드는데 내가 어떻게 알고 비켜요? 나는 아직 출발하지도 않았잖아요."

나도 열이 올라서 밀리지 않고 따졌다.

그의 차도 뒤꽁무니에 가로로 긁힌 자국이 선명했다. 누가 봐도 빤한 상황이었다. 그도 계속 우기기가 계면쩍었는지 슬그머니 꼬리를 내리며 차를 수리해주마고 정비소에 맡겨놓으라고 했다. 그렇게 일단락되었으나 나는 입맛이 썼다. 자기가 잘못해놓고 남에게 덮어씌우려는 수작이 얼마나 괘씸한가. 나는 그가 내 차를 망가뜨린 것보다 그가 내뱉은 말이 더 실망스러웠다.

사람들은 대개 안 좋은 일이 벌어졌을 때 상대방을 먼저 탓한다.

본인이 잘못한 부분은 빼놓고 상대의 잘못을 지적하며 책임을 돌리는 것이다. 그렇게 공격을 받으면 상대도 가만히 있을 수 없다. 서로 반발하면서 다툼이 커지게 된다. 우리가 자주 보듯이 차량통행이 번잡한 도로에서 부서진 차를 놓아두고 서로 삿대질하는 광경은 바로 이와 같은 '네 탓이오.' 때문이 아니겠는가. 상대를 공박하기 전에 자기 잘못을 인정하고 먼저 '내 탓이오.' 라고 말한다면 그렇게 길 가운데서 고성이 오갈 필요가 없을 것이다.

다음 어느 두 집안의 풍경을 살펴보자.

어느 날 아침 한 가정에서 아이가 방바닥에 둔 유리컵을 밟아 깨뜨렸다.

이것을 본 엄마가 꾸짖었다.

“너는 눈도 없니? 잘 보고 다녀야지. 넌 항상 덤벙대서 탈이야.”

옆에 있던 남편이 참견했다.

“애가 뭘 안다고 꾸중이야? 컵을 거기다 둔 당신이 잘못이지.”

아내가 열이 나서 소리를 높였다.

“당신은 앉아서 텔레비전만 보면서 그런 말이 나와요?”

그 모습을 지켜보던 시어머니가 나무랐다.

“아침부터 왜 이리 시끄러우냐? 너희들이 부모노릇을 제대로 하지 못하니까 애가 다치지 않느냐?”

이렇게 언성들이 높아지자 발을 다친 아이는 아프다는 말도 하지 못하고 제 방에 들어가 숨어버렸다.

유리컵 하나 때문에 이날 아침 가족 네 사람의 기분이 모두 언짢아졌다.

그날 아침 이웃집에서도 아이가 방바닥에 놓인 접시를 밟아 깨뜨렸다.

이를 본 엄마와 아빠, 할머니가 한꺼번에 달려들어 아이가 다친 곳이 없는지 살폈다.

엄마가 깨진 접시를 치우는데 할머니가 말했다.

“애가 많이 다치지 않아서 다행이다. 이 늙은 것이 방바닥에 놓인 접시 하나 치우지를 못했구나. 너희들한테 면목이 없다.”

며느리가 송구스러워하며 말했다.

"어머니, 무슨 말씀이세요? 제가 치운다는 것이 그만 깜빡했어요. 죄송해요."

아이의 발에 약을 발라주던 아빠도 입을 열었다.

"제 실수입니다. 엊저녁에 과일을 먹고 나서 곧장 치웠어야 했는데…."

그러자 아이가 나섰다.

"아니에요. 제 잘못이에요. 천천히 다녔으면 안 다칠 텐데, 앞으로는 조심할게요."

"그래도 이만하니 다행이구나."

아빠가 아이의 발에 약을 발라주었다. 아이의 얼굴에 미소가 떠올랐다.

똑같은 일을 당했는데 한 집에서는 서로 다투며 기분이 상하고, 다른 집에서는 정겨움이 넘치고 있다. 그 까닭은 무엇인가. 일이 잘못되었을 때 상대를 비난하지 않고 자기 과실을 먼저 찾아 말했기 때문이다. 이처럼 어떤 상황에서든 '네 탓이오'를 내세우면 불화가 생기고, '내 탓이오.' 하면 웃음꽃이 피는 것이다.

그때 내 차를 망가뜨린 사람이 이렇게 말했다면 어땠을까?

"죄송합니다. 많이 놀라셨지요? 제가 성급하게 차를 모는 바람에 이리되었네요. 수리는 제가 책임지고 해드리겠습니다. 몸은 다친 데 없습니까?"

이처럼 신사다운 모습을 보였더라면 나도 웃으며 응대했을 것이고, 그에게 인간적인 실망감까지는 느끼지 않았을 것이다.

자녀와 좋게 지내는 법

학교 재직시절 학생들과 진학상담을 할 때의 일이다.

대학 진학에 관해 이야기를 나눠보면 의외로 타지로 나가려는 학생들이 많았다.

성적이 좋은 학생들이야 당연히 그리 생각하겠으나 그렇지 않은 친구들도 대개 외지로 진학하고 싶어하는 것이었다.

"가까운 대학을 놔두고 왜 멀리 가려고 그래? 집 떠나면 고생이야."

집에서 엄마가 해주는 밥 먹으며 학교 다니는 것이 가장 편하다고 이야기하면 대부분 고개를 흔들었다.

"아니요. 이제 부모님과 좀 떨어져서 살고 싶어요."

그리하여 서울과 경기를 비롯하여 광주와 전주, 부산과 대구로 흩어지고, 심지어는 강원도까지도 멀다 않고 떠나가는 것이었다.

나는 어린 시절 초등학교 5학년 때부터 부모를 떠나 외가에서 자랐고, 그 이후로도 객지에서 자취생활을 하며 학교에 다녔다. 그 때문인지 늘 부모님의 품이 그립고 자택에서 학교 다니는 친구들이 부러웠다. 그래서 제자들에게도 웬만하면 집에서 다닐 것을 권장했는데 그들은 생각이 딴판이었다.

알고 보니 그들은 평소 부모의 통제와 간섭을 많이 받고 있었다. 그래서 어떻게든 집에서 벗어나고 싶어했던 것이다. 그제야 나는 학부모들이 자녀들을 심리적으로 어렵게 하고 있다는 것을 알았다. 부모로서는 마땅히 잘되라고 하는 소리지만 아이들에게는 그것이 억압으로 작용하고 있는 것이었다.

그로부터 나는 학부모를 만나면 대학 시절에 배운 교육심리학을 원용하여 자녀들과 갈등 없이 지내는 방법에 관해서 자주 이야기했다. 그때 제시했던 예화 가운데 이런 것이 있다.

가인이와 지은이가 만나서 놀다가 밤늦게 집에 들어갔다.

가인이가 집에 들어서자 엄마가 잠을 자지 않고 기다리고 있었다.

"너 지금 몇 시인데 인제 들어오는 거니?"

"지은이하고 만나서 저녁 먹고 영화 보고 오느라고 좀 늦었어요."

"네가 지금 그렇게 놀러 다닐 때니? 제발 속 좀 차려라. 너 기다리느라고 엄마는 잠도 못 자고 있잖니?"

"아유, 내가 뭐 어린애인가요? 걱정 말고 그냥 주무세요."

"네가 안 들어오는데 어떻게 잠을 자니? 늦겠으면 전화라도 해야지. 왜 전화도 안 하는 거니?"

"엄마, 그만 해요! 누가 잠자지 말랬어요? 내 일은 내가 알아서 하니까 제발 꼬치꼬치 간섭하지 말아요. 엄마가 자꾸 잔소리 하니까 집에 들어오기도 싫단 말에요."

"뭐? 간섭하지 말라고? 애 좀 봐. 이제 다 컸다고 엄마한테 못할 소리가 없네? 너 말 다 했니?" 엄마의 언성이 더욱 높아졌다.

한편, 지은이도 집에 오니 엄마가 잠을 자지 않고 기다리고 있었다.

"이제 오니? 웬일로 이렇게 늦었어? 무슨 일 있었니?"

"일은 무슨 일요. 가인이하고 만나서 저녁 먹고 영화 보고 오느라고 좀 늦었어요."

"그래? 아무 일 없었으면 다행이다. 영화도 좋지만 늦어지면 전화를 하지 그랬니. 네가 밤늦게 안 들어오면 엄마는 걱정이 되어 잠이 오지 않아."

"죄송해요. 엄마. 그렇지만 걱정하지 말아요. 이제 나도 어린애가 아니잖아요. 영화가 하도 재미있어서 깜빡하고 전화도 못했지 뭐예요. 다음부터는 꼭 전화할게요."

"그래. 알았다. 피곤할 텐데 얼른 씻고 자거라. 나도 이제 안심하고 잘 수 있겠구나."

"네! 엄마도 편히 주무세요."

이 두 집은 모두 딸의 귀가가 늦은 상황인데 한 집은 모녀가 충돌하며 분위기가 험악해졌고, 또 한 집은 아무 일 없이 부드럽게 마무리되었다. 똑같은 일을 두고 정반대 상황이 연출된 까닭은 무엇일까.

먼저 가인이 엄마는 딸이 집에 들어오자마자 대뜸 "너 지금 몇 시인데 인제 들어오는 거니?" 하고 따지며 "네가 지금 그렇게 놀러 다닐 때니? 제발 속 좀 차려라." 하며 딸을 나무랐다. 딸이 무사히 귀가한 데에 안도하면서도 그러한 감정은 미뤄두고 그동안 애가 타며 잠을 못 잔 것에 대한 분노를 먼저 표출한 것이다. 그러자 미안한 마음을 갖고 있던 딸도 기분이 상해서 "엄마, 그만 해요! 누가 잠자지 말랬어요?" 하고 맞받아친 것이다. 이처럼 서로 흥분하여 옥신각신 다투었으니 두 사람은 이날 밤 화를 가라앉히느라 쉽게 잠들기는 글렀다.

이에 반해서 지은이 엄마는 딸이 늦은 것을 타박하는 대신 "웬일로 이렇게 늦었어?" 하며 늦은 까닭을 먼저 묻고 나서 "그래? 아무 일 없었으면 다행이다."라며 안도감을 일단 표시하였다. 속마음으로는 딸이 늦게 귀가한 일이 마땅치는 않으나 그에 대한 불만을 표출하는 대신 "네가 밤늦게 안 들어오면 엄마는 걱정되어 잠이 오지 않아." 하고 자기의 심경을 솔직하게 털어놓았다. 그러자 딸도 미안한 마음이 커져서 "죄송해요. 엄마."라고 사과하며 고분고분해졌다.

사람의 감정은 용수철과 같다. 누르면 튀어나오기 마련이다. 가인이 엄마도 딸을 나무라는 대신 지은이 엄마처럼 감정을 조절하고 자기 처지를 밝히는 데 충실했더라면 딸과 그렇게 부딪치지 않았을 것이다. 그런데 대개 엄마들이 가인이 엄마처럼 화를 내며 비난과 공격을 일삼다 보니까 자녀와의 관계가 자꾸 나빠지는 것이다.

타지로 대학을 간 나의 제자들이 다 그런 것은 아니지만 상당수가 부모와 떨어져 자유로워지고자 했던 것을 생각하면 지금도 안쓰러운 생각이 든다. 부디 그들만큼은 나중에 부모가 되어 자녀들과 좋은 관계를 유지하고 살았으면 좋겠다.

공감의 방식

내가 사는 동네에 '웰빙로'라 부르는 산책로가 있다.

어느 날 저녁 아내와 함께 산책로를 걷다가 언짢은 일을 당했다. 뒤에서 오던 자전거에 받힌 것이다. 자전거가 미리 따르릉 소리를 냈더라면 내가 얼른 길을 비켰을 것이다. 그런데 나는 방울 소리를 듣지 못했다. 아마도 방울 기능이 고장이 난 게 아닌가 싶었다. 더구나 그 지점이 약간 내리막으로 경사진 곳이어서 자전거는 가속도가 붙어 있었고, 나는 부딪히는 순간 그 충격으로 인해 중심을 잃고 자빠질 뻔했다.

그보다 더 심했던 것은 내가 갑작스러운 일에 놀라서 기겁한 일이었다. 아닌 밤중에 홍두깨 격으로 느닷없이 후방에서 공격을 당하고 보니, 나는 정말이지 간이 떨어지는 줄 알았다.

설상가상으로 기가 막힌 것은 자전거 주인의 태도였다. 자전거에서 내려서 "죄송합니다. 어디 다친 데 없습니까?" 하고 한마디 할 줄 알았는데, 내가 몸을 가누기도 전에 그냥 쏜살같이 줄

행랑을 놓는 것이 아닌가. “저런 나쁜 놈 봤나!” 내 입에서 저절로 큰소리가 터져 나왔다.

그러자 아내가 내 팔을 붙잡았다. “쉿! 조용히 하세요. 저 사람이 듣겠어요.” 아내는 싸움이 날 것을 염려하고 있었다. “들으라고 하는 소리니까 들어야지! 사람을 놀라게 해놓고 사과도 없이 도망치는 놈이 인간이야?” 나는 화가 나가 언성을 높였다. 그러자 아내가 한 마디 덧붙였다. “그러니까 왜 길 가운데로 걸어요? 길 가장자리로 걸으면 안 부딪혔을 거 아니에요.”

나는 그 말에 더욱 역정이 났다. “아니, 내가 자전거가 그렇게 달려올 줄 알았나? 따르릉 소리도 없이 등 뒤에서 받는데 내가 무슨 수로 피하겠어?” 지나가는 사람들이 웬일인가 싶어서 우리를 힐끔거렸다. “왜 나한테 화를 내고 그래요?” 아내는 내가 화를 내는 까닭을 제대로 알지 못하고 있었다. “화가 안 나게 생겼어? 당신은 마치 내가 잘못한 것처럼 말하잖아?” “내가 언제 당신이 잘못했다고 했어요? 미리 조심했다면 이런 일 안 당했을 거란 얘기지.” 아내도 지지 않고 응대했다. 그날 우리는 둘 다 기분이 상해서 집으로 돌아왔다.

조선시대 청백리 황희 정승의 일화를 다들 알 것이다.

어느 날 그의 집에서 여종 둘이 손님 맞을 준비를 하면서 서로 다투었다. 한참 옥신각신하다가 결론이 나지 않으므로 주인에게 가서 아뢰었다.

한 여종이 나서서 말했다.

“대감마님, 손님이 오시면 배가 고프니까 음식부터 준비해야

되지 않습니까?"

황정승이 고개를 끄덕였다.

"오냐, 네 말이 옳다!"

다른 여종이 말했다.

"손님이 맞으려면 집안을 깨끗하게 청소하는 게 우선이 아닙니까?"

황정승은 또 고개를 끄덕였다.

"그렇지. 네 말도 옳다."

그때 옆에 있던 부인이 물었다.

"아니, 한쪽이 옳으면 다른 쪽은 그르거늘 어찌 이도 저도 옳다 하십니까?"

그는 너털웃음을 웃으며 말했다.

"듣고 보니 부인 말도 옳소."

나는 처음 이 얘기를 듣고 황희 정승이 확고한 소신이 없이 상대의 비위를 맞추는 '예스맨'이 아닌가 하는 느낌이 들었다. 그러나 세상을 좀 살아보니 그보다는 상대의 뜻을 존중하고 공감하는 태도로 이해할 수 있었다. 사람마다 자기 처지에 따라 생각의 방향이 다를 수 있는데, 그렇다고 그것이 잘못되었다고 할 수는 없지 않은가. 자기 생각만 내세우고 다른 의견을 지닌 사람에게는 적대감을 드러내는 사람까지 있는데 그것은 원만한 사고라고 할 수 없을 것이다.

정신과 의사 정혜신은 『당신이 옳다』(해냄, 2018)에서 사람과 대화할 때 '충조평판'을 삼가라고 말한다. 여기서 충조평판이란

'충고, 조언, 평가, 판단'의 머릿글자인데, 이것만 하지 않아도 공감의 절반이 시작된다는 것이 그의 주장이다. 이를테면 아이가 "엄마, 배가 아파요."라고 울상을 지을 때, "왜 아프지? 뭘 잘못 먹었니?" 하고 따지거나 "그러니까 내가 뭐랬어? 찬 것을 함부로 먹지 말라고 했잖아." 하고 나무라기보다는 "아유, 얼마나 아프니?" 하고 안쓰러워하면서 손으로 배를 주물러주는 것이 먼저 할 일이라는 것이다. 그것이 아이의 고통에 공감하고 마음이 하나가 되는 첫걸음이라고 한다.

나는 자전거에 받힌 날 저녁 그 자전거 운전자에게보다 아내에게 더 섭섭했다. 그날 내가 "저런 나쁜 놈 봤나!"하고 외쳤을 때, 아내가 나에게 해줘야 할 말은 "그러니까 왜 길 가운데로 걸어요? 길 가장자리로 걸으면 안 부딪혔을 거 아니에요."와 같은 충고가 아니었다. 그때 내가 아내에게 듣고 싶은 말은 딱 이 한마디였다.

"맞아요. 저 아저씨 참 예의도 염치도 없는 사람이군요."

왕의 유전자를 가진 아이

얼마 전 언론에 세종시의 초등학생 학부모가 자녀의 담임 교사를 아동학대로 신고하고 직위해제를 요구한 사실이 보도되었다.

어떻게 아동학대를 했는지 구체적인 내용은 나오지 않았으나 담임교사에 대한 불만이 상당히 컸던 모양이었다. 교육부 사무관인 그 학부모는 자신이 마음만 먹으면 언제든지 담임교사를 교체할 수 있다고 엄포를 놓으며 학교와 교육청에 교사의 직위 해제를 요구했다. 그리고 만약 자기의 요구가 받아들여지지 않으면 언론에 퍼뜨리겠다고 협박까지 했다고 한다. 마침내 교육청에서는 민원을 받아들여 해당 교사를 직위 해제하였고, 교사 역시 부당함을 호소하며 소송을 제기했다고 한다.

그 과정에서 학부모가 학년 초에 담임교사에게 보낸 편지가 공개되었는데, 그 내용이 참으로 기상천외하였다. 그것은 "저희 애를 잘 부탁드립니다."와 같은 통상적인 당부가 아니라 구체적인 상황까지 일일이 제시한 요구사항으로서 학부모의 교사에 대한 시각을 짐작할 수 있는 대목이었다.

이를테면 "하지 마, 안 돼, 그만 등 제지하는 말은 절대 하지 말아 주세요."라든지 "또래와 갈등이 생겼을 때 철저히 편들어 주세요."라든지 "고개 숙여 인사를 강요하지 않도록 해주세요." 등은 자기 아이만 특별하게 대우해 달라는 대단히 이기적인 요구가 아닐 수 없다. 무엇보다도 학부모로서 교사를 대하는 태도가 상사가 아랫사람에게 지시하는 것처럼 고압적이었다. 이러한 얼토당토않은 일방적인 지시를 받고 교사는 얼마나 황당했을까. 요즘 교권이 실추되어 학부모와 교사와의 관계가 '갑과 을의 관계'라고 탄식하는 소리가 높은데, 이 학부모의 행태야말로 오늘의 교단 현실을 적나라하게 보여주는 사례가 아닐 수 없었다.

무엇보다도 놀라 자빠질 내용은 "왕의 DNA를 가진 아이니 왕자에게 말하듯 듣기 좋게 돌려 말해도 다 알아듣습니다."라는 구절이었다. 궁중역사극에서 늙은 대신들이 나이 어린 왕자에게 극진한 존댓말을 쓰고 철부지 행동을 해도 함부로 나무라지 못하는 것을 볼 수 있는데, 그 학부모는 선생님도 자기 아이를 그렇게 대접해주기를 바랐던 모양이다. 자기 자식을 왕의 유전자를 지녔다고 생각하는 것이야말로 지극히 시대착오적인 과대망상이지만 담임교사에게 그것을 요구한 것도 대단히 몰염치하고 오만불손한 태도가 아닐 수 없다.

그렇게 귀한 자식으로 특별대우를 받고 싶으면 집에서 개인교수를 불러다 개별 교육을 해야지 왜 학교에 보내는가. 학교는 벗들과 함께 지내며 사회성을 기르고 더불어 살아가는 공동체의 삶을 익히는 곳이 아닌가. 더욱이 교사는 전체 학생을 동등한 인격체로 보고 가르쳐야지 특정 학생만 편애해서는 안 되지 않는가. 어처구니없게도 그 학부모는 담임교사에게 교육자로서 해서는 안 될 일을 요구한 것이다. 아마도 그 학부모가 담임교사를 아동학대로 걸어 처벌해달라고 주장한 것은 그 교사가 자기가 요구를 잘 따라주지 않은 데 대한 불만의 표시가 아니었을까 싶다.

다행히 담임교사가 소송한 결과 그의 아동학대 사실이 무혐의 처분을 받고 복직하게 되었다고 한다. 학교에서도 교권보호위원회를 열어 학부모의 도에 넘는 행위를 명백한 교권 침해로 판단하고 서면 사과와 재발 방지 서약서 작성 처분을 내렸으며, 교육청에서도 학부모의 근무처에 직위해제를 통보했다고 한다. 사필귀정이긴 하나 그 교사가 그동안 학부모의 악성 민원으로 인해 받은 정신적 고통과 의욕 상실은 누가 보상해줄 것인가.

요즘은 교사의 수난 시대이다. 교사가 학생에게 희롱을 당하고 학부모에게 봉변을 당해도 어디에 호소할 데가 없다. 그에 반해 학생은 기고만장하여 교사의 지도에 불응하고, 학부모는 교사가 마음에 들지 않으면 아동학대로 엮어 처벌을 요구하기를 밥 먹듯 하고 있다. 이렇게 학생과 학부모의 눈치를 보아야 하는 상황에서 어떤 교사가 사명감을 지니고 교육열을 발휘할 수 있겠는가. 요즘 교사 지망생이 옛날에 비해 크게 줄고 있다고 한다. 바로 이와 같은 교권 위축 때문에 교육대학이나 사범대학의 인기가 떨어지고 있는 것이 아닐까.

최근 서울 서초구의 한 초등학교 교사가 극단적인 선택을 했다. 이제 막 교직에 들어온 스물세 살의 여교사였다고 한다. 원인을 알고 보니 학부모의 언어폭력과 갑질이었다. 햇병아리 여교사가 학부모로부터 "당신은 교사의 자격이 없다. 애들을 어떻게 돌보느냐?"라는 비난을 들었을 때 얼마나 마음의 상처가 컸겠는가.

지금 학교에는 학생의 인권만 있고 교권은 찾아볼 수가 없다. 교권이 무너지면 교육이 무너진다는 사실은 가을이 되면 단풍이 들고 겨울이 오면 날씨가 추워지는 것만큼이나 자명한 이치이다. 집을 지으려면 기둥을 세워야 하듯이 우리 교육을 살리고자 한다면 무엇보다 교권을 세우는 방안부터 찾아봐야 할 것이다.

무너진 교권 서글픈 교단

지난해 어느 학부모가 어린이집 여자 선생님의 가슴이 크다면서 해당 교사를 해고할 방법이 없는지 묻는 글이 인터넷에 올라왔다.

그는 어린이집 선생님의 가슴이 너무 커서 애들 정서상 안 좋으니 가슴을 붕대로 싸매고 다닐 것을 요구했다고 한다. 그러자 선생님은 그에 맞서서 그와 같은 얼토당토않은 요구는 무고죄나 업무방해가 적용될 수 있다고 경고한 모양이었다. 그래서 학부모는 어떻게 하면 그 교사를 쫓아낼 수 있는지 누리꾼들에게 조언을 구하는 내용을 올린 것이었다.

나는 그 황당한 소식을 접하면서 요즘 학부모들이 참 별나구나 하는 생각과 함께 교사를 함부로 대하는 태도가 서글프기도 하고, 자녀교육에 대한 빗나간 열정이 교육을 망치고 있구나 하는 참담한 심정이 앞섰다.

혹 선생님의 언행이 교육적으로 문제가 있거나 노출이 심한 옷차림 따위를 했다면 학부모로서 마땅히 의견을 제시하고 시정을 요구할 수 있을 것이다. 그러나 교육활동과 무관한 신체적 특징을 문제삼는 것은 대단히 주관적인 판단이고 지나친 인권 침해가 아닐 수 없다. 가슴 큰 여교사가 유아들의 정서에 좋지 않은 영향을 미친다는 무슨 근거라도 있는가. 가슴 큰 여성은 교사가 되어서는 안 된다는 규정이라도 있는가.

이런 것을 볼 때 요즘 학부모들에게는 교사에 대한 존경심 같은 것은 눈곱만큼도 찾아볼 수 없다는 것을 알 수 있다. 교사의 행동거지가 눈에 거슬리면 곧장 따지고 대들며 욕설과 폭행까지도 서슴지 않는다. 자기 자녀를 가르치는 교사를 가게에서 일하는 종업원으로 여기는 것일까, 아니면 집에서 부리는 파출부로 여기는 것일까. 학부모가 교사를 그리 함부로 대하니 학생들이 그대로 따라서 선생님의 지도에 불응하고 방자한 행동을 하는 것이 아니겠는가.

얼마 전에 서울의 한 초등학교 여교사가 아동들이 보는 앞에서 제자에게 폭행당했다는 보도가 있었다. 분노 조절 장애로 상담을 받아야 할 아이가 상담실에 가지 않고 체육 수업을 받으려고 했던 모양이다. 그래서 선생님이 그러지 말라고 타이르자 물건을 던지고 폭언하면서 교사를 수차례 때리고 넘어뜨려 짓밟았다고 한다. 선생님이 제자에게 두들겨 맞는 것처럼 교사의 자존심과 권위를 손상당하는 일이 또 있을까. 그러나 학부모는 사과는커녕 교사가 오히려 자기 아이를 차별대우했다고 교육청에 신고하는 한편 민사소송을 제기한다는 소식이었다.

또 부산의 어느 중학교에서도 학생이 교사를 폭행한 일이 있었다. 체육시간에 학생이 체육복을 입지 않고 교복 차림으로 왔으므로 교사가 그를 한쪽에 서 있으라고 했다. 그러자 그는 들고 있던 공을 친구들에게 던지며 수업을 방해했고, 교무실로 데리고 가서 훈계하자 선생님에게 주먹을 휘둘렀다. 그리고 그를 말리는 다른 교사에게까지 폭행을 가했다고 한다. 이에 학교에서는 교권보호위원회를 열고 학생 징계의 최고 수위에 해당하는 강제전학 및 특별교육 4시간 등 조처를 내렸다. 교사는 병가를 내고 심리상담과 치료를 받고 있다고 한다.

이런 사실을 보면 오늘날 학교 현장의 교권 실추가 어느 정도인지 알 수 있다. 스승의 그림자는 밟지도 않는 법이라는 얘기나 학부모가 회초리를 묶어와서 선생님께 바쳤다는 얘기는 호랑이 담배 먹던 시절 전설 따라 삼천리에나 나올 법한 꿈 같은 과거지사가 되어 버린 것이다.

학교 현장이 이렇게 황폐화된 것은 그동안 학생의 인권을 지나치게 강조한 것이 원인 가운데 하나가 아닐까 생각된다. 줄탁동시(啐啄同時)라는 말이 있듯이 교육이란 스승과 제자의 긴밀한 호응 속에 이루어지는 것이다. 그러기 위해서는 학생의 인권과 교사의 인권이 똑같이 존중되어야 한다. 그동안 우리 교육에서 학생의 인권 신장을 위하여 교권이 상당 부분 제한된 면이 없지 않다. 그러다 보니 교육현장에서 주객이 전도된 상황에 이르러 오늘날과 같이 제자로부터 폭행을 당하고 학부모로부터 고소를 당하는 사태에 이르게 된 것이다.

얼마 전 서울 초등학교 여교사의 자살 사건 이후로 교육부에서 교권보호 종합방안을 마련하여 발표하였다. 그 내용을 보면 지금까지는 교원이 정당한 생활지도를 해도 아동학대 위반으로 신고되거나 조사·수사를 받는 경우가 있었지만, 앞으로는 법령·학칙에 따른 교원의 생활지도는 아동학대 범죄와 분리된다고 한다. 그리고 교육활동과 무관한 학부모의 민원이나 교사의 개인 휴대전화로 제기하는 민원도 답변을 거부하거나 전화를 받아야 할 의무가 없도록 한다고 한다. 또 학부모의 민원을 공식적으로 접수하는 민원대응 전담부서가 만들어져 응대할 수 있도록 한다고 한다. 기타 교원의 교육활동을 보호하기 위해 교권침해에 대한 제재도 강화하고, 어린이집 보육교사의 보육활동 보호도 강화하는 등 교권보호에 더욱 힘을 실을 계획이라고 한다. 그게 얼마나 교사들에게 울타리가 될 수 있을지 의문이지만 앞으로도 교육당국의 꾸준한 노력이 필요하다.

교육이 살려면 교권이 살아야 한다. 교육의 주체인 교사가 의욕을 잃으면 그 순간부터 교육은 망가지는 것이다. 처참히 무너져가는 교육현장을 다시 일으켜 세우려면 선생님들에게 힘을 실어줄 수 있는 대책 마련이 무엇보다 시급한 실정이다.

지하철 반인륜녀

지난번에 '지하철 폭행녀'라는 제목으로 서울 지하철 열차 안에서 젊은 여자가 휴대전화로 노인을 때리는 영상이 유포되었다. 방송에서도 그 장면이 공개되어 보는 이들을 경악하게 만들었다. 언젠가 지하철 막말녀가 말썽을 부리더니 이제 폭행녀까지 등장하나 싶어 세상 참 말세로구나 하는 생각과 함께 한숨이 절로 터져 나왔다.

어쩌다 그런 일이 벌어졌나 궁금했는데, 그 영상 아래에 피해자의 아들이 올려놓은 글이 있어서 전모를 알 수 있었다. 처음에 여자가 지하철 안에서 기침을 해대며 침을 뱉었다고 한다. 그래서 옆에 서 있던 노인이 "차내에서 침을 뱉으면 어떻게 합니까?" 하고 제지하자 여자가 쌍욕을 퍼붓기 시작했고, 노인이 말로 해서는 안 되겠다 싶어서 경찰에 신고하려고 하니까 여자는 더욱 악을 쓰면서 휴대전화로 노인을 때리기 시작했다는 것이다.

영상을 보면 여자는 휴대전화 모서리로 노인의 머리를 계속 때려대고 행동이 굼뜬 노인은 그것을 피하지 못하고 고스란히 맞고 있다. 의사소통과 정보 공유의 도구인 휴대전화기가 폭행의 무기로 활용된다는 사실이 놀랍기 그지없다. 그리고 여자는 날카로운 목소리로 "나는 경찰빽이 있어."라고도 하고 "쳤어! 쌍방이야."라고도 외치고 있다. 폭행은 자기가 하면서 노인이 방어 차원에서 주먹을 내지르자 그것을 쌍방폭행으로 모는 것이다.

어떻게 새파랗게 젊은 여자가 자기 아버지뻘이나 되는 사람에게 막된 행동을 할 수가 있을까. 어느 매체에서 여자가 술에 취했다는 의견이 나오기도 했으나 아무리 술김이라고 하더라도 수많은 사람이 타고 가는 지하철 안에서 그리 행패를 부릴 정도라면 분명 인성에 문제가 있다고 보지 않을 수 없다.

인간이 짐승과 다른 것은 도덕과 윤리를 지킬 줄 아는 데 있다.

도덕과 윤리는 인간으로서 마땅히 지켜야 할 도리와 바람직한 행동 규범이다. 이것은 내적으로는 인성과 결부되고 외적으로는 태도나 예의범절로 표현된다. 그래서 우리는 곧잘 그 사람의 행동과 태도를 보고 그의 인성을 파악한다. 우리나라는 전통적으로 도덕과 윤리를 잘 지킨 덕분에 이웃 나라로부터 동방예의지국이라는 찬사를 들었다. 서양에도 "예절이 인간을 만든다(Manners maketh man)."라는 말이 있는 것을 보면 우리네 도덕관과 다를 바 없음을 알 수 있다.

도덕과 윤리는 인간사회를 지탱하는 기둥과 같은 것이다. 도덕과 윤리가 무너지면 우리 사회는 질서가 파괴되고 혼란에 빠진다. 지하철에서 임산부나 노약자에게 자리를 양보하는 풍경은 옆에서 보는 이들의 마음을 흐뭇하게 하지만 지하철 폭행녀처럼 위아래도 없이 행동하는 개망나니 모습은 모두의 눈살을 찌푸리게 한다. 이렇게 인성의 맨바닥을 드러내며 사회 질서를 어지럽히는 쓰레기들은 반드시 죄를 묻고 대가를 치르도록 해야 한다.

그 일이 있고 나서 피해자의 사촌 동생이 쓴 국민청원의 글이 올라왔다.

청원자는 우연히 폭행녀 영상을 보다가 피해자가 사촌 형과 닮은 것을 알고 전화를 걸어 본인임을 확인했다면서 이렇게 호소했다.

"저희 사촌 형은 시골에서 자라 서울에서 대학을 나와 30년 넘게 사회생활을 하신 대한민국의 일반적인 한 가장이었습니다. 본인의 충격이 많이 크셨을 텐데 주변 지인과 가족들이 겪을 충격을 더 걱정하시고 계십니다. 제발 지하철 9호선 폭행녀를 꼭 강력처벌하여 일벌백계하여 주세요."

마침내 지하철 폭행녀는 특수상해와 모욕, 폭행 등 혐의로 재판에 넘겨져 징역 1년을 선고받았다. 그에 불복하여 항소하였으나 항소심에서도 "원심이 가볍다거나 무겁다고 볼 수 없으므로 원심 판단을 존중한다."라며 항소를 기각하였다.

이 세상에는 법이 없어도 살 수 있는 사람도 많이 있지만 때로는 법이 없으면 안 될 개차반 같은 인간말종들도 있다. 엄중한 법의 적용을 통해 이 사회를 흙탕물로 만드는 부류들을 골라낼 필요가 있다. 제발 지하철 폭행녀 같은 못된 여자의 반인륜적인 작태를 두 번 다시 보지 않았으면 좋겠다.

제6부 순천문학관에 가다

여기는 순천문학관입니다

여러분, 여기는 순천문학관입니다.

순천만습지 주차장에서 여기에까지 걸어오느라 수고하였습니다.

그래도 순천만 습지의 명물 갈대숲을 바라보면서 걷는 기분은 괜찮았지요?

여러분이 잘 알다시피 순천만은 오늘날 대한민국 생태수도 순천의 자랑거리입니다. 순천만 습지는 람사르협약에 등록된 세계문화유산이라는 사실은 학생 여러분도 잘 알고 있지요? 람사르협약은 물새 서식지인 습지를 보전하기 위한 국제협약 기구라고 해요. 우리 순천만은 흑두루미를 비롯한 각종 철새의 도래지이기 때문에 철새 보호를 위해 2006년 람사르협약 습지로 선정되어 오늘에 이르고 있답니다.

순천문학관을 관람하기에 앞서 간단히 문학관을 소개할게요.

이 순천문학관은 지난 2010년에 지어졌습니다. 나지막한 초가 건물이 몇 채 들어서 있는데, 사람들이 이걸 보고 왜 현대식 건물로 큼지막하게 짓지 않고 이렇게 촌스럽게 지어놨느냐고 혀를 차곤 해요. 그렇지만 이곳이 어딥니까. 철새가 찾아오는 순천만 갈대 군락지가 아닙니까. 이 드넓은 평야 지대에 콘크리트 건물이 우뚝 서 있다면 얼마나 꼴불견이겠어요. 철새들도 자기네를 해치려는가 싶어서 놀러 오려고 하지 않겠지요. 그래서 주변환경과 잘 어울리도록 이렇게 친환경적으로 초가지붕의 문학관을 짓게 되었답니다.

이 순천문학관에는 순천이 낳은 두 분의 작가를 모시고 있습니다.

바로 김승옥 소설가와 정채봉 동화작가입니다. 혹시 여러분은 이 두 작가님의 이름을 들어본 적이 있나요? 없다구요? 여러분은 중학생이니까 김승옥 소설가는 모를 수밖에 없다고 치더라도 동화작가 정채봉 선생님은 알 만도 할 텐데, 한 번도 안 들어봤어요?

그럼 혹시 초등학교 때 〈오세암〉이란 동화 읽어봤나요? 오! 좋아요. 읽어본 친구가 두 명이나 있군요. 그렇습니다. 그 〈오세암〉을 쓴 분이 바로 정채봉 작가입니다. 오세암은 강원도 설악산에 있는 암자인데, 거기에는 옛날부터 전해오는 관음보살 설화가 있답니다. 정채봉 작가는 그 설화를 바탕으로 동화를 쓴 거예요. 이 작품은 애니메이션으로도 만들어지고 영화로도 만들어졌습니다. 저기 보이는 정채봉관에 가면 〈오세암〉의 내용이 자세히 소개되어 있어요. 잠시 후 들어가서 더 알아보시기 바랍니다.

정채봉 작가는 순천시 해룡면 출신입니다.

순천왜성이 있는 바닷가 동네에서 태어나 어린 시절 바다를 보며 자랐습니다. 그런데 불행히도 엄마가 일찍 돌아가셨어요. 세 살 때 엄마를 잃고 할머니 밑에서 자랐다고 해요. 그랬으니 얼마나 엄마가 보고싶었겠습니까?

정채봉 작가의 글을 읽어보면 엄마를 그리워하는 내용이 많이 있어요. 〈엄마가 휴가를 나온다면〉이라는 시도 있는데, 하늘나라에 계신 엄마가 딱 5분간만이라도 휴가를 나온다면 엄마 품에 안겨서 '엄마!'라고 불러보고 가슴 속에 숨겨놓은 억울했던 일 한 가지를 일러바치고 엉엉 울겠다는 내용이지요. 어렸을 때 엄마의 사랑을 받아보지 못하고 엄마에게 응석도 부려보지 못한 사람의 모성애에 대한 간절함이 담겨 있는 작품입니다. 여러분은 집에 엄마가 계시지요? 정채봉 작가의 작품을 읽어보고 엄마의 소중함과 엄마에 대한 고마움을 새겨보는 시간을 가졌으면 좋겠어요.

김승옥 소설가는 우리나라 최고의 작가로 알려진 분입니다.

워낙 글을 잘 써서 한국 문단에 '감수성의 혁명'을 일으킨 작가로 평가받고 있지요. 이런 훌륭한 작가가 우리 고장 순천 출신이라는 것이 자랑스럽지 않습니까? 이분의 대표작은 〈무진기행〉입니다. 서울에서 직장에 다니는 주인공이 고향 무진에 내려와서 사흘 동안 겪는 일을 다루고 있습니다. 이 소설에 나오는 무진은 가상의 도시인데, 소설 속에 그려진 것을 보면 우리 순천과

흡사한 부분이 많습니다. 특히 주인공이 여자와 만나서 바다로 뻗은 긴 방죽길을 걷는 장면이 나오는데, 그게 방금 여러분이 걸어온 둑길로 생각되거든요. 애초에 순천문학관을 여기에 지은 것도 이 소설의 배경과의 연관성 때문이지요.

그리고 이 둑길을 따라 끝까지 걸어가면 갈대밭으로 건너가는 무지개다리가 나와요. 아마 여러분도 그 다리를 많이 건너봤을 거예요. 그런데 그 다리 이름이 뭔지 아세요? 아는 친구는 손 들어보세요. 아무도 없어요? 정답을 맞힌 친구에게는 선물을 드리려고 했는데 아쉽군요. 답을 말씀드리지요. 그게 바로 '무진교'랍니다. 김승옥 작가의 〈무진기행〉에서 따온 이름이지요. 오늘은 우리가 그 다리에 가지 않는데, 나중에 거기 가거들랑 다리 이름 '무진교'를 꼭 눈여겨보기 바랍니다.

김승옥 작가는 두어 해 전만 해도 이곳 문학관에 거주하셨어요. 요즘은 건강 문제로 서울 자택에 계시는데, 여기 계실 때는 방문객들에게 자필서명도 해주시고 함께 사진도 찍어주시곤 하였답니다. 저도 그때는 작가님을 종종 뵐 수 있었지요. 왜냐면 우리 순천에 김승옥문학연구회라는 단체가 있는데, 제가 그 연구회의 일원으로 참여하고 있거든요. 여기 순천문학관에 멋쟁이 시인 두 분이 근무하고 있는데, 그분들도 저와 같이 연구회원으로 활동하고 있어요. 그래서 김승옥 작가님을 모시고 함께 식사도 하고 여행도 다니며 재미있게 지내왔지요.

오늘 여러분은 순천교육지원청에서 마련한 '내 고장 순천 바로 알기 순천문화역사 체험활동' 가운데 '문학의 길'에 참여하여 여기에 왔습니다. 문학관에 김승옥 작가님이 계신다면 인사도 드리고 함께 기념사진도 찍을 수 있을 텐데 안타깝네요. 그렇지만 김승옥 작가님이 건강이 좋아지면 다시 내려오실 테니까 여러분도 그날을 기대하면서 작가님의 건강 회복을 빌어주시기 바랍니다.

자, 이제 문학관에 들어가 보기로 합시다.

저기 가까이 보이는 건물이 정채봉관이고, 저 안쪽 건물이 김승옥관이에요. 안에 들어가면 두 분 작가의 생애를 비롯하여 그동안 펴낸 작품집과 다양한 문학 활동에 관한 자료, 평소 지녔던 소지품들까지 여러 가지가 전시되어 있어요. 이분들이 어떻게 작가로서 살아왔는지 잘 살펴보기 바랍니다. 다녀오면 선생님이 몇 가지 사항을 질문할 거예요. 작품 제목과 주인공의 이름 같은 것들인데, 대답을 잘한 친구들에게는 선물을 드리겠어요. 대답을 잘하려면 들어가서 어떻게 해야겠어요? 대충 훑어보지 말고 꼼꼼히 들여다봐야겠지요?

그런데 한꺼번에 한곳에 들어가면 비좁아서 관람하기 어려울 테니까 두 곳으로 반반씩 나눠서 들어가는 것이 좋겠어요. 1번부터 15번까지는 정채봉관을 먼저 관람하고, 15번부터 끝번까지는 김승옥관을 먼저 관람하도록 하겠어요. 그러고 나서 다음 관으로 옮겨가는 거예요. 알겠지요? 자, 그럼 정채봉관과 김승옥관을 향하여 출발!

김승옥 작가와의 인연

사람과의 인연은 애초에 전혀 생각지 못했던 곳에서부터 시작된다. 김승옥 작가와의 인연이 그러하다.

돌이켜보면 내가 김승옥 작가를 알게 된 것은 1970년대 중반이었다.

당시 우리 대학생 사이에 〈사상계(思想界)〉라는 월간지가 돌아다니고 있었다. 그것은 내가 태어나기도 전인 1953년 4월에 창간된 잡지로 1970년 5월에 이미 폐간되었는데도 불구하고 현실에 대한 안목을 틔워주는 무게감 있는 논설이 많이 실려 있어서 여전히 젊은이들의 눈길을 끌고 있었다. 광주 계림동 헌책방에 가면 한쪽 서가에 예전에 나왔던 책들이 줄줄이 꽂혀 있는 것을 볼 수 있었다. 나는 그것들을 펼쳐보며 읽을 만한 글이 들어 있으면 한두 권씩 사들곤 했다. 언젠가는 동인문학상 수상작이 실려 있는 것이 눈에 띄었다. 제목이 특이하여 어떤 소설인가 싶어 사서 읽게 되었는데, 그것이 바로 김승옥 단편소설 〈서울

1964년 겨울〉이었다.

나는 그 소설을 읽으며 겨울밤 포장마차에서 만난 세 사내가 나누는 밑도 끝도 없는 이야기며 그들의 정처 없는 밤거리 행각이 얼른 이해되지 않았다. 그러나 작품을 이끌어가는 문장만큼은 신선한 매력이 있었다. 전봇대 약 광고판의 여자가 '춥지만 할 수 있느냐'는 듯이 쓸쓸한 미소를 띄고 있더라는 표현이며, 약 광고의 네온사인이 하마터면 잊어버릴 뻔했다는 듯이 꺼졌다가 다시 켜진다는 표현이며, 미용학원 간판이 불에 타는 것을 구경하면서 '원'자부터 불이 붙기 시작하여 '학'을 거쳐 '용'까지 타들어가는 과정을 묘사한 부분 같은 것들이 참 기발했다. 어쩌면 상황을 이렇게 재미나게 표현할 수 있을까?

그때 내가 작가 이름을 잘못 읽기도 했다. 한자 '金承鈺'에서 '鈺(옥)'을 '鉉(현)'으로 착각하고는 '김승현'으로 기억하고 있다가 한참 지난 후에야 바로잡았던 일이 생각난다.

그 후 김승옥 소설을 본격적으로 읽은 것은 '샘터문고'를 통해서였다.

당시 〈샘터〉라는 작달막한 월간지가 아주 인기가 좋았는데, 그 회사에서 손바닥만 한 문고판을 몇 권 내놓았다. 책의 부피가 작은 만큼 내용 부분의 활자 크기도 깨알처럼 작았다. 요즘 같은 나의 시력으로는 안경을 써도 읽어내기가 어려울 테지만 그때만 해도 활자 크기는 전혀 문제가 되지 않았고, 오히려 활자가 작은 만큼 더 많은 글이 수록된 것만 고맙게 여길 뿐이었다.

바로 그 몇 권의 샘터문고 가운데 『김승옥 소설집』이 있었다.

그리고 그 안에 몇 개의 단편소설이 들어 있었는데, 거기서 만난 것이 〈무진기행〉이었다. 그 작품 역시 생동감 넘치는 감성이 깨소금 맛이었다. 고향에 돌아온 주인공이 바라본 거리에서 개 두 마리가 혀를 빼물고 교미하고 있었다는 표현, 밤잠을 설치는 대목에서 어디선가 시계 소리가 들려왔다는 문장을 여러 차례 되풀이하면서 시간의 흐름을 말해주는 부분, 통금해제 사이렌 소리가 길게 신음하며 사라져갔다는 표현, 정사 장면에서 여자의 조바심을 빼앗아주었다는 표현 따위가 매우 기발하고 참신하게 느껴졌다. 그리하여 나는 그의 문장에 매료되어 단행본으로 나온 『내가 훔친 여름』이며 『육십년대식』 따위의 작품을 찾아 읽었다. 제1회 이상문학상 수상작인 〈서울의 달빛 0장〉(1979)도 군대 시절 면회 온 친구가 사다 준 덕분에 읽을 수 있었다.

그 무렵 나는 영화를 통해서도 김승옥 작가를 자주 만날 수 있었다.

괜찮은 영화다 싶으면 김승옥 각색이나 각본으로 나온 것이 많았다. 소설 〈무진기행〉을 영화화한 김수용 감독의 〈안개〉(1967)는 어린 시절이라 못 봤지만 두 번째 영화인 조문진 감독의 〈황홀〉(1974)은 보았고, 그밖에도 김호선 감독의 〈영자의 전성시대〉(1975)와 〈겨울여자〉(1977), 김수용 감독의 〈도시로 간 처녀〉(1981) 등을 관람했는데, 이 모두가 김승옥 작가가 각색하거나 각본을 쓴 것이었다.

1980년대 이후부터는 김승옥 작가와 좀 멀어졌다.

작가의 신작도 나오지 않고 각색한 영화도 눈에 띄지 않았을

뿐더러 나도 직장인이 되어 아이들 가르치는 일에 매달리다 보니 여유가 좀 없었다. 어느 날 교무실에 월부장수가 와서 신간 도서목록을 펼치는데 〈제3세대 한국문학〉(1983)이라는 소설전집이 있었다. 국내 유명작가 스물네 명의 대표작을 묶은 것으로 이청준과 송기숙, 한승원, 문순태, 송영 등 전남 출신 작가들이 여럿이라 반가웠는데, 거기에 당연히 김승옥 작가도 들어 있었다. 나는 선뜻 그 전집을 사서 그해 여름방학 대부분을 그 소설들과 함께 보냈다.

그러다 대학원에 진학하여 논문을 쓰면서 다시 김승옥 소설을 접하게 되었다.

그때 내 논문 주제가 현대인의 소외 문제였는데, 김승옥 소설 〈서울 1964년 겨울〉이 그에 딱 들어맞는 작품이었다. 그래서 소외의 관점에서 작품 분석을 시도해보니 과거에 이미 읽었던 소설이라 훨씬 접근이 쉬웠고, 결과도 괜찮게 나왔다. 나는 그것을 통해 시나 수필, 소설과 같은 문학작품뿐만 아니라 한 편의 논문에도 필자가 쌓아온 독서 이력과 인생 체험이 담긴다는 것을 알았다. 그때까지도 김승옥 작가와의 만남은 작품을 통한 것이었다.

내가 김승옥 작가를 직접 대면한 것은 그로부터 십여 년 이후이다.

2006년 순천문협 책임을 맡았을 때인데, 시청의 지원을 받아 전국 대학생 무진기행 백일장을 처음 열게 되었다. 당시는 순천시에서 순천만 갈대밭 정비를 마치고 관광지로 홍보하기 시작하던 참이었다. 이에 순천만 갈대밭이 김승옥 소설 〈무진기행〉의 배경인 점에 착안하여 전국 대학생 글짓기 대회를 통해 순천만을 홍보하고자 했다. 처음 시작하는 만큼 전국 대학생들이 참여할 수 있도록 홍보에 힘썼고, 행사 당일 김승옥 작가가 서울에서 내려와 시상식에 참여하면서 얼굴을 익혔다. 그때 작가는 이미 뇌경색으로 언어를 잃은 뒤라 요지는 글씨로 써서 소통하였다.

2010년에 순천문학관이 교량동 벌판에 초가 형태로 들어섰다. 그리고 김승옥관 한쪽 방에 작가가 기거할 수 있게 되었다. 작가는 필요한 일이 있을 때는 나에게 도움을 청했고, 나는 성심껏 힘이 되고자 했다. 이따금 시내에서 만나 식사도 했고, 초청 행사 같은 것이 끝나면 승용차로 문학관에 모셔다드리기도 했다. 순천이 작가의 고향이긴 하지만 오랫동안 서울에서 살았기 때문에 그의 귀향은 말뿐이지 타향살이나 진배없었다. 순천의 후배 문인으로서 누군가 작가의 손발이 되어 줄 사람이 필요하겠다 싶었는데, 어쩌다 보니 내가 그렇게 되었다.

2013년 김승옥 문학상이 제정되었다.

이는 나와 사제관계인 KBS 순천방송 지창환 국장의 노력으로 이루어졌다. 무슨 일이든 시작할 때는 어려움이 많은데, 살아 있는 작가를 두고 무슨 문학상이냐는 말도 있었다. 그러나 순천고 출신인 지국장은 고등학교 동문이자 순천의 자랑인 김승옥 작가를 드러내고자 하는 뜻이 강하여 순천시와 전라남도교육청의 후원을 받아 문학상 제정을 성사시켰다. 나는 그의 열정이 고마워 문학상 추진위원으로 참여하여 다소나마 도움이 되고자 하였다. 김승옥 문학상은 2015년까지 세 차례 운영되었고, 잠시 공백기를 거친 다음 2019년부터 문학동네 주관으로 시행되고 있다.

2016년 김승옥 작가와 소통하고 있는 나의 형편을 알게 된 몇몇 문인이 모임 결성을 제안했다. 모임을 공식화하고 매월 얼마씩 회비를 적립하여 작가에게 경제적 도움을 드리자고 하였다. 지극히 고마운 생각이라 취지에 공감하고 모임을 만들었다. 처음에는 의욕적으로 잘되어가는 듯싶었으나 사람의 마음이 똑같지가 않아 얼마 가지 않아 말썽이 생겼고, 이를 눈치챈 작가의 만류로 1년 만에 해체되고 말았다.

그 뒤로는 다시 원점으로 돌아가 김승옥 작가를 흠모하는 몇몇 회원들과 함께 꾸준히 만남을 계속했다. 한 번씩 바깥에 나가 바람을 쐬고 오기도 했다. 가장 기억에 남는 여행은 완도 보길도에 갔을 때이다. 봉고차 한 대를 빌려 타고 보길도에 들어가서 윤선도 유적지와 송시열바위, 예송리해수욕장 등지를 둘러보았다. 그리고 일정을 마치고 오후 마지막 배로 나오려는데 워낙 많은 차가 줄을 서는 바람에 우리가 타고 왔던 차를 배에 실을 수가 없었다. 할 수 없이 회원들만 배에 오르고 회장인 나와 봉고차 운전을 맡은 김제권 회원은 다음날 나가기로 하고 하룻밤을 섬에서 묵었다. 그런데 다음날은 안개가 끼어 배가 안 뜨는지라 얼른 안개가 걷히기를 기다리며 선창을 지키다가 다시 여관으로 돌아가야 했다. 그리하여 사흘 만에 겨우 섬을 탈출할 수 있었는데, 그때 느낀 것은 〈무진기행〉의 안개가 혼돈이라면 보길도의 안개는 속박과 공포라는 것이었다.

2021년에 모임을 공식화하자는 회원의 의견이 있어서 여러 회원의 뜻에 따라 '김승옥문학연구회(약칭 김문연)'로 이름을 지었다. 이어서 세무서에 사업자등록을 하고 고유번호증도 받았다. 동참 회원도 늘어났다. 2022년에는 모임의 명칭에 걸맞게 문학적 성과를 내보고자 〈무진으로 떠나는 문학여행〉이라는 제목으로 연구집을 펴내기로 하였다. 이를 통해 우리 회원들의 김승옥 문학에 대한 이해가 더욱 깊어질 것으로 기대한다.

김승옥 문학은 60년대에 꽃을 피웠지만 거기서 끝난 것이 아니다. 고전의 가치가 그러하듯 오늘날까지 생명력을 지닌 채 꾸준히 독자의 사랑을 받고 있다. 한국 현대문학에서 김승옥 소설의 성취가 그 빛을 잃지 않는 한 우리의 연구 활동도 충분히 가치를 지니게 될 것이다. 현재 김승옥 작가는 팔순에 접어들었어도 건강을 잘 유지하고 계신다. 앞으로 더욱 김승옥 작가와 긴밀히 교류하면서 김승옥 문학 연구에 매진하고자 한다.

순천문학관에 가다

가끔씩 순천문학관에 가곤 한다.

평소 김승옥 작가와 약속으로 갈 때가 많지만 어쩌다가 한 번씩 순천문인협회 행사로도 가고, 학생 문학탐방 프로그램을 맡아서 애들을 데리고 가기도 한다.

순천문학관에 갈 때마다 느끼는데, 시내와 너무 떨어져 있는 점이 불편하다. 명색이 문학관이라면 누구든지 쉽게 접근할 수 있어야 하는데, 순천문학관은 순천만 습지 주차장에 차를 세워두고 10여 분 동안 걸어 들어가야 한다. 물론 김승옥 작가와의 친분을 내세워 샛길을 따라 승용차로 문학관 마당까지 들어갈 수도 있으나 아무래도 근무자들의 눈치가 보여 마음이 편치 않다.

또 하나 아쉽게 느끼는 것은 문학관의 초라한 규모이다. 순천시의 위상에 걸맞게 건물을 좀 큼지막하게 지어 순천이 낳은 여러 작가를 두루 소개했으면 좋겠는데, 납작한 초가에 김승옥과 정채봉 두 작가만 달랑 보여주고 있으니 '뭐야, 고작 이것뿐인가!' 하는 생각이 든다. 문학관을 초가 형태로 지은 것은 주위에 펼쳐진 순천만 습지의 경관을 해치지 않으려는 뜻으로 이해할 수 있으나 문학관의 규모만큼은 다른 지역의 문학관과 비교해 볼 때 너무 초라해 보여서 아쉬운 생각을 떨칠 수 없다.

목포에 가면 부러운 것이 하나 있다. 갓바위문화타운이라고 해서 입암산 아래 큼지막한 문학관이 문화예술회관과 문예역사관, 남농기념관, 자연사박물관, 해양유물전시관 등과 함께 사이좋게 모여 있다. 시내와 가까워 편리할뿐더러 문화 관련 주요 건물이 한데 어울려 있으니 한 번 가면 여러 곳을 둘러볼 수 있는 이점이 있다. 우리 순천도 앞으로 문화예술 관련 건물을 지을 때 이런 방향으로 생각해봤으면 좋겠다.

순천문학관은 2010년에 지어졌는데, 이것을 순천만에 세운 것은 순전히 김승옥의 소설 때문으로 본다. 김승옥의 대표작 〈무진기행〉에서 '무진'은 순천의 다른 이름이고, 두 남녀가 만나서 거니는 '바다로 뻗은 긴 방죽길'은 순천만을 가리킨다고 볼 수 있다. 물론 이 작품 말고도 〈환상수첩〉에서도 주인공이 친구와 함께 '순천만의 염전'을 걷는 대목이 나오고, 〈누이를 이해하기 위하여〉에도 '갈대들이 들려준 이야기'라고 하여 "갈대숲 사이에는 부리가 긴 물새들이 날아다니며 먹이를 찾고 있었다. 간간이 고기들이 강물 위로 펄쩍 뛰어오르곤 해서 주위의 정적을 돋우어 주고 있었다."라는 문장이 있어 순천만 갈대숲을 떠올리게 만든다. 순천에서 고등학교 졸업 때까지 생활했던 작가의 성장 체험이 이렇게 소설 속에 녹아든 것으로 보인다.

해마다 전국의 많은 문인과 학생들이 김승옥 작가를 흠모하여 순천문학관을 찾고 있다. 그들은 이곳에 와서 전시물을 통해 김승옥 작가의 다양했던 활동을 살펴보고, 어쩌다 운이 좋으면 김승옥 작가를 직접 만나볼 수도 있으며, 아울러 주위의 너른 순천만 갈대숲을 바라보면서 자신이 읽었던 소설의 한 구절을 떠올릴 수 있을 터이다. 이 점을 생각하면 문학관이 이곳에 자리 잡은 것도 충분히 이해가 되고, 교통의 불편함도 어느 정도 잊어버릴 수 있을 것 같다.

민속촌의 가옥을 연상시키는 김승옥관은 언제 봐도 고즈넉하다.

전시관은 초가 건물 두 채가 기역 자 모양으로 꺾여서 이어져 있는데, 입구에 들어서면 맨 먼저 만나는 글귀가 있다. 김승옥 작가의 중년기 얼굴과 함께 이 문장이 방문객을 맞는다.

> 소설가란 스스로 '이것이 문제다.'고 생각하는 것에 봉사해야지 어느 무엇에도 구속당해서는 안 된다. 권력자나 부자의 눈치를 살펴서도 안 되고 동시에 힘없고 가난한 사람의 비위만 맞춰서도 안 된다. 모든 것으로부터 자유로워야 하며 다만 스스로의 가치에 비추어 문제가 되는 것에 자신을 바쳐야 한다.

소설가는 스스로 문제의식을 갖고 누구의 눈치를 보는 일이 없이 자유롭게 창작에 임해야 함을 주장하고 있다. 작가의 창작관이 집약된 글귀로서 그가 쓴 산문 〈받을 줄도 모른다〉에 들어 있는 내용이다. 여기서 '어느 무엇에도 구속당해서는 안 된다.'

라는 구절이 특히 두드러져 보이는데, 김승옥 작가가 활동하던 1960년대부터 1980년대까지는 박정희와 전두환으로 이어지는 군부독재 기간으로서 문인에 대한 탄압과 검열이 극심했던 시절이었다. 친구 김지하 시인이 〈오적(五賊)〉(1970)으로 투옥되자 김승옥 작가는 백방으로 뛰며 구명운동에 나섰고, 본인 역시 검열을 당해 작품이 삭제되는 굴욕을 겪은 일이 있다. 그래서 이처럼 창작의 자유를 강조한 것이 아니었을까.

다음으로 볼 수 있는 전시물은 작가의 '살아온 길'이다.

1941년 일본 오사카 출생부터 시작하여 2010년 순천문학관이 건립될 때까지의 작가 연보가 씌어 있다. 갓난아이 때의 사진과 고등학생 때의 사진, 대학 졸업사진 따위가 곁들여져 작가의 성장 과정을 보여준다. 1962년에 〈생명연습〉으로 한국일보 신춘문예에 당선되고, 1964년에 〈무진기행〉을 썼으며, 1965년에 〈서울 1964년 겨울〉에 동인문학상을 받았다는 이력이 아무리 생각해도 놀랍다. 스물한 살에 등단하고 스물세 살에 필생의 역작인 〈무진기행〉을 내놓았으며, 스물네 살에 최고 영예의 문학상을 받으며 문단의 총아로 떠올랐으니 대단하다고 아니할 수 없다. 천재가 아니고는 엄두도 낼 수 없는 일이다.

이어서 김승옥의 문학세계와 동정을 다룬 신문 스크랩들과 함께 그동안 출판된 작가의 소설집들이 전시되어 있다. 문학동네에서 나온 전집을 비롯하여 창문사와 샘터사, 범우사, 문학사상사, 서음출판사, 청아출판사 등 여러 곳에서 제각기 제목을 달리하여 책을 낸 것을 볼 수 있다. 이렇게 여러 출판사에서 책이 나온 것은 그의 소설에 독자들의 호응이 컸음을 말해준다.

작가에게 영예를 안겨준 동인문학상과 이상문학상 관련 사진도 붙어 있다. 동인문학상 사진에는 〈사상계〉의 장준하 선생을 비롯하여 국어학자 이희승과 이숭녕, 문학평론가 김팔봉, 소설가 안수길, 이호철, 전광용, 철학자 안병욱 선생 등이 참석한 것을 볼 수 있다. 문학사상사가 제정한 제1회 이상문학상 상장은 특이하게 족자 형식으로 되어 있는 데다 내용도 인쇄 활자가 아니고 붓글씨로 씌어 있다. 끝에 '일중(一中)'이라는 호가 쓰여 있는 것으로 봐서 서예가 김충현(金忠顯, 1921~2006)의 솜씨인 듯하다.

김승옥관에 전시된 자료들은 크게 두 종류로 나눌 수 있다.

하나는 소설에 대한 것이고, 다른 하나는 영화에 대한 것이다. 김승옥은 신성일과 윤정희가 나오는 영화 〈안개〉(1967)를 찍을 때 자신의 소설 〈무진기행〉의 각색을 맡았는데, 그 일을 계기로 영화계로 진출하여 〈장군의 수염〉(1968)과 〈영자의 전성시대〉(1975), 〈겨울여자〉(1977), 〈도시로 간 처녀〉(1981) 등 수많은 영화의 시나리오 작업에 참여하였다. 또 몸소 감독을 맡아 김동인의 소설 〈감자〉(1968)를 영화화하여 스위스 로카르노영화제에서 호평을 받기도 하였다. 그가 애초 시나리오에 손을 댄 것은 생계 때문이었다고 한다. 소설 원고료만으로는 가족 부양이 어려우므로 자연히 목돈이 들어오는 영화 쪽 일을 하게 되었는데, 어찌 되었든 그의 뛰어난 예술적 감각은 소설뿐만 아니라 영화에서도 큰 빛을 발한 셈이다. 김승옥관에서는 그의 영화에 관한 발자취를 소상히 살펴볼 수 있다.

이 전시실에 김승옥 작가의 젊은 시절 모습이 담긴 흑백사진 두 장이 특히 눈길을 붙잡는다.

하나는 영화배우 신성일과 찍은 것이고, 또 하나는 영화배우 윤정희와 찍은 것이다. 이 두 배우야말로 1960년대와 1970년대의 한국 영화계를 주름잡았던 최고의 스타가 아닌가. 신성일과 함께한 사진은 길거리에서 여러 구경꾼에 둘러싸여 있는 모습이다. 뒤에 '무진사진관'이라는 간판이 있는 것으로 보아 영화 〈안개〉를 촬영할 때 순천 시내에서 찍은 듯하다. 〈안개〉는 김승옥 작가가 시나리오를 쓴 만큼 제작진의 한 사람으로 촬영장에 나와 일정 부분 역할을 한 모양이다. 실제로 김승옥 작가는 〈안개〉에 서 단역으로 출연했다. 주인공이 버스를 타고 무진으로 내려올 때 뒷좌석에 밀짚모자를 쓴 채 담배를 피우는 승객이 있는데, 그가 바로 김승옥 작가이다.

또 다른 사진은 양산을 쓴 윤정희와 더불어 네 사람이 찍은 것이다. 여기서 김승옥 작가와 윤정희는 한 쌍의 연인처럼 잘 어울리는 모습이다. 이것도 〈안개〉 촬영 때 찍은 사진이 아닌가 싶었는데, 작가에게 여쭤보니 소설 〈무진기행〉의 두 번째 영화인 〈황홀〉(1974)을 촬영할 때의 모습이라고 한다. 윤정희는 〈안개〉에 이어 〈황홀〉에서도 여주인공 역할을 맡았다. 사진에 함께 있는 두 사람은 감독을 맡았던 조문진과 이장호라고 한다. 이때 이장호는 조감독으로 참여했는데, 나중에 〈별들의 고향〉(1974)과 〈바람 불어 좋은 날〉(1980), 〈어우동〉(1985) 등의 감독을 맡아 성가를 높였다. 김승옥 작가는 이 〈황홀〉에서도 골방에 둘러앉아 화투 치는 무리에 섞여 잠깐 얼굴을 비친다.

전시실에 걸린 김승옥의 사진에서 확인할 수 있는 것은 작가가 젊은 시절에 대단한 미남이었다는 사실이다. 그의 장편소설 〈내가 훔친 여름〉을 보면 대학생 주인공이 주변 친구들로부터 '꽃각시'라는 별명을 얻은 이야기가 나오는데, 이는 아무래도 작가 자신의 이야기가 아닌가 싶다. 남자가 잘생기면 여자들이 따르기 마련이다. 추측건대 김승옥 작가도 준수한 외모 탓에 사모님이 애가 많이 타지 않았을까 하는 생각이 든다. 하늘은 참 불공평하다. 소설을 잘 쓰면 얼굴이 잘생기지 말거나 얼굴이 잘생겼으면 소설을 잘 쓰지 못하거나 해야 할 텐데, 조물주는 어찌하여 탁월한 재능을 한 사람에게 몽땅 몰아주었을까. 문학계와 영화계를 넘나들며 명성을 떨치던 이때야말로 김승옥 작가에게는 생애 최고의 황금기가 아니었을까.

그런데 호사다마(好事多魔)라고나 할까. 김승옥 작가는 2003년 뇌경색을 앓고부터 언어를 잃었다. 작가가 언어기능을 잃었다는 것은 음악가가 귀를 잃고 미술가가 눈을 잃은 것처럼 치명적이다. 그를 숭배하는 독자들이 매우 안타까워하는 대목이다. 그러나 냉정하게 따지면 김승옥은 1980년 동아일보 〈먼지의 방〉 연재 중단 이후로는 펜을 들지 못했고, 더욱이 1981년 극적인 종교체험 이후로 신앙에 경도한 점을 생각할 때 설사 그가 언어능력을 잃지 않았더라도 소설 창작이 가능했을까 하는 의구심이 남는다. 김승옥 작가는 1960년대에 '감수성의 혁명'으로 요약되는 소설적 성취에 이미 도달한 만큼 그 이상의 기대는 우리의 욕심이 아닐까 하는 생각도 해본다. 오직 바라는 바는 지금처럼 건강을 유지하면서 오래도록 순천문학관을 지켜주었으면 하는 것이다.

김승옥관 전시실을 나서니 문학관 앞마당에 한여름 햇살이 화사하게 쏟아지고 있다. 그 반짝이는 햇살을 보니 문득 소설 〈무진기행〉의 한 구절이 떠오른다. 버스를 타고 무진에 도착한 주인공의 눈에 비친 시가지의 모습이 바로 이러했다.

"기와지붕들도 양철지붕들도 초가지붕들도 유월 하순의 강렬한 햇볕을 받고 모두 은빛으로 번쩍이고 있었다. 햇볕만이 눈부시게 그 광장 위에서 끓고 있었고…."

김승옥 작가와의 필담

김승옥 선생님과 만나면 으레 필담을 나눈다.

선생님은 간단한 것은 말로 표현하지만 조금 구체적인 사항은 글씨로 보여준다.

선생님은 늘 필기구를 갖고 다닌다. 그리고 무슨 이야기를 해야겠다 싶으면 주머니에서 볼펜을 꺼낸다. 종이는 대개 화장지이다. 어쩌다 수첩을 꺼내기도 하지만 비닐봉지에 든 화장지 한 장을 꺼내 거기다가 말씀을 적을 때가 많다. 화장지는 표면이 매끄럽지가 않아 글씨가 잘 써지지도 않고 쉽게 찢어진다. 그래서 내 호주머니의 메모지를 얼른 꺼내 드리기도 한다.

선생님은 문장을 쓰지 않고 단어 위주로 의사를 표현한다. 화살표도 많이 사용한다. 그것을 보고 이야기의 맥락을 이해할 수 있다. 때로는 그림도 등장한다. 과거에 신문 만평을 그렸던 솜씨가 발휘되는 순간이다.

언어가 자유롭지 못하니까 귀도 어두울까? 아니다. 선생님은 귀는 아주 밝다. 우리가 하는 말을 모두 알아듣고 고개를 끄덕이고 밝게 웃으며 반응해준다. 그래서 우리는 무슨 이야기든지 거리낌 없이 말씀드릴 수 있다. 귀까지 원활하지 못하다면 의사소통이 한층 힘들 텐데 듣는 일만큼은 불편이 없으니 얼마나 다행스럽고 고마운지 모르겠다.

선생님은 젊어서부터 워낙 바쁘게 활동하셨던 분이라 특별한 경우가 아니면 고향에 내려오는 기회가 없었다. 2003년 언어를 잃어버린 이후로는 더욱 그러했으니, 순천의 문인들이 선생님을 한번 만나는 일은 하늘의 별 따기나 마찬가지였다. 그러다가 2006년부터 전국 대학생 순천만 무진기행 백일장 행사를 시작하면서 가을에 한 번씩 얼굴을 뵐 수 있게 되었다. 더욱이 2010년 순천문학관이 조성되면서 선생님을 자주 뵐 수 있게 되었으니 이 고장의 문인으로서는 큰 행운인 셈이다.

선생님은 후배 문인들을 만나면 늘 너그럽게 대한다. 책을 내밀면 서명도 잘해주고 사진을 찍자고 하면 두 번이건 세 번이건 흔쾌히 자세를 잡아준다. 그래서 선생님을 대할 때는 언제나 마음이 편하다. 우리에게만 그러는 것이 아니다. 문학을 공부한다는 대학생들이며 아줌마부대들이 문학관에 몰려와서 너도나도 선생님을 붙잡고 좋아 어쩔 줄 몰라 하며 야단법석을 떠는데, 그럴 때도 선생님은 성가신 표정 하나 없이 순순히 그들의 요구에 응해준다. 한국 현대문학사에 한 획을 그은 작가의 친필 서명을 받고 함께 사진을 찍는다는 것이 좀 영광스러운 일인가. 문학을 아는 사람이라면 누구나 흠모하는 훌륭한 작가를 가까이 모실

수 있다는 것은 우리의 홍복(洪福)이 아닐 수 없다.

나는 선생님을 만나면 옛날 젊은 시절 이야기를 곧잘 물어 본다.

지난 2022년 봄 김지하 시인이 작고한 즈음이었다. 선생님은 '김지하 → 원주 → 박경리'라고 쓰면서 박경리의 토지문학관이 있는 원주에서 김지하 시인의 장례식이 치러진다고 하였다. 선생님은 장례식에 참례하지 못한 것을 못내 안타까워하며 부의금을 보낼 사람을 알아보고 있었다.

"김지하 시인을 어떻게 알게 되었어요?"하고 여쭈니, '김승옥 서울대 불문과 = 김지하 서울대 미학과'라고 썼다. 같은 서울대학교 동창생이라는 뜻이다. 같은 학년에다 문학도로서 통하는 바가 많았던 모양이다. 그리고 선생님은 다시 '김지하 → 박정희 → 감옥'이라고 썼다. 김시인이 박정희 정권 때 감옥살이를 했다는 이야기이다.

〈오적(五賊)〉과 〈타는 목마름으로〉로 유명한 김지하 시인은 내가 대학생이던 1970년대에 젊은이들의 우상과 같은 존재였다. 그는 박정희 독재에 맞서 싸우면서 투옥과 석방을 거듭하다가 마침내 사형선고까지 받았다. "그때 선생님이 구명운동을 열심히 하셨다면서요?"하고 물으니 그야 친구로서 당연한 일이 아니겠냐는 표정으로 고개를 연신 끄덕인다. 덕분에 시인은 무기징역으로 감형을 받았고 나중에 정권이 바뀌면서 풀려나게 되었다. 순천문학관의 김승옥관에는 김지하 시인이 원고지에 쓴 편지글이 전시되어 있다. "그리운 승옥아."로 시작되는 시인의 달필 편지에서 두 사람의 우정을 짐작할 수 있다.

나는 선생님께 영화에 관해서 자주 물어본다.

"선생님은 〈감자〉라는 영화를 감독하여 해외영화제에서 좋은 평가를 받았잖아요. 그럼 영화감독을 계속하시지, 왜 딱 한 편만 만들고 말았어요?"

선생님은 종이에 '백혜욱 X'라고 쓴다. 사모님이 하지 못하게 했다는 뜻이다. 사모님은 왜 영화감독 일을 만류했을까? 그것은 어느 책에서 봤는데, 영화 일에 빠지면 선생님이 도덕적으로 문란해지지 않을까 염려했다는 것이다. 그래서 시나리오를 쓰는 일까지만 허용하고, 그 이상의 영화 일은 손대지 못하도록 했다고 한다. 젊은 시절 선생님은 영화배우를 빰칠 만큼 꽃미남이었으니 사모님의 불안한 심정도 충분히 이해할 만하다.

"선생님은 젊었을 때 여자들한테 인기가 많았을 것 같아요. 이쁜 여자들과 연애도 많이 했지요?"

단도직입적으로 묻는다. 선생님은 웃음을 띤 얼굴로 고개를 가로저으며 손까지 절레절레 흔든다. 극구 부인하지만 나로서는 글쎄 하는 생각이 앞선다. 선생님의 소설작품을 읽다 보면 상상만으로는 쓸 수 없다고 짚이는 대목들이 있기 때문이다.

"선생님이 영화 일을 하실 무렵 여배우 트로이카가 있었잖아요?"

그러면서 나는 메모지에 남정임과 윤정희, 문희라고 이름을 쓴다.

"이 세 여배우가 당시 우리 영화계를 주름잡았는데, 선생님이 보시기에 누가 제일 예뻤어요?"

선생님은 잠시 생각하더니, 손가락으로 '문희'를 짚는다. 어? 이건 뜻밖이다. 나는 선생님이 각색한 〈안개〉와 〈황홀〉, 그리고 손수 확성기를 잡은 〈감자〉에서 주연을 맡았던 '윤정희'를 가리킬 줄 알았다. 윤정희가 이걸 알면 얼마나 서운해할까. 하지만 요즘 윤정희가 건강상태가 좋지 않은 형편이라고 하니까 그럴 일은 없을 것 같다. 〈미워도 다시 한번〉(1968)으로 관객의 눈물샘을 자극했던 문희, 우수 어린 눈매가 그의 매력이었는데, 선생님이 거기에 끌리지 않았나 싶다.

사람은 나이가 들수록 지난날로 고개를 돌린다. 좋았던 지난 시절의 추억을 떠올리며 현재의 공허감을 달래곤 한다. 팔순에 접어든 선생님도 눈부시던 옛 시절을 향한 시간여행이 싫지 않아 보인다. 카페에서 선생님과 마주 앉아 필담을 나누다 보니 두어 시간이 금방 지나간다. 선생님의 얼굴에 흐뭇한 미소가 흐른다.

무진기행을 필사하며

요즘 김승옥 소설가의 대표작 〈무진기행〉을 필사하고 있다. 나로선 두 번째 필사이다. 몇 해 전 내가 속한 문학회에서 김승옥 소설을 공부하는 차원에서 필사해보자고 하여 한 번 원고지에 옮겨 적어봤고, 이번에는 김승옥문학연구회에서 한번 시도해보자는 의견이 나와서 다시 필사하게 되었다.

김승옥 소설의 필사는 새삼스러운 일이 아니다. 이미 오래전부터 국내 유명작가들이 해온 일이다. 그 대표적인 이가 신경숙 소설가이다. 그는 〈스무 살에 만난 빛〉이라는 산문에서 김승옥 소설의 필사를 고백하였다. 그의 자전소설 〈외딴방〉에서도 낮에는 공단에서 일하고 밤에 학교를 다니는 주인공이 누가 시키지 않는데도 틈틈이 김승옥 소설을 공책에 옮겨적는 것을 볼 수 있다.

사람들은 왜 다른 작가들의 작품도 많은데 굳이 김승옥 소설을 필사하려고 할까?

대답은 간단하다. 그것은 두말할 필요도 없이 김승옥의 빼어난 문장 때문일 것이다. 김승옥의 문장은 젊고 싱싱하다. 바다에서 갓 잡아 올린 물고기처럼 팔딱거리는 생동감이 있다. 비유할 때도 우리가 이전에 한 번도 보지 않았던 사물이나 현상을 가지고 나와 우리를 놀라자빠지게 한다. 특히 〈무진기행〉이 그러하다. 김승옥은 이 소설을 1964년에 발표했다. 그의 나이 스물세 살 때의 일이다. 생기발랄한 청년의 풋풋한 숨결과 감수성이 밤하늘의 별처럼 반짝인다. 천재가 아니고는 쓸 수 없는 글이다. 그는 이 소설 한 편으로 '전후문학의 기적'이니 '단편 미학의 전범'이니 '감수성의 혁명'이니 하는 평가를 들으며 한국 문단의 기린아로 우뚝 치솟았다. 그의 출현은 기성 작가들을 충격과 함께 좌절의 수렁에 빠뜨렸다. 소설가 김훈이 회고한 대로 그의 아버지 김광주 작가가 토로했다는 "이제 우리 시대는 갔다."라는 비감에 찬 말은 당시 선배 문인들의 심정을 잘 말해주고 있다.

이제 김승옥의 〈무진기행〉이 세상에 나온 지도 한 주갑(周甲)이 되었다. 이 만큼 세월이 흘렀으면 어지간한 작품은 독자들의 기억에서 희미해질 법한데, 〈무진기행〉은 천만의 말씀이다. 순천문학관에 전국의 문인들이 수시로 찾아오고, 국문학과나 문예창작학과 학생들이 문학기행을 오는 것을 보면 김승옥 소설에 대한 열기가 아직도 식지 않았음을 짐작할 수 있다. 바로 이러한 김승옥 소설의 현재성이 지금 우리에게 그의 작품을 필사하도록 부추기는 동력이 되고 있다.

버스가 산모퉁이를 돌아갈 때 나는 '무진 Mujin 10km'라는 이정비를 보았다.

소설 〈무진기행〉의 첫 문장을 원고지에 옮긴다. 서두치고는 상당히 단도직입적인 느낌이 든다. 대개 일반소설의 첫머리를 보면 날씨라든가 자연풍경이라든가 인물의 심리상태 같은 것을 늘어놓으면서 어느 정도 분위기를 잡은 다음에 본격적인 이야기를 꺼내는 것이 정석이다. 그런데 〈무진기행〉은 너절한 잔소리 따위는 귀찮고 본론부터 얘기하겠다는 듯이 불쑥 주인공의 귀향 장면을 들이대고 있다. 이는 처음부터 읽는 이를 긴장시켜 주의를 집중토록 하겠다는 의도로 보인다.

이처럼 느닷없이 얘기를 꺼내는 전략은 김승옥 소설 전반에 나타나는 특징이기도 하다. "저 학생 아나?"라고 시작하는 〈생명연습〉을 비롯해서 "토요일 오후. 제기랄, 괜히 마음이 느긋해진다."라고 시작하는 〈싸게 사들이기〉, "현주는 자기 몸에 늘어붙고 있는 사내의 시선을 느꼈다."라고 시작하는 〈야행〉, "형님에게서 전화가 왔다."라고 시작하는 〈서울의 달빛 0장〉과 같이 그의 소설 첫머리는 대부분 비수처럼 날카롭게 우리의 정수리를 찌르는 것을 발견할 수 있다.

필사는 지극히 더딘 작업이다. 읽는 것이 마라톤이라면 이것은 엉금엉금 기어가는 거북이걸음이라고 할 수 있다. 성미가 급한 사람은 도중에 '아이구야! 이걸 언제 다 쓰지?' 하고 나자빠질 일이다. 그러나 한 글자 한 글자 써나가면서 낱말의 의미나 문장의 의미를 생각할 수 있다는 것은 큰 이점이 아닐 수 없다. 이를테면 학창시절 영어 공부할 때를 떠올려보라! 영어단어를 외우면서 철자를 그냥 눈으로만 보는 것과 펜을 들고 한 번 써 보는 것은 크게 다르지 않던가. 글을 눈으로 읽는 것과 소리 내어 읽는 것이 효과가 다르듯이 손으로 쓰는 것은 무척 큰 차이가 있다. 글의 맛을 속속들이 음미할 수 있고 작품을 좀 더 깊게 이해할 수 있는 것이다.

사실 문장을 눈으로 읽어나갈 때는 생각하는 시간이 길어질 수가 없다. 눈의 움직임, 즉 시각의 진행을 따라가다 보면 낱말의 의미나 문장의 의미를 느긋이 생각할 겨를이 없다. 그러나 필사를 하게 되면 진행이 더딘 만큼 생각할 수 있는 여유가 늘어난다. 그래서 읽으면서 놓친 것들을 필사하면서는 붙잡을 수 있는 것이다. 벌교의 태백산맥문학관에 가면 '필사는 정독 중의 정독이다.'라는 말이 붙어 있다. 필사의 효과를 가장 잘 설명해주고 있다.

앞으로 오빠라고 부를 테니까 절 서울로 데려가주시겠어요?

하인숙이 주인공에게 서울로 데려가 달라고 말하는 대목이다. 문장을 옮겨 적으며 이 말을 내뱉은 여자의 속마음을 헤아려본다. 왜 그는 처음 만난 남자에게 자기를 서울로 데려가 달라고 했을까? 그것은 자기 스스로 서울에 갈 수 없기 때문이 아닐 것이다. 그의 말은 자기가 서울에서 생활할 수 있도록 서울에 일자리를 마련해달라는 의미일 것이다. 하인숙이 보기에 서울 제약회사에서 상당한 직위에 있는 주인공이라면 일자리 하나 정도는 어렵지 않게 마련해줄 수 있을 것으로 생각했으리라.

> 나는 나의 한 손으로 그 여자의 한 손을 잡았다. 그 여자는 놀란 듯했다. 나는 얼른 손을 놓았다. 잠시 후에 나는 다시 손을 잡았다. 그 여자는 이번에 놀라지 않았다. 우리가 잡고 있는 손바닥과 손바닥 틈으로 희미한 바람이 새어나가고 있었다.

주인공이 하인숙과 만나 바다로 뻗은 긴 방죽길을 걸으며 손을 잡았다가 놓고 다시 잡는 대목이다. 이런 장면은 실제 연애를 해보지 않고는 생각해내기 어려울 것이다. 그런데 여기서 눈여겨봐야 하는 것은 문장의 길이이다. 여기서 작가는 스타카토식 단문을 쓰고 있다. 만연체로 쓰지 않고 간결체로 짧게 끊어 쓴 까닭이 무엇일까? 그것은 남녀의 신체가 맞닿는 긴장된 순간의 호흡과 관계가 있지 않을까. 작가는 등장인물의 심리상태에 맞추어 문장의 길이를 조절한 것이다. 이 대목은 눈으로 읽어나갈 때 대수롭지 않게 지나쳐버릴 수 있는 부분이다. 그런데 원고지에 옮겨 적다 보니 이러한 등장인물의 마음속 미세한 떨림까지도 들여다볼 수 있는 여유가 있다. 필사하지 않았더라면 놓쳐버렸을 대목을 붙잡아서 음미할 수 있다는 것, 이것이 바로 필사의 매력이라 할 것이다.

나는 그 방에서 여자의 조바심을, 마치 칼을 들고 달려드는 사람으로부터, 누군지가 자기의 손에서 칼을 빼앗아주지 않으면 상대편을 찌르고 말 듯한 절망을 느끼는 사람으로부터 칼을 빼앗듯이 그 여자의 조바심을 빼앗아주었다.

하인숙이 주인공과 육체관계를 맺는 대목에 이르렀다. 외설적인 묘사 하나 없이 정사 장면을 그려냈다. '조바심을 빼앗아주었다.'라는 말로 상황을 정리해낸 솜씨가 기발하고 절묘하다.

그런데 여기서 여자의 육체 거래에 대하여 오늘날의 독자들은 고개를 갸우뚱할지 모르겠다. 서울에 일자리 하나 얻으려고 굳이 이렇게까지 해야 하는가? 그런데 이 소설은 1960년대에 쓰인 점을 고려할 필요가 있다. 농경사회의 비중이 컸던 당시는 도회지에 일자리가 많지 않았을뿐더러 구직 정보를 얻기도 어려웠다. 대부분의 시골 처녀들이 상경하여 가정부나 여공으로 들어가고 심지어는 윤락가로 빠지던 시기라는 점을 생각한다면 하인숙이 가졌던 조바심을 조금이나마 이해할 수 있지 않을까.

김승옥 소설을 필사하면서 은근히 기대하는 것이 있다.

멋진 글을 이렇게 원고지에 옮겨적다 보면 은연중 나도 이런 문체를 습득할 수 있지 않을까 하는 주제넘은 바람이다. 뱁새가 황새를 따라가려고 하다 가랑이가 찢어진다고 하지만 그래도 천재 작가의 문장을 부지런히 베껴 쓰다 보면 나의 글솜씨도 조금이라도 나아지지 않을까 하고 감히 욕심을 부려본다. 이런 기대라도 없다면 무슨 낙으로 이 답답하고 지루한 일을 계속할 수 있겠는가. 이것은 모방이나 표절이 아니라 숙달에서 우러나온 응용일 터이므로 누가 뭐라고 하지는 않을 것이다. 앞으로도 나는 틈틈이 김승옥 소설을 필사하면서 둔하기 그지없는 내 글의 날을 조금씩이나마 벼려 나가고 싶다.

무진기행과 안개의 거리

김승옥 작가가 자신의 소설 〈무진기행〉을 영화 시나리오로 손수 각색한 『안개』(스타북스, 2022)가 단행본으로 출간되었다. 영화 〈안개〉(1967)가 상영되고 나서 정확히 56년 만에 그 각본이 독자와 만나게 된 셈이다. 이렇게 반세기가 지난 시점에서 관련 도서가 시장에 나왔다는 것은 김승옥의 작품이 아직껏 출판계와 독자층에 먹히고 있다는 증좌라고 하겠다.

나는 신성일과 윤정희가 주인공으로 나오는 김수용 감독의 〈안개〉를 당대에는 보지 못했다. 그때는 내가 중학교 1학년 때인데, 그 무렵 극장에는 〈석양의 무법자〉(1966)나 〈황야의 은화 일불〉(1967)과 같은 이탈리아의 마카로니 웨스턴과 〈용문의 결투〉(1967)나 〈의리의 사나이 외팔이〉(1967)와 같은 홍콩 무협물이 판을 치고 있었다. 그것들에 눈이 팔렸던 탓인지 〈안개〉는 내 관심권에 들어오지 않아서 그 무렵 이 영화가 상영되었는지조차 내 기억에 없다.

내가 흑백필름의 〈안개〉를 처음 본 것은 그로부터 마흔 해가 지난 2006년 순천만에 차려진 갈대축제장이었다. 그때 순천시청에서 이 영화의 필름을 어디서 구해와서 저녁 야외무대에서 틀어주었다. 늦은 시각이라 관객이 얼마 되지 않았는데 나도 무슨 일이 있어서 중간쯤 보다가 자리를 뜨고 말았다.

그 뒤 김승옥 선생님과 가까워지면서 선생님이 이 영화와 더불어 당신이 감독한 〈감자〉를 담은 콤팩트디스크를 빌려주어서 그제야 제대로 감상할 수 있었다. 요즘은 한국영상자료원에서 이 영화를 유튜브에 올려놓아서 누구든지 쉽게 볼 수 있는데, 당시에는 아무나 볼 수 없는 희귀 자료였다.

김승옥 각본 『안개』를 펴들면서 제일 관심이 가는 부분은 소설 〈무진기행〉이 시나리오로 각색되면서 무엇이 어떻게 달라졌는가 하는 점이었다. 문장으로 그려내는 소설과 영상으로 보여주는 영화는 그 표현 방식이 다른 까닭에 차이가 생기지 않을 수가 없다.

그리고 소설을 영화로 만들 때는 대개 다른 각색자의 손을 빌리는데, 〈안개〉의 경우는 소설 원작자의 각색이라서 더욱 흥미를 끌었다. 김승옥은 권두의 〈작가의 말〉에서 "소설을 쓰는 동안 등장인물들의 움직임 하나하나가 머릿속에 동영상으로 떠오르기에 소설을 영화로 각색하는 작업이 최소한 나에게 그리 낯선 일이 아니었다."라고 말하면서 "어쩌면 글로 다 설명하지 못한 아쉬움을 몇 컷의 영상으로 깔끔하게 표현할 수 있으리라는 기대도 있었다."라고 술회하고 있다.

소설 〈무진기행〉과 영화 각본 〈안개〉를 비교해볼 때, 달라진 점이 꽤 많이 눈에 띈다. 먼저 주인공의 이름이 '윤희중'에서 '윤기준'으로 바뀌었다. 주인공의 동창생인 세무서장도 소설에서는 '조'로만 불리다가 '조한수'로 이름이 붙여졌다. 반면에 여주인공 하인숙과 무진중학교 동료교사 박선생은 호칭이 달라지지 않았다.

소설과 각본의 시작은 주인공이 버스를 타고 무진으로 내려오는 장면으로 둘 다 일치한다. 버스 안에서 승객들이 무진에 관해 이야기를 나누는 부분도 같다. 그런데 주인공이 버스에서 내리면서 하인숙과 마주치는 장면이 각본에는 추가되었다. 친구인 세무서장에게 놀러 가서 하인숙과 대면하는 소설과는 다른 부분이다. 그리고 미친 여자를 목격하는 장면도 소설에서는 광주역인데 각본에서는 순천 버스정류장으로 바뀌었다.

소설에는 없는 내용이 덧붙은 것이 몇 군데 있다. 순천에 온 주인공이 먼저 이모의 집을 찾아가는 것은 소설과 같은데, 술집을 운영하는 외삼촌의 가게에 가서 국회의원 출마를 종용받는 대목이라든지, 박선생이 시화전에 음악이 필요하다며 하인숙의 집에 녹음기를 가지러 오는 대목, 나아가 하인숙에게 "저와 결혼해주십시오."라고 말하고 "하선생님을 제 품에 안고야 말겠습니다." 하는 대목은 소극적으로만 비치는 소설과 차이가 난다.

특히 소설과 달라진 부분은 주인공과 하인숙의 정사 부분이다. 소설에서는 방죽길을 따라 뻗은 바닷가 외딴집에서 문제의 장면이 이루어지는데, 각본에서는 두 사람이 온성이라는 도시에 놀러 가서 물건도 사고 영화도 보고 도박노름도 하고 맥주도 마시면서 하루를 보낸다. 그리고 저녁에 무진으로 돌아와 바닷가 모래사장에서 두 사람의 결합이 이루어진다. 이렇게 두 사람이 하루 동안 함께 시간을 보내도록 한 것은 소설에서 두 사람이 두 번째 만남에서 곧장 정사로 돌입한 데 대한 성급함을 완화하기 위한 장치가 아닌가 싶다.

마지막 대목도 달라졌다. 소설에서는 아침에 일어난 주인공이 버스로 무진을 떠나는데, 각본에서는 웬 형사 두 사람이 지프차를 타고 와서 주인공을 서울로 데려간다. 도중에 주인공은 다방에 들러 하인숙에게 편지를 썼다가 구겨버린다. 그리고 떠나는 차 안에서 그 내용이 주인공의 목소리로 소개된다.

종합해 볼 때 소설과 각본의 내용은 생각보다 달라진 부분이 많다. 작가는 왜 이렇게 각본의 내용을 달리했을까? 추측하건대 이것은 작가의 분명한 의도라고 볼 수 있다. 본인의 소설을 그대로 각본으로 옮기는 것은 그리 어렵지 않은 일인데, 작가는 일부러 쉬운 길을 택하지 않고 의도적으로 소설과 차별화를 시도했다. 그는 각본을 제2의 창작으로 생각했던 것 같다.

그런데 정작 영화에서는 이것들을 반영하지 않았다. 김수용 감독은 김승옥의 시나리오대로 영화를 찍지 않고 상당 부분 소설에 충실하여 찍은 것을 알 수 있다. 그래서 영화 〈안개〉의 내용은 시나리오보다 소설에 훨씬 가까운 것을 확인할 수 있다. 상당히 혼란스러운 부분이다. 김수용 감독은 각본의 내용이 소설과 너무 멀어졌다고 생각했던 것일까? 이 부분은 김수용 감독에게 물어봐야 할 일이다. 그런데 그는 2023년 12월에 작고하고 말았으니 어찌할 것인가. 아무튼 이와같이 소설 원작과 영화를 각본까지 곁들여 검토해 보는 것도 흥미 있는 일이고, 작가의식을 살피는 데 도움이 되는 작업이라고 믿는다.

길 없는 길에 선 작가

김승옥 선생님을 모시고 고흥 조정래가족문학관에 갔다. 애초의 계획은 청학동에 가려던 것인데, 정미옥 사무국장이 그곳에 판소리하는 분이 안 계시는 날이라고 해서 다음에 가기로 하고 행선지를 바꾸었다.

그동안 코로나로 인해서 두 해 동안 나들이를 가지 못했다. 나들이는커녕 모임마저도 어려웠다. 사실 코로나 조심은 나보다도 선생님이 더 철저하였다. 이따금 모임 의사를 여쭈면 "김승옥 안됩니다!"하고 단호하게 문자가 왔다. 다행히 올해 2022년에 들어와 사회적 거리두기가 완화되어 모임도 할 수 있고, 음식점에도 인원 제한 없이 갈 수 있게 되었으니, 일제 강점 아래서 8·15 광복을 맞은 것만큼이나 반가운 생각이 든다. 올해 당선된 대통령이 무슨 뜻에서인지 연설할 때마다 '자유'를 강조하는데, 코로나를 겪어보니 자유가 중요하긴 중요하구나 싶다.

고흥군 두원면에 있는 이 문학관의 정확한 이름은 '조종현·조정래·김초혜 가족문학관'이다. 조종현(趙宗玄, 1906~1989)은 조정래 작가의 아버지이고, 김초혜(金初惠)는 조정래 작가의 부인이다. 세 사람의 이름을 다 넣다 보니 문학관의 이름이 길어졌다. 그래서 다들 줄여서 '조정래가족문학관'으로 부르고 있다.

그런데 왜 이 문학관이 고흥에 자리를 잡았을까? 조정래 작가는 순천 출신이고, 김초혜 시인은 충북 청주 출신이지 않은가. 이 의문은 곧 풀린다. 아버지 조종현의 고향이 바로 여기 고흥인 것이다. 조종현은 승려이자 시조시인이다. 아들 조정래가 순천 선암사에서 태어난 것도 그가 선암사 승려였기 때문이다. 조종현은 『자정의 지구』(1969)와 『의상대 해돋이』(1978), 『나그네 길』(1989) 등의 시조집도 냈다.

나는 조종현 시인을 비교적 일찍 알았다. 〈나도 푯말되어 살고 싶다〉라는 그의 시조가 1980년 무렵 고등학교 국어교과서에 실린 덕분이다. 나는 수업시간에 그 작품을 다루면서 "이분의 아들이 소설가란다."라고 알려주며, 조정래의 소설 〈청산댁〉(1972)을 비롯하여 〈황토〉(1974)와 〈유형의 땅〉(1981), 〈불놀이〉(1983) 등을 소개하곤 했다. 조정래 작가가 대하소설 〈태백산맥〉으로 이름을 떨치기 전의 이야기이다.

먼저 조종현문학관에 들어갔다. 시인의 시집과 육필원고, 붓글씨, 소장품 따위가 가지런히 진열되어 있다. 사진도 몇 장 걸려 있다. 승복을 입은 사진도 있고 양복을 입은 사진도 있다. 조종현은 승려를 그만두고 교사생활도 했다. 그만둔 까닭은 선암사 주지 때 소작인들에게 사찰 농지를 분배해준 일이 말썽이 되었기 때문이라고 한다. 그리하여 광주제일고등학교 교사로 들어갔는데, 일제강점기에 만해 한용운이 주도하는 '만당'이라는 승려 비밀결사 운동을 그와 함께 했던 이가 서울 보성고등학교 교장으로 있으면서 그를 보성고로 불러준 사연이 씌어 있다. 조정래도 광주서중학교를 졸업하고 보성고등학교로 진학하였는데, 특별활동 문예반 동아리에 들어가고 싶었으나 아버지가 지도교사를 맡고 있어서 차마 들어가지 못하고 다른 동아리를 선택했다는 내용을 어느 글에서 읽은 적이 있다.

다음은 조정래문학관이다. 작가의 한국 현대사 3부작인『태백산맥』과『아리랑』,『한강』을 비롯하여『정글만리』와『풀꽃도 꽃이다』,『천년의 질문』등 지금껏 써온 여러 소설집이 모두 놓여 있다. 가족사진도 여러 장 붙어 있는데, 조정래 작가 내외가 아들 부부와 손자와 나란히 손을 잡고 걷는 사진이 참으로 다복해 보인다. 특히 어린 손자와 함께 뒷짐을 지고 걷는 뒷모습 사진이 앙증맞고 재미있다. 나도 언제 우리 애들을 만나면 손자를 데리고 저런 모습을 한번 연출해보고 싶다.

'문학, 길 없는 길'이라는 글귀가 눈에 들어온다. 그 아래 "읽고 읽고 또 읽고, 생각하고 생각하고 또 생각하고, 쓰고 쓰고 또 쓰면 열릴 길"이라고 씌어 있다. 송나라 구양수(歐陽脩)가 말한 삼다(三多), 즉 다독(多讀)과 다작(多作), 다상량(多商量)과 같은 이야기인데, 원고를 당신의 키 높이까지 써댄 작가의 말이라 고개가 절로 끄덕여진다.

조정래 작가의 친필어록들도 새겨볼 만하다. 그 가운데 "노력을 이기는 재능은 없다. 노력 없는 재능은 열매를 맺지 못하는 꽃과 같다."라는 말이 가장 곱씹어진다. 작가는 이와 같은 치열한 작가정신으로 글을 썼기에 한국 현대사 3부작이 모두 100쇄 인쇄를 돌파하였고, 우리나라 출판문화사상 처음으로 1천 5백만 부수의 판매 기록을 세울 수 있지 않았을까.

끝으로 김초혜문학관이다. 시집 『사랑굿』으로 널리 알려진 김초혜 시인은 그 이름이 주는 어감부터가 시적이다. 그의 얼굴은 화려하지는 않아도 풀꽃처럼 수수하고 담백한 풍모가 전통적인 한국 미인의 전형을 보여준다. 조정래와 동국대 국문학과 동기로 만나 결혼했다고 한다. 책이 가득한 서재에서 부부가 함께 찍은 사진이 인상적이다. 조정래 작가가 작품을 쓰면 김초혜 시인이 제일 먼저 읽어봐 주고 조언해준다고 하니 함께 문학의 길을 가는 부부가 부럽기 그지없다.

김초혜 시인은 평소 편지를 많이 쓰는 모양이다. 지인들과 주고받은 편지와 엽서가 한쪽 벽을 장식하고 있다. 군대에 간 아들에게 보낸 편지글도 있고 남편에게 쓴 편지글도 보인다. 그 가운데 '당신에게'라는 제목으로 남편 생일에 쓴 편지가 눈에 들어온다. "당신의 일생은 종교학교였습니다. 작가의 길이 외롭고 험난했어도 당신은 이성으로 살았습니다. 당신과 당신의 작품은 나에게도, 독자들에게도 하나의 종교였습니다."라는 내용에서 하루 열여섯 시간을 글쓰기에 매달린 조정래의 지독스러운 창작활동과 그를 바라보는 아내의 심정을 엿볼 수 있다.

그동안 나는 남원의 혼불문학관을 비롯하여 군산의 채만식문학관과 원주의 토지문학관, 통영의 청마문학관과 박경리기념관, 경주의 동리목월문학관, 사천의 박재삼문학관, 서울의 윤동주문학관 등 여러 군데를 다녀봤어도 이렇게 가족문학관은 본 일이 없다. 2대에 걸친 세 문인의 문학적 발자취를 살펴보니 참 존경스러운 생각이 들고, 나도 게으름 피지 말고 열심히 글을 써야겠다는 각오가 차오른다.

김승옥 선생님은 문학관을 둘러보다 말고 먼저 나가셨다.

"어찌된 일이오?"

함께 나간 정미옥 사무국장에게 물었더니, 선생님이 오래 서 있는 것을 불편해하셔서 옆의 분청문화박물관에 가서 바퀴의자를 얻어왔다고 한다. 어쩔거나! 전에는 선생님이 이런 일이 없었는데, 코로나 창궐 이후로 건강이 많이 안 좋아진 것 같다. 조정래 작가는 김승옥 선생님과 두 살밖에 차이나지 않는데, 한결 같은 모습으로 창작열을 불태우고 있으니 참으로 대단해 보인다. 우리 선생님도 열심히 건강관리를 하여 예전처럼 거뜬해지기를 바라면서 문학관을 나왔다.

청춘극장에서 시까지

영화배우 윤정희(尹靜姬, 1944~2023)가 2023년 올해 1월 세상을 떠났다.

언제인가 알츠하이머로 투병 중에 있다는 소식을 들은 적이 있는데 기어이 이승을 하직하고 말았구나 싶었다. 메멘토 모리(Memento mori)라는 말이 있듯이 인간은 태어나면 언젠가는 죽기 마련이지만 내가 관심을 지녔거나 친분이 있는 이들의 죽음은 언제나 나를 숙연케 한다. 내가 윤정희에 관해서 짧게나마 이야기를 하려는 것은 내가 영화에 심취하기 시작한 중학생 무렵에 그가 연기 생활을 시작했던 터라 그의 배우로서의 발자취를 내가 어느 정도 파악하고 있기 때문이다.

윤정희는 본명이 손미자(孫美子)로서 부산에서 태어나 광주에서 성장했으며 전남여고를 졸업하고 조선대 영문과를 2학년까지 다니다가 서울로 올라가 우석대 3학년으로 편입하여 졸업했다.

그는 1966년 합동영화사의 신인배우 모집에 나가 1천2백 대 1의 경쟁률을 뚫고 합격하여 강대진 감독의 〈청춘극장〉(1967)에 처음 출연했다. 용케도 나는 그 영화를 학교에서 단체관람으로 보여준 덕분에 감상할 수 있었다. 지금도 나는 그 영화를 볼 수 있게 해준 모교를 고맙게 생각한다. 윤정희는 이 영화에서 주연배우 신성일의 애인으로 나오는데, 갓난아기를 안고 마차를 타고 가는 장면이 지금도 어렴풋이 기억에 남아있다. 그는 이 영화로 대종상 신인상을 받았다. 나는 이 영화를 다시 볼 수 있을까 싶어서 유튜브를 찾아보았으나 한국영상자료원에서 올려놓은 것이 없었다. 한국영상자료원에서는 옛날 영화필름을 찾아내어 디지털 복원작업을 거쳐 유튜브에 공개하고 있는데, 아마 〈청춘극장〉은 보관된 필름이 없나 보다.

윤정희는 김승옥 작가와도 상당한 인연이 있다. 그는 김승옥 소설 〈무진기행〉을 영화화한 김수용 감독의 〈안개〉(1967)에서 여주인공을 맡았는데, 이는 윤정희가 〈청춘극장〉과 〈강명화〉(1967)에 이어 세 번째로 출연한 작품이다. 아직 신인의 때를 벗지 못했을 시기임에도 불구하고 〈안개〉에서 연기가 별로 어색하지 않은 것을 보면 그의 연기자로서 재능이 탁월했음을 알 수 있다. 그는 이 영화로 백상예술대상 신인연기상을 거머쥐었다.

윤정희는 김승옥 작가와 관련된 영화로서 〈안개〉 말고도 〈장군의 수염〉(1968)과 〈황홀〉(1974), 〈야행〉(1977)에도 출연했다. 그리고 김승옥 작가가 확성기를 잡은 영화 〈감자〉에도 주인공 복녀 역할을 맡았다. 순천문학관에 가면 윤정희와 김승옥 작가가 함께 찍은 사전이 걸려있다. 1974년 〈황홀〉을 촬영할 때의 모습인데, 양산을 쓴 윤정희와 김승옥 작가가 가운데 있고, 조문진 감독과 이장호 조감독이 좌우에서 이들을 호위하고 있다. 〈황홀〉의 촬영지가 순천인 만큼 이 사진 역시 순천만에서 찍었을 것으로 추측된다. 2016년 7월 '김승옥 무진기행 그림전'이 서울 혜화아트센터에서 열렸는데, 이때 윤정희가 남편 백건우와 함께 개장식에 참석하였다. 김승옥 작가와 윤정희의 평생 우정을 짐작해볼 수 있는 대목이다.

1960년대는 한국영화의 황금기라고 불릴 정도로 많은 영화가 쏟아져 나왔다. 이때를 전후반으로 나눈다면 전반까지는 최은희와 엄앵란, 김지미가 활개를 쳤다면 후반부터는 남정임과 문희, 윤정희 세 여배우가 트로이카를 형성하며 영화계를 주름잡았다. 이때는 겹치기 출연이라는 것이 유행했다. 한 사람의 배우가 한 편의 영화 촬영에만 매달리는 것이 아니라 날을 바꾸어 가며 여러 편을 찍는 것이었다. 그러니까 오늘 촬영에서는 원피스 차림의 아가씨로 현대극을 찍고, 내일은 한복 입은 양반집 규수로 분장하여 사극을 찍고, 모레는 흰 머리띠를 두르고 칼을 찬 검객으로 나와 무협물을 찍는 식이었다. 윤정희는 그렇게 3백여 편의 영화에 출연했으니 밤낮없이 촬영장에 머물면서 눈코 뜰 새 없는 시간을 보냈을 것 같다.

그렇게 1970년대 초반까지 한국영화를 도배하다시피 하던 윤정희는 1974년 돌연 프랑스로 유학을 떠났다. 그리고 파리3대학에서 공부하던 중 피아니스트 백건우를 만나 1976년 결혼하였으며 슬하에 딸 하나를 두었다. 그런 가운데서도 연기 활동을 멀리하지 않고 틈틈이 〈야행〉(1977)을 비롯하여 〈자유부인 81〉(1981)과 〈위기의 여자〉(1987), 〈만무방〉(1994) 등에 출연하여 호평을 받았다.

그 후로 한동안 뜸하던 그는 2010년 이창동 감독의 영화 〈시〉를 들고 다시 나타났다. 〈만무방〉으로 대종상 여우주연상을 받은 뒤로 16년 만의 복귀로서 그의 나이 예순여섯 살 때의 일이다. 이 영화로 이창동 감독은 칸 영화제 각본상의 영예를 안았고, 윤정희는 대종상과 청룡영화상, 아시아 태평양 스크린 어워즈 여우주연상을 휩쓸며 꺼지지 않은 존재감을 과시하였다.

〈시〉 이후로 다시 잠잠하던 중 2019년 그의 알츠하이머 투병 사실이 언론에 보도되었다. 그를 아끼는 사람들에게는 충격적인 소식이었다. 나중에 알려진 사실인데, 〈시〉를 촬영할 때도 알츠하이머 초기 증세가 있어서 대사를 적어놓고 촬영에 임했다는 이야기가 있다. 치매를 앓는 사람이 치매 노인의 역할을 했으니 최상의 역할이었던 셈이다. 마침내 윤정희는 2023년 1월 프랑스 파리에서 남편과 딸이 지켜보는 가운데 향년 일흔여덟의 나이로 숨을 거두었다.

1960년대 트로이카 시대를 장식했던 세 배우를 비교해보면, 남정임을 깜찍한 말괄량이나 성깔 있는 새침데기라고 한다면 문희는 우수에 젖은 눈매를 지닌 청순가련형이라 할 수 있고, 윤정희는 맑고 세련되고 이지적인 도시형 배우로 볼 수 있다. 남정임과 문희가 1971년 결혼과 동시에 은막을 떠난 데 비해 윤정희는 프랑스 유학 이후에도 꾸준히 연기자의 길을 걸었으며, 특히 영화사에 남을 명작 〈시〉로 마침표를 찍었으니 배우로서 성공한 인생이었다고 말할 수 있다.

한창 잘나가던 시절 윤정희를 '한국의 오드리 헵번'이라고 불렀다. 윌리엄 와일러 감독의 〈로마의 휴일〉(1953)에서 청순 발랄한 모습을 자랑하던 오드리 헵번도 국제연합아동구호기금의 홍보대사로 아프리카 오지의 아이를 안고 있는 사진에서는 세월 앞에서는 어쩔 수 없는 모습을 보여준다. 나의 중학생 시절 〈청춘극장〉에서 꽃처럼 피어났던 윤정희도 마지막 혼을 불태운 영화 〈시〉에서는 저녁놀 앞에 고개 숙인 할미꽃인 양 잿빛의 처연함을 자아냈다.

우리는 영화나 드라마에 출연하는 배우의 얼굴을 보면서 세월의 흐름과 인생의 무상함과 삶의 유한성을 새삼 인식하곤 한다. '저 배우가 예전에는 새파란 아가씨였는데, 이제는 노파로 나오는구나!' 그러면서 나 자신의 나이를 다시금 손꼽아본다. 그래서 영화를 보는 시간은 자아투영의 시간이요 깨달음의 시간이 된다. 부디 고인의 명복을 빈다.

바람에 흔들리지 않는 풍모

우리나라 진보 경제학자이자 문필가인 신영복(申榮福, 1941 ~2016) 선생이 2016년 1월 15일 세상을 떠났다. 부음을 듣고 가슴이 철렁해졌다. 나의 스승 한 분이 돌아가셨구나! 한 번도 만난 적도 없고 이야기를 나눠 본 적도 없으나 나는 선생을 정신적인 스승으로 삼고 있었다. 나는 내적 성찰로 가득 찬 선생의 글을 통해 인간 정신의 고결함을 느끼고 자아에 충실한 선비의 모습을 배웠다.

선생을 처음 만난 것은 『감옥으로부터의 사색』(햇빛출판사, 1988)이었다.

당시 책의 표지에 '통혁당 사건 무기수 신영복 편지'라는 글귀가 붙어 있었는데, 그때만 해도 나는 통일혁명당 사건에 관해서 잘 모르고 있었다. 그래서 사건에 대해서도 알아보고 또 지은이가 어떤 사람인가 궁금해서 책을 펼치게 되었다. 그런데 정작 거기에는 사건에 관한 얘기가 한 마디도 나와 있지 않았고, 대신 책의 제목과 어울리게 옥중에서 느끼고 생각한 여러 가지 것들이 가득 담겨 있었다.

그렇다면 나는 기대했던 내용이 아니라서 실망했던가? 천만의 말씀이다. 나는 오히려 한 장 한 장 넘기면서 감동과 경탄으로 숨이 가쁠 정도였다. 성숙한 사색의 깊이를 보여주는 진실한 철학자를 발견하는 순간이었다. 선생은 이 책에서 제수와 형수, 부모님 등의 가족에게 자신의 근황과 더불어 옥살이하면서 느낀 것들을 전하고 있다.

이를테면 한겨울 냉방에서 지내며 그는 이렇게 소감을 밝힌다.

"심동(深冬)의 빙한(氷寒), 온기 한 점 없는 냉방에서 우리를 덮어준 것은 동료들의 체온이었습니다. 추운 사람들끼리 서로의 체온을 모으는 동안, 우리는 냉방이 가르치는 '벗'의 의미를, 겨울이 가르치는 '이웃의 체온'을 조금씩 이해해 가는 것입니다."

차디찬 감방에서 서로의 체온으로 겨울을 견뎌내는 모습은 냉혹한 시대에 사람과 사람의 연대가 중요하다는 사실을 일깨워준다. 같은 맥락에서 그는 여름을 이렇게 평가한다.

"없는 사람이 살기는 겨울보다 여름이 낫다고 하지만 교도소의 우리는 차라리 겨울을 택합니다. 여름 징역은 자기 바로 옆 사람을 증오하게 한다는 사실 때문입니다. 모로 누워 칼잠을 자야 하는 좁은 잠자리는 옆 사람을 단지 37도의 열 덩어리로만 느끼게 합니다. 자기의 가장 가까이에 있는 사람을 미워한다는 사실, 자기의 가장 가까이에 있는 사람으로부터 미움받는다는 사실은 매우 불행한 일입니다."

여름철은 옆에 있는 사람과 멀어지게 만들기 때문에 겨울보다 못하다는 이야기이다. 그는 사람과 사람 사이의 연대를 중요시하고 있다. 그래서 그는 봄을 아주 반갑게 맞이한다.

"봄은 내의와 달라서 옆 사람도 따뜻이 품어줍니다. 저희들이 봄을 기다리는 까닭은 죄송하지 않고 따뜻할 수 있기 때문인지도 모르겠습니다."

선생은 옥살이하면서 바깥에서 미처 경험하지 못한 것들을 배우게 된 것에 큰 의미를 부여한다.

"교편을 잡으시던 부모님의 슬하에서 어려서부터 줄곧 학교에서 자라 노동의 경험은 물론, 노동자들과의 생활마저 부족했던 제게 징역과 징역 속의 여러 스승이 갖는 의미는 실로 막중한 것이 아닐 수 없습니다."

노동의 경험이 없던 그가 감옥생활 중에 노동을 경험해보고 그 의미를 성찰해 보기도 한다.

"바다가 가장 낮은 자리에서 그 큼을 이루고 꽃송이가 다발이 어우러져 큰 꽃이 되는 변증법의 비밀이 실은 우리의 가장 비근한 일상의 노동 속에 혼전으로 있는 것임에 새삼 우리들 자신의 맹목을 탓하지 않을 수 없습니다."

선생은 모든 사유의 바탕에 자기반성을 깔고 있다. 남을 탓하기 전에 자신을 먼저 돌아보는 겸허한 태도가 잔잔한 감동을 자아낸다.

서울대를 졸업하고 육군사관학교에서 경제학과 교수로 있던 선생은 1968년 어느 날 통일혁명당 사건으로 구속되어 무기징역을 선고받는다. 20대 후반의 나이에 감옥에 들어가 기약 없는 무기수로 스무 해를 보낸 그는 1988년에 이르러 광복절 특별가석방으로 출소하게 된다. 이 책은 그가 감옥에서 나오면서 세상의 빛을 보게 되었다.

『감옥으로부터의 사색』을 읽으면서도 놀라운 것은 자기를 옥에 집어넣은 정권에 대한 항의나 자신의 얄궂은 운명에 관한 한탄 같은 내용이 없다는 것이다. 마치 산간에서 수양하듯 담담하고 절제된 태도로 일관하고 있다. 이순신의 〈난중일기〉를 읽을 때 의아스러웠던 것도 바로 그런 부분이다. 자신을 벌한 임금에 대한 불만이 난중일기 어느 구석에도 찾아볼 수 없었다. 엄정한 자기검열을 한 결과라고 볼 수 있겠으나 어지간한 수양과 절제가 아니고는 그런 태도를 유지하기 어렵지 않을까.

신영복의 수필 〈청구회의 추억〉도 감동을 준다.

선생이 옥살이하기 전의 일인데, 그는 어느 날 소풍길에서 우연히 초라한 행색의 소년들을 만난다. 그것을 계기로 그들은 한 달에 한 번씩 만나 우정을 쌓다가 갑자기 선생이 구속되면서 만남이 끊어진다. 선생은 옥중에서 매월 마지막 토요일 자신을 기다릴 소년들을 잊지 못하고 안타까이 여긴다. 중학교 진학이 어려운 달동네 아이들과 대학교수와의 신분과 나이를 넘어선 순수한 우정에서 선생의 소박한 인간애와 이웃과 함께하는 더불어 정신을 읽을 수 있다.

선생은 출소 후 1989년부터 성공회대학교에서 정치경제학을 비롯하여 한국사상사와 중국 고전 등을 강의하다가 2006년 8

월 정년 퇴임했다. 저서로 『감옥으로부터의 사색』 말고도 『나무야 나무야』(1996), 『더불어 숲』(2003), 『강의-나의 동양고전 독법』(2004), 『처음처럼』(2007) 등이 있다. 그는 중국 소설가 다이 호우잉의 『사람아 아! 사람아』(1991)와 왕스징의 『루쉰전』(1992) 등을 번역하기도 했다.

선생은 붓글씨로도 유명하다. 그의 호를 따서 쇠귀체 또는 어깨동무체라고 불리는 그의 독특한 필체는 조정래 장편소설 『한강』의 제목을 비롯하여 소주 '처음처럼'의 상표, 교보문고의 '사람은 책을 만들고 책은 사람을 만든다.'라는 구호, 문재인 대통령의 '사람이 먼저다'라는 구호 등에 쓰였다. 특히 소주 회사에서 저작권료로 받은 1억 원은 자신이 재직한 성공회대에 고스란히 장학금으로 기부하였다 한다.

수준 높은 독서가인 선생은 〈독서삼독〉을 주장했다. 책은 세 번 읽어야 한다는 뜻인데, 먼저 텍스트를 읽고, 다음으로 필자를 읽고, 세 번째로 독자 자신을 읽어야 한다는 것이다. 이는 단순히 책의 내용을 습득하는 데 그치지 말고, 그 책을 쓴 필자의 정신세계와 사회역사적 토대까지 읽어내야 하며, 독서를 통해 궁극적으로 자기 변화를 꾀하고 거듭남에 이를 수 있어야 한다는 뜻일 것이다.

나는 신영복 선생의 저서를 거의 모두 가지고 있는데, 그 가운데 가장 아끼는 책이 『엽서』(1993)이다. 이것은 선생이 옥살이할 때 써서 보낸 엽서를 원색사진으로 한데 묶은 것이다. 당시 옥중에서 엽서를 마음대로 쓸 수 있는 것이 아니었다. 한 달에 한 번씩만 엽서 작성 시간이 주어지는데, 선생은 그 한 번의 기회 때마다 자기의 생각을 적어 보냈고, 그것이 활자화된 것이 『감옥으로부터의 사색』이요, 그것을 영인한 것이 서간집 『엽서』이다. 한 자 한 자 정성 들인 육필과 정밀한 그림을 통해 선생의 숨결을 생생히 느낄 수 있다. 선생은 갔지만 나는 틈틈이 선생의 책을 뒤적이며 선생이 보여주는 세찬 바람에도 흔들리지 않는 엄정한 지식인의 풍모를 되새겨보곤 한다.

독서왕 김득신의 공부법

충청북도 증평군에 '독서왕 김득신 문학관'이 있다.

김득신이라는 이름도 생소한데, 책을 얼마나 많이 읽었으면 '독서왕'이라는 호칭이 붙었을까?

나는 궁금해서 그 주인공에 관해서 알아보았다.

백곡(栢谷) 김득신(金得臣, 1604~1684)은 조선 중기 현종 때의 시인이다. 워낙 시를 잘 지어 조선시대 한문4대가(漢文四大家)의 한 사람인 택당(澤堂) 이식(李植, 1584~1647)이 그를 '당대 최고의 시인'이라고 평가했으며, 선비들이 그의 시를 베껴가며 감상할 정도였다고 한다. 1644년 벼슬에 오르지 못한 신분임에도 문장력을 인정받아 명나라로 가는 사신의 제술관(製述官)에 뽑혔다. 그러나 명나라가 기울어지는 바람에 다녀오지는 못했다.

김득신은 어려서 천연두를 앓은 후유증으로 기억력이 좋지 못했다고 한다. 그래서 그러한 약점을 보완하고자 글을 한 번 읽었다 하면 최소한 천 번을 되풀이하여 읽었고, 마음에 드는 글은 만 번 이상을 반복해서 읽었다. 특히 사마천의 〈사기(史記)〉에 나오는 '백이전(伯夷傳)'에 매료되어 그 글을 11만 3천 번을 읽었다고 한다. 이러한 독서횟수는 자신의 〈고문 36수 독수기(古文三十六首讀數記)〉에 기록해 놓았기 때문에 지금의 우리가 알 수 있다. 그는 일만 번 이상 읽은 옛글 서른여섯 편을 착실히 기록해 놓고 있다. 가히 독서광의 수준이 아닐 수 없다.

옛날 선비들의 공부 방식은 지금의 우리와는 사뭇 다르다.

당시 선비들은 공부할 때 책을 반드시 소리 내어 읽었고 또 그것을 여러 차례 되풀이하여 읽었다. 오늘날 학생들이 눈으로 한 번 훑어보고 내용을 이해하는 것으로 그치는 것과 대조적이다. 그렇게 같은 내용을 마르고 닳도록 읽다 보면 자연스레 문장이 외워지고 그 뜻도 저절로 깨우칠 수 있게 되는 것이다. 똑같은 문장을 한두 번도 아니고 백 번, 천 번, 만 번 되풀이하여 읽는데, 제아무리 어렵다고 한들 어떤 내용이 자기 것으로 녹아들지 않겠는가.

김득신이 머리가 명석하지 못했다는 사실은 여러 차례 과거에 낙방한 데서도 짐작할 수 있다. 그가 시인으로 뛰어나면서도 관직에 나아가지 못하자 사람들은 '시능궁인(詩能窮人)'이라고 입을 모았다. 시가 사람을 곤궁하게 한다는 뜻이었다. 그는 나이 쉰아홉 살이 되어서 가까스로 문과에 합격할 수 있었다. 그리하여 성균관학유(成均館學諭)를 시작으로 승문원(乘文院)과 병조, 공조. 예조 등에서 일하다 홍천현감과 정선군수를 맡았으나 곧 그만두고 고향으로 돌아와 시 쓰기에 전념하였다.

그는 묘비명에 이렇게 썼다.

"재주가 남만 못하다고 스스로 한계를 짓지 말라. 나보다 어리석고 둔한 사람도 없었지만 결국에는 이룸이 있었다. 모든 것이 힘쓰는 데 달렸을 따름이다.(無以才不猶 人自畫也 莫魯於我 終亦有成 在勉强而已)"

이것은 김득신이 평생 몸소 체득한 말일 것이다. 아무리 재주가 없더라도 스스로 자신을 비하하거나 능력에 한계를 짓지 말아야 한다. "나는 안돼. 소질이 없어." 하고 능력을 단정하는 것은 무한히 열려 있는 가능성의 출구를 스스로 봉쇄해버리는 꼴이 되는 것이다. 공부는 머리로 하는 것이 아니고 엉덩이로 한다는 말이 있다. 거북이 걸음으로 한 걸음 한 걸음 나아가다 보면 언젠가는 목표점에 도착할 날이 오게 된다. 무엇이든지 뜻을 세우고 최선을 다한다면 마침내 이룰 수 있다는 것을 김득신을 통해 배울 수 있다.

신라 때의 천재 문인이었던 최치원(崔致遠)은 '인백기천(人百己千)'이라는 말을 좌우명으로 삼았다. "남이 백 번 노력하면 나는 천 번을 노력한다."라는 뜻으로 열두 살의 나이로 그가 당나라로 유학을 떠날 때 그의 아버지가 써준 글귀라고 한다. 최치원은 그런 마음가짐으로 노력했기에 당나라에서 과거에 급제하고 또 황소(黃巢)의 난을 토벌하는 글도 지을 수 있었을 것이다. 김득신도 이러한 최치원의 자세로 공부하여 끝내 자아실현에 도달했다고 할 수 있다.

다산 정약용(丁若鏞, 1762~1836)이 그를 두고 이렇게 평했다.

“문자와 책이 존재한 이후 종횡으로 수천 년과 삼만 리를 뒤져 보아도 부지런히 책을 읽은 사람으로는 김득신을 으뜸으로 삼을 만하다.”

내가 김득신을 좀 더 일찍 알았다면 공부하는 자세가 진지해지지 않았을까 싶다. 돌이켜 보건대, 나는 공부를 합네 하면서도 적당히 변죽만 울렸지 한 권의 책을 만 번 이상 읽은 김득신처럼 그렇게 골똘하지 못했다. 이제 정신을 차려보니 갈 길은 먼데 해가 저무는 형편이니 어찌할 것인가. 언제 충청북도 증평에 가서 독서왕 김득신 문학관을 구경하고 싶다. 간 김에 그곳에 있는 김득신의 묘소도 둘러보고, 괴산군으로 가서 그가 책과 더불어 만년을 보낸 취묵당(醉默堂)에도 앉아보고 그의 끈질긴 학구열을 배우고 싶다.

서사수필의 가능성

- 장병호의 수필 세계

유한근

(문학평론가, 전 SCAU대 교수)

필자는 과거 장병호 수필을 접한 적이 있다. 영호남수필문학협회 창립회장문학상 심사평에서 「에토스적인 성격의 수필」이라는 제목으로 그의 작품과 연보를 간략하게 살펴볼 기회가 있었다.[1)]

나는 그의 작품세계를 ① 교직에서 물러난 이후 바뀐 자신의 일상을 비롯해 오늘날 달라진 세태와 풍속에 대한 감회, ② 유년

---

1) 영호남수필문학협회 창립회장 문학상 수상자로 결정된 장병호 수필가는 전남 장흥에서 태어나 조선대와 한국교원대 대학원을 졸업하고, 오랫동안 교직생활과 전남교육청 장학관과 교장을 지내고 퇴직한 작가이다. 『문예운동』으로 수필가로 등단하여 수필집 『코스모스를 기리며』(2008)와 『부엉이 기르기』(2021)를 비롯한 6권의 수필집을 출판하였으며, 평론집 『소외의 문학 갈등의 문학』(2008)과 『척박한 시대와 문학의 힘』(2019) 등을 펴낸 문학평론가로도 활동하고 있다. 그뿐만 아니라, 향토문화와 역사서 『연자루에 올라 팔마비를 노래하다』(2013)를 펴낸 향토역사가이기도 한다. 특히 2021년에 순천을 빛낸 역대 인물을 집대성한 『순천의 인물 100인'』을 펴내기도 했다. 또한 여러 문학단체에서 활동하고 있는 문단인이기도 하다.

시절과 교직 생활의 추억 등을 다루고 있는 수필, ③ 우리 대중가요에 관한 이야기와 향토사와 관련된 글들로 향토문화의 원형을 밝히는 글로 나누었다.

특히 평론집을 통해 "일제 강점기의 소설, 기타 한국 호랑이 설화 및 풍자소설의 전통 등에 관한 비평적 에세이와 함께 1950년대의 조희관을 비롯하여 이기봉과 김구봉, 백희동, 조영남, 김학래 등 광주·전남 출신 수필가들에 대한 수필론, 그리고 법정스님의 수필 세계를 자연관과 무소유관, 행복관 등 주제별로 살펴본 세 편의 비평문이 주목받고 있다."라고 전제하면서, 장병호 수필을 관통하는 특성을 '에토스적인 수필'로 규정한 바 있다.

일찍이 아리스토텔레스는 『수사학』에서 관중을 설득하는 세 가지 요소로 로고스(Logos)와 파토스(Fathos), 에토스(Ethos)를 들었다. 이를 굳이 되풀이하여 언급하는 이유는 이 심사평이 장병호 수필가의 이번 수필집 『고구마 심는 날』과 무관하지 않기 때문이다.

『수사학』에서 연설 혹은 웅변의 세 가지 설득요소는 글 쓰는 사람에게는 독자들에게 감동을 주는 세 가지 요소인 셈이다. "지성과 감성, 그리고 성품(인격)이 독자를 감동시킬 수 있는 세 가지 도구임과 다르지 않다. 특히 에토스는 인간에 대한 믿음과 관련이 있는 것으로 인격 혹은 성품을 통해서 감동을 주는 요소인 셈이다. 어찌 보면 수필이라는 문학 장르의 특성과 일치하는 설득의 요소이다. 인간의 진정성과 지혜가 바로 그것이기 때문이다. 이는 앞서 언급된 로고스와 파토스적인 요소를 두루 갖추어야 에토스적인 수필이 나오게 될 것이다. 따라서 장병호의 수필을 관통하는 성격은 '에토스'라는 점에서 그의 수필을 주목한다."라고 밝혔다.

이러한 평가의 맥락에서 수필집 『고구마 심는 날』 속으로 들어가 새로운 시각으로 장병호의 수필을 탐색하고자 한다.

이번 수필집의 〈책을 펴내며〉에서 작가는 "중요한 것은 수필의 형식이 아니라 내용이 아닐까. 알맹이는 그대로 놓아두고 겉모양만 바꾼다고 해서 싫다고 떠나간 애인이 돌아오겠는가. 지금 우리가 바꾸어야 할 것은 수필의 외적 형식보다는 우리 수필가 자신의 눈길이 아닌가 싶다."라고 형식보다는 내용을, '어떻게 쓸 것인가'보다는 '무엇을 쓸 것인가'로 새삼스럽게 회귀한다.

그리고 뒤이어 "아직도 상당수 수필가의 눈길이 우리 고유의 전통이나 지나버린 옛것, 떠나온 고향과 어린 시절의 추억 따위에 머물러 있는 것을 볼 수 있다. 스마트폰 하나로 지구촌과 소통하는 젊은 세대에게 이런 호랑이 담배 먹던 이야기가 얼마나 통하겠는가. 이제 우리 수필도 현실에 더 눈길을 주었으면 좋겠다. 회고적 감흥이나 철학적 사유, 내적 심경의 토로도 필요하겠으나 실제적인 삶의 이야기가 빠지면 박진감을 잃기 마련이다."라고 서사수필의 가능성을 열어놓고 있다.

그렇다면, 장병호 수필의 문학적 변신은 어떤 형태보다는 어떤 내용으로 변개하고 있는가가 장병호 수필 읽기의 새로운 화두가 된다.

1. 진(眞)과 미학의 수필

인간의 문화가치 창조능력은 네 가지로 나눈다. 이 가치 창조능력에 따라 편의상 수필을 분류해볼 수 있을 것이다. 그 첫 번째는 '지성에 의한 사고 능력'으로 창조된 것으로 지성적인 수필, 즉 '진(眞)'의 수필이다. 두 번째는 '의지에 따른 도덕적 행위'로서의 창조능력으로 이른바 '선(善)'의 수필이다, 그리고 세 번째는 '신앙을 통한 종교적 생활' 성격의 수필로 '성(聖)'의 수필이고, 네 번째는 '정서적 표현의 미적 활동'에 의해서 쓰는 수필로 '미학(美學)'적인 수필이라 할 수 있다.

이 네 가지 문화가치 창조능력 중에서 대다수 작가가 원하는 능력은 네 번째 '정서적 표현의 미적 활동'을 원하게 된다. 문학도 예술 한 범주에 속하기 때문이다. 그러나 문학은 예술이 머물러 있기를 거부한다. 문학은 기술, 즉 아트(Art)이기도 하지만 학문이기도 하기 때문이다. 특히 수필의 경우에는 문학의 고전적 기능인 교시적 기능과 쾌락적 기능을 넉넉하게 해낼 수 있는 장르적 특성을 지니고 있기 때문이다. 그래서 인간의 문화가치 창조능력의 네 가지를 수행할 수 있으므로 이를 기준으로 그 특성을 분류할 수 있을 것이다.

그렇다면 장병호 수필의 특성을 어디에 속하는 것일까?

이를 가늠해 보기 위해 이번 수필집의 표제작인 「고구마 심는 날」부터 보기로 한다. 이 글의 서두는 이렇게 시작된다. "엊그제 고구마를 심었다. 봄 가뭄이 심해 하늘만 쳐다보던 끝에 겨우 심었다. 고구마는 순을 잘라 심는 까닭에 마른 땅에 심어놓으면 오래 못 가서 말라 죽는다. 물론 물을 넉넉히 주면 좋겠지만 우리 텃밭은 물이 없어 그렇게 할 수가 없다. 그래서 비 오는 날을 기다렸다가 심는 요령이 생겼다."와 같이 일상적인 자잘한 삶을 기술하는 것으로 시작한다.

고구마를 심을 때는 흙을 파낸 자리에 물을 먼저 붓는다. 그러고 나서 고구마 줄기를 묻고 흙을 덮는다. 작년에는 물을 주지 않고 그냥 심었더니 뿌리를 내릴 때까지 상당히 어려움을 겪는 모양새였다. 비가 어지간히 오지 않고는 고구마 줄기가 묻힌 땅속까지 스며들지 않기 때문이다. 그래서 비가 많이 내리지 않을 것을 대비하여 땅을 적셔주면서 고구마를 심는 것이다. 이것도 여태껏 몰랐는데 얼마 전에 유튜브 영상에서 배운 것이다.

사실 농사 중에 가장 쉬운 것이 고구마 농사이다. 우선 고구마는 거름을 안 줘도 된다. 비옥한 땅보다 척박한 땅에 더 잘된다. 농약도 안 해도 된다. 특이하게 고구마는 병충해를 타지 않는다. 더욱이 김을 매줄 필요도 없다. 무성하게 뻗은 고구마 덩굴의 등쌀에 잡초가 자랄 틈이 없다. 고구마 덩굴의 기세가 잡초를 압도해버린다. 아마 농작물 중에 잡초를 이겨내는 것은 고구마뿐일 것이다.

- 수필 「고구마 심는 날」 중에서

고구마 농사에 필요한 정보나 지식은 굳이 수필문학에서는 필요하지 않다. 지식이 필요한 것이 아니라 지혜가 필요하기 때문이다. 그러나 위 인용문에서는 앞부분의 "고구마를 심을 때는 흙을 파낸 자리에 물을 먼저 붓는다. 그러고 나서 고구마 줄기를 묻고 흙을 덮는다."라는 부분과 "아마 농작물 중에 잡초를 이겨내는 것은 고구마뿐일 것이다. 그러니까 일단 땅에 꽂아만 놓으면 저절로 되는 것이 고구마 농사라고 할 수 있다."라는 부분은 고구마를 심는 농사의 지혜와 병충해와 잡초를 이겨내는 고구마의 강인성을 이야기하는 동시에 밥 대신 고구마와 동치미로 버티었던 우리 선인들의 낭만(?)을 환기하면서 작가의 유년의 추억을 소환하기에 이른다.

곁들여 고구마를 다들 '감자'라고 불렀던 기억을 설명하기도 한다. "지금 '감자'라고 하는 것은 여름에 나온다고 하여 '하지감자'라고 불렀으니 혼동할 것은 없었다. 본디 고구마는 조선 영조 때 조엄(趙曮, 1719~1777)이 통신사로 일본에 다녀오면서 대마도에서 들여왔는데, 이때 이름이 '감져(甘藷)'라고 하였으니, 내 어릴 때의 '감자'라는 호칭이 틀린 것은 아니었다. 오히려 지금 통용되는 '고구마'가 대마도 사람들이 부르던 '고우꼬우이모(孝行芋)'에서 비롯된 점을 생각하면 '감자'야말로 우리의 자존심과 더 가까운 호칭이 아니겠는가."

그리고 결말 부분에 이르러 요즘은 먹을거리가 넘쳐나 고구마가 예전처럼 간식 구실을 하지 못하고, 대신 건강식품으로 주목을 받고 있으며, "고구마는 알칼리성 식품으로 비타민과 무기질, 양질의 식이섬유가 풍부하여 체중조절에 효과가 있다고 한다. 특히 당근, 호박과 함께 폐암을 예방하는 3대 적황색 식품으로 고구마를 많이 먹는 사람은 먹지 않는 사람에 비해 폐암 발생률이 절반으로 줄었다는 연구 결과도 있다."라는 정보도 소개하여, 지식을 통한 지혜 전언의 방편을 차용한다.

이를 통해서 볼 때, 이 수필은 네 가지 창조가치 능력 중에서 첫 번째 '지성에 의한 사고 능력'으로 창조된 수필에 속하지만, 중간중간 자잘한 일상적 표현과 마지막 단락 "다행히 고구마를 심고 나니 오후에 비가 내렸다. 그런데 많은 비가 아니어서 '고작 이거야?' 했는데, 내 간절함이 하늘에 닿았는지 이튿날은 종일 비가 쏟아졌다. 시원한 빗줄기에 고구마순이 춤을 출 것을 생각하며, 나는 내심 쾌재를 불렀다. 야! 올해 고구마 농사도 절반은 성공이구나!"라는 정서적인 마무리를 하였다. 이런 부분은 네 번째 '정서적 표현의 미적 활동'에 의한 미학적 수필로 보아도 좋을 것이다.

「글쓰기와 그림 그리기」는 수채화를 배운 지 5년의 체험을 모티프로 한 수필이다. 은퇴한 후 글쓰기와 그림 배우는 일로 생활이 바뀌면서 글쓰기와 그림 그리기는 닮은 점이 많음을 밝히고 있다.

> 둘 다 아름다움을 추구하는 예술이라는 점이 그러하거니와 일상에서 작품 소재를 찾고 그것을 어떻게 멋지게 표현할까 고민하는 점이 유사하다. 글 쓰는 사람은 신문 기사 하나를 보더라도 이것을 글로 쓰면 어떨까 생각한다. 그림 그리는 사람 역시 좋은 풍경을 만나면 저것을 어떻게 화폭에 담을 수 있을까 따져보게 된다.

작품을 만들어 가는 과정에서도 작가는 더 좋은 표현을 찾고자 수 없이 썼다 지웠다를 반복하는데, 화가도 가까이서 들여다보다가 멀찍이 물러나서 바라보다가 이리 지우고 저리 덧칠하며 고심을 거듭한다. 나는 글을 쓸 때 자신을 들여다보며 가장 진실해진다고 생각하는데, 그림을 그리는 시간도 마찬가지인 것 같다. 작품을 완성했을 때 차오르는 성취감이야 말해 무엇하랴.

- 수필 「글쓰기와 그림 그리기」 중에서

글쓰기와 그림 그리기는 소재 찾기와 형상화하는 점에서 작가의 고뇌가 닮았다고 이야기하면서, 내면의 성찰을 통해 삶의 진실을 드러내는 점에서도 공통된다고 환기하고 있다.

그뿐만 아니라 글 쓰는 사람과 그림 그리는 사람의 차이를 유통의 문제에서도 살펴본다. "그림은 왜 이렇게 비쌀까? 문학작품이 책으로 수천 권, 수만 권도 찍어낼 수 있는 데 반해 그림은 원본 하나가 중요하고 복제품은 의미가 없기 때문이리라. 진품이냐 모조품이냐 하는 논란은 오직 화단에서만 볼 수 있는 풍경이 아닌가. 글 쓰는 쪽에서는 배가 아픈 노릇이 아닐 수 없다."라는 토로가 그것이다. 그러나 우리의 현실에서 대다수 작가나 화가는 똑같이 살림살이가 어렵지만, "글을 쓰든 그림을 그리든 그저 노후에 치매나 안 걸릴 요량으로 취미 삼아 지내는 것으로 만족해야 할 형편"이라는 마무리는 지극히 현실적인 사유의 결과이다.

수필 「예술의 향기 작가의 힘」은 소로가 오두막을 짓고 살았던 월든을 방문했던 류시화 시인의 글을 읽고 작가 자신도 기회가 있으면 월든을 찾고 싶은 충동이 일었음을 고백하면서, 오스트리아의 잘츠부르크의 모차르트 생가 방문과 노르웨이의 작곡가 그리그 생가를 둘러보면서 예술의 힘이 얼마나 대단한가를 느낀 소감을 진솔하게 서술한다. 독일 프랑크푸르트에는 있는 괴테의 생가에 들러 감동 받은 일도 소개하며 더불어 작가 자신이 살고 있는 지역의 순천문학관의 되돌아본다. "해외여행 중에 음악가나 문학가의 생가에 갈 때마다 느끼는 것은 무엇이 이토록 사람들의 발길을 끌어모을까 하는 것이었다. 그저 길거리의 집 한 채이거나 부속 건물이 두어 개 딸린 시골집일 뿐인데도 세계의 관광객들이 줄지어 찾는 까닭이 무엇일까. 그것이야말로 예술의 향기요 작가의 힘이 아닐까."라고 생각하면서, 순천문학관도 조촐한 규모이지만 사시사철 사람들의 발길이 이어지고 있으며, "방문객 가운데는 김승옥과 정채봉을 모르거나 작품을 전혀 읽어보지 않은 사람도 있을 것이다. 그래도 문학관을 둘러보면서 작가의 이름을 새로 알게 되고 작품을 읽어보고 싶은 마음이 생긴다면 그것만으로 문학관은 존재 이유는 충분하다."라고 작가는 생각한다. 그것이 크지 않지만 '예술의 향기'이고 '작가의 힘'이기를 소망하는 것이다.

2. 선(善)과 미학의 수필

수필 〈문행일치〉는 문화가치 창조능력의 두 번째 '의지에 따른 도덕적 행위'로서의 창조능력으로 쓰인 이른바 '선(善)'의 수필이다. '문행일치(文行一致)'는 '언행일치'에서 파생된 조어이다. 이런 부류의 수필들은 제목부터 진부해지기 쉽다. 그러나 이 수필은 오히려 발칙한 상상력으로 쓰여진 수필이다. 그것은 에피소드 특이함 때문이다.

작가가 어느 문학 행사에서 만난 시인이 평소에 화초나 들풀에 관한 시를 많이 써서 아주 감성이 여리고 순수한 시인으로 생각했는데, 식사 중 '그 새끼'라는 욕설을 내뱉는 행태를 보여 문행일치와는 거리가 있는 시인으로 여긴다. 그리고 고향 이야기와 어린 시절의 추억을 주로 써서 공감했던 한 수필가는 자기의 과거 경력을 들먹이며 잘난 체하는 성향이 있는 데다가 문학상에 관심이 많아서 "이토록 자기를 드러내기를 좋아하는 사람이었나 싶어 실망을 금할 수 없었다."라고 하면서 실망이 컸음을 토로한다. 작가는 자연인의 삶과 작가의 삶이 달라도 작품만 좋으면 상관없다고 생각하는 형식주의나 구조주의 평론가들의 견해도 '글은 곧 그 사람'이라는 인식을 앞세워 간접적으로 반박한다.

그뿐만 아니라, 문단에 널리 알려진 미당의 친일행각과 「만인보」 시인의 성추행 문제 등을 거론하면서 작가는 결말 부분에서 학창시절에 '언행일치(言行一致)'라는 급훈과 '학행일치(學行一致)'라는 급훈이 있었음을 상기하면서 "나는 여기에 빗대어 글 쓰는 사람에게는 글과 행동이 같아야 한다는 점에서 '문행일치(文行一致)'가 필요하지 않나 생각해본다. 그리고 아주 부족하지만 나 자신도 여기에 어긋나지 않도록 늘 스스로 살펴야겠다고 마음먹는다."라고 자신의 작가적 포부를 밝히고 있다.

이 문제에 대한 담론은 문단에서 지속적으로 이루어져야 할 것이다. 더욱이 수필가는 타 장르의 작가와는 다르게 이 점을 좀 더 강하게 다루어야 한다. 수필은 '인격의 문학'이라는 점 때문에 그러하다. 여기서 인격을 고상함이나 고고함보다는 인간다움으로 생각할 때 담론의 폭은 넓어지겠지만, 수필이 어떤 문학 장르보다 가장 인간적인 문학임은 자명하다.

이런 맥락에 살펴볼 수 있는 작품으로 「부끄러움을 모르는 사람」을 들 수 있다.

이 수필의 서두는 이렇게 시작된다. "요즘 우리 사회를 보면 참과 거짓이 뒤죽박죽되고 정의가 불의에 짓밟힌 듯한 느낌이 든다. 그러면서 우리가 인간으로서 꼭 필요한 중요한 것 하나를 잃어가고 있는 게 아닌가 하는 생각에 빠지곤 한다. 옛사람들은 부끄러움을 매우 중요하게 생각했다."라고 운을 뗀 작가는 "맹자도 '부끄러움을 모르면 안 된다(人不可以無恥)'라고 강조하였으며, '수오지심(羞惡之心)'이라고 하여 의롭지 못함을 부끄러워하는 마음을 인간이 지닌 네 가지 본성의 하나로 보았다."라며 전고(典故)의 말씀을 끌어온다. 이어서 "경술국치를 당하여 '글 아는 사람 노릇하기 어렵구나(難作人間識字人).'라고 절명시를 남기고 자결한 매천 황현(黃玹)의 사례를 떠올린다.

이렇게 시작되는 수필의 경우 대부분이 고전을 답습하는 경구의 말로 그치기 마련인데, 장병호 작가는 "그런데 요즘 우리 주위를 보면 잘못을 저질러놓고도 당당히 고개를 쳐들고 큰소리를 치는 사람들이 있다."라고 하며 오늘날 우리 주위의 부끄러움을 모르는 사람들, 노인에게 함부로 대하는 지하철 막말녀, 공인이라고 하는 정치인들의 몰염치한 사례를 작가는 하나하나 열거한다.

그리고 『삼국지』의 조조의 고사와 함께 "군주가 정치의 근원이라면 백성은 강물과 같다. 군주가 속임수를 쓰면서 백성에게 바로 하라고 요구하는 것은 근원이 흐리면서 맑은 강물을 기대하는 것과 같다."라는 당태종의 「정관정요(貞觀政要)」의 말을 인용하면서, "국가 지도자가 남 속이기를 밥 먹듯 하면서 국민에게 똑바로 하라고 하면 그게 먹히겠는가? 최소한의 인간의 도리마저 팽개치고도 부끄러움을 알지 못하는 국가 지도자를 둔 나 자신이 요즘 심히 부끄럽다."라고 마무리한다.

이는 다분히 현실적이고 시사적인 성격을 지닌 수필이다. 정의로운 사회 구현을 위한 문학으로서의 수필에 대해서 어떤 이는 순수문학이 아니라는 이유로 호감을 갖지 않을 수 있다. 그러나 어떤 순수문학 작품도 그 작품이 살아 움직이려면 지금 우리가 발을 딛고 있는 사회를 반영시켜야 한다.

2024년도 노벨문학상의 수상자로 결정된 한강의 작품이 스웨덴 한림원의 주목을 받게 된 이유도 광주민주화운동의 시대정신을 반영한 「소년이 온다」와 제주 4.3사건을 모티프를 한 「작별하지 않는다」라는 소설 때문이 아닌가. 「채식주의자」만 가지고는 노벨문학상을 주지 않았을 것이다. 특히 소설이라는 산문은 우리 사회과 역사를 직접적으로 반영할 수 있는 문학장르이다. 이런 맥락에서 장병호 작가의 수필 「부끄러움을 모르는 사람」은 지나칠 수 없다.

수필 「시골뜨기, 위기의 학급을 구하다」는 초등학교 시절 전라도에서 외가가 있는 경상도로 전학하면서 경험한 과거 소환 수필이다. 이 작품에서 주목되는 것은 장학사의 질문에 정확히 답변한 유년기의 영웅담보다는 "도회지 학교로 가니 확실히 시골과는 달랐다. 우선 애들의 입성부터 차이가 났다. 시골에서는 다 떨어진 누더기도 부끄러운 줄 모르고 입고 다녔는데 도시 애들은 깔끔하고 말쑥한 옷차림이었다. 신발도 시골애들처럼 검정 고무신이 아니라 다들 하얀 운동화 바람이었다. 머리도 촌놈들은 대부분 까까중이었는데 이 녀석들은 다들 곱상한 하이칼라였다. 피부는 또 어떤가. 시골에서 햇볕에 새까맣게 탄 낯짝들만 보다가 도시 아이들의 뽀얀 얼굴을 대하니 이곳은 내가 올 데가 아닌 딴 세상처럼 느껴지며 첫날부터 주눅이 들었다."라는 도시와 시골의 차이점이 돋보인다.

또 "비로소 우리나라에 사투리가 있다는 것을 깨달았다. 당시는 텔레비전도 없고 라디오마저 귀할 때인지라 다른 지방의 사투리를 들어볼 기회가 없었다. 녀석들에게 내 말이 생소한 것처럼 나 또한 녀석들의 말이 귀에 설었다."라는 내용은 요즘의 젊은이들은 알 수 없는 문화 충격들이다.

그리고 선생님의 칭찬 한마디로 우쭐해지고, 그로 인해 "사람이 살아가는 데 중요한 것은 실력이구나! 실력을 갖추고 있으면 어디 가서든 무시당하지 않고 인정을 받을 수 있는 것이로구나! 그래, 좋아! 이렇게 사는 거야."라는 결말 부분의 말이 지난날의 삶을 소환하게 한다.

수필 「자취생활의 추억」은 요즘 아이들의 원룸 자취생활과 작가 자신의 과거 자취생활을 비교하면서 느꼈던 소감을 편안하게 서술한다. 이 수필에서 작가가 말하고자 하는 속셈은 과거와 오늘날의 자취생활에 대한 비교보다는 자신의 자취생활의 어려움을 그리움으로 그리고 있다고 할 수 있다.

같은 맥락의 수필 「기찻길 연정」은 고교입시 제도가 있던 시절, 명문고를 낙방한 때의 이야기이다. 그때 작가는 고교입시 실패 후 검정고시를 선택하고 광주로 올라와 학원에 등록한다. 검정고시반에는 중학교 졸업하고 어디 가서 돈벌이하거나 농땡이를 치다가 뒤늦게 마음잡고 온 대학생 같은 이들도 있었고, 군대를 제대하고 온 아저씨도 있었으며, 심지어 초등학생 자녀를 둔 아주머니까지 있었다고 한다.

그때 학원으로 가는 철길에서 작가는 교복을 입은 여학생 하나를 만나게 된다. 그 이야기가 성장 소설처럼 아름다운 수채화처럼 전개된다. 그 여학생은 허리가 잘록한 뒷모습으로 한 번도 뒤돌아보는 일이 없이 오동통한 엉덩이를 흔들며 작가가 다니는 학원으로 들어간다.

> 다음 날부터 나는 철길을 걸을 때는 그 여학생을 찾아 두리번거리게 되었다. 그가 눈에 띄면 나는 기분이 좋아져서 십여 미터 뒤에서

그를 따라 걸었다. 그는 뒤태가 예뻤다. 잘록한 허리에서 도톰한 엉덩이로 이어지는 곡선미가 눈길을 끌었다. 나는 여자의 매력은 얼굴이나 가슴에 있다고만 생각했는데, 여자의 뒷모습도 사람의 마음을 사로잡는다는 것을 그때 비로소 깨달았다. 어쩌다 그가 안 보이는 날은 '오늘은 웬일이지?' 하고 가슴 한쪽이 텅 비는 느낌이 들었다.

- 수필 「기찻길 연정」 중에서

그러던 어느 날 뜻밖에도 작가는 그 여학생과 말을 붙이는 일이 일어났다. 비가 내리던 날 우산도 없이 학원에 가던 길에 여학생과 마주친 것이다.

얼마쯤 서 있으니 저쪽에서 교복 여학생이 걸어오는 게 보였다. 나는 고개를 딴 데로 돌린 채 그가 지나가기를 기다렸다. 그리고 잠시 후 이제는 지나갔겠거니 하고 고개를 바로 돌리니, 앗, 깜짝이야! 그가 내 앞에 걸음을 멈추고 서 있지 않은가. 그는 수줍은 미소를 머금고 자기 우산을 내밀었다.

"같이 쓰고 가요."

이게 꿈인가 생시인가. 나는 무슨 죄를 짓다 들킨 듯이 얼굴이 빨개졌다. 나만 이 애를 알고 있었던 게 아니라 이 애도 나를 알고 있었구나 하는 생각이 퍼뜩 들었다. 그러나 망설일 겨를이 없었다. "고맙습니다!"라는 말과 함께 그의 우산 속으로 뛰어들었다. 덕분에 나는 그날 아침 비를 맞지 않고 학원에 갈 수 있었다. 아니, 비를 맞지 않은 것은 그다지 중요한 일이 아니었다. 그와 함께 우산을 썼다는 것이 그 이상 행운일 수 없었고, 그가 내게 우산을 내밀었다는 것이 그 이상 감격일 수가 없었다. 그날 이후 나는 그와 이야기를 나누는 사이가 되었다.

- 수필 「기찻길 연정」 중에서

위의 인용문은 검정고시 준비생인 작가와 여학생이 만난 장면이다. 말하기 방식도 차용하고 있지만 보여주기 방법으로 소설처럼 써가고 있다. 그 장면을 이렇게 길게 보여주는 이유는 그 그림이 혹은 이들의 만남이 요즘에는 있지 않은 순수하고 낭만적이기 때문이다. 여학생의 나이는 작가와 같은 열여덟, 초등학교만 졸업하고 광주의 큰오빠 집으로 올라와 조카를 돌보며 중학교 검정고시를 준비하는 여학생이다. 입고 있는 교복은 올케언니의 여고 교복이라고 했다.

그러나 그들은 검정고시와 대학입시로 만나지 못하다가 작가가 대학생이 된 뒤 딱 한 번 만나게 된다. 공무원 시험장에서 우연히 만났지만 다음에 만날 약속도 없이 헤어지게 된다. 작가는 이렇게 회상한다. "그때도 나중에 다시 만날 기회가 오겠지 하고 기대했던 것일까. 그러나 그 '나중'은 두 번 다시 오지 않았다. 지금도 철길을 걸어가던 교복 차림의 뒷모습이 눈에 선하다. 특히 비 오던 날 우산을 들고 내 앞에서 살짝 웃음 짓던 표정은 잊을 수 없다. 그 시절 그는 나에게 단순한 말동무에 지나지 않았을까. 아마 그렇지는 않았을 것이다. 분명 보랏빛 감정 같은 것이 있었다."라고 술회한다.

이 수필이 갖는 문학적 성과는 수필의 에피소드로 끼워놓은 작가가 체험한 서사를 이렇게 아름답게 표현할 수 있다는 점. 그리고 그것이 피천득의 수필 〈인연〉처럼 소설보다 원 소스 멀티 유즈(One Source Multi Use)적 효과를 가질 수 있다는 미(美)의 수필이다. 수필의 서사가 이제는 원 소스 멀티 유스적 역할의 시대로 돌아올 것이다. 이를 대비하기 위해서라도 이러한 소설 속 서사는 미학적으로 필요하다.

3. 공감과 감동의 양식

앞서 언급한 바 있지만, 장병호 작가는 "독자를 끄는 힘은 '이야기'에서 나온다. 서정적 감흥이나 내적 심경의 토로도 필요하겠으나 실제적인 삶의 이야기가 빠지면 박진감을 잃기 마련이다. 나도 우리 수필의 체질 개선을 창작을 통해 구현하고자 노력하는 중이다."라고 밝히고 있다. 그것을 위에서 살핀 수필 「기찻길 연정」에서 살펴보았다. 따라서 장병호 수필의 문학적 변신은 이런 형태로 보여준다고 할 수 있을 것이다.

다른 하나의 예로 수필 「공감의 방식」에서는 아내와의 산책길에서 체험한 것을 모티프로 해서 새롭게 사유하는 과정을 진솔하게 보여준다. 작가는 저녁 아내와 함께 산책로를 걷다가 뒤에서 오던 자전거에 받히게 된다. "자전거가 미리 따르릉 소리를 냈더라면 내가 얼른 길을 비켰을 것이다. 그런데 나는 방울 소리를 듣지 못했다. 아마도 방울 기능이 고장이 난 게 아닌가 싶었다. 더구나 그 지점이 약간 내리막으로 경사진 곳이어서 자전거는 가속도가 붙어 있었고, 나는 부딪히는 순간 그 충격으로 인해 중심을 잃고 자빠질 뻔했다."라는 아찔한 경험이었다.

그런데 그 자전거 주인은 한 마디 사과 없이 줄행랑을 친다. 그런데 아내는 자전거 운전자를 탓하기는커녕 내 팔을 붙잡고 조용히 하라고 말한다. 더욱이 "그러니까 왜 길 가운데로 걸어요? 길 가장자리로 걸으면 안 부딪혔을 거 아니에요."라고 타박하기도 한다. 이에 작가는 역정이 난다. 그러나 아내는 남편이 화를 내는 까닭을 깨닫지 못하고 "내가 언제 당신이 잘못했다고 했어요? 미리 조심했다면 이런 일 안 당했을 거란 얘기지."라며 응대하는데, 그것이 화를 더욱 부채질한다. 이에 작가는 '둘 다 옳다!'라고 말한 황희 정승의 일화와 함께 정신과 의사 정혜신의 저서에 나오는 내용, 즉 상대방 말에 '충고, 조언, 평가, 판단'을 삼가고 '공감'을 표현하라는 조언을 끌어온다.

그러면서 결말 부분에서 "나는 자전거에 받힌 날 저녁 그 자전거 운전자에게보다 아내에게 더 섭섭했다. 그날 내가 '저런 나쁜 놈 봤나!'하고 외쳤을 때, 아내가 나에게 해줘야 할 말은 '그러니까 왜 길 가운데로 걸어요? 길 가장자리로 걸으면 안 부딪혔을 거 아니에요.'와 같은 충고가 아니었다. 그때 내가 아내에게 듣고 싶은 말은 딱 이 한 마디였다."라고 한다. 그것은 바로 "맞아요. 저 아저씨 참 예의도 염치도 없는 사람이군요."라는 말, 즉 자신에게 공감해주는 말이었다는 것이다.

진솔한 글이다. 아내와의 일을 이렇게 솔직하게 쓴 수필을 나는 본 적이 없다. 대다수 수필은 가족 이야기는 미화시키거나 은폐하거나 포장하기 마련이다. 그 속에는 문학이 작품 속에서 해내야 할 인간의 본성을 드러내지 못하게 된다. 인간의 본성 드러내기는 윤리와는 관계가 없다. 종교나 윤리가 개입될 때 그것은 본성 드러내기에 실패하게 된다. 편들기는 사랑하기의 가장 진실한 형태이다. 그것은 저급한 것과는 별개의 문제이다. 물론 아내는 남편이 다칠까 봐 걱정하는 마음, 그것도 사랑이지만 남편의 마음은 공감에 대한 갈증을 해소하고 싶은 것이 더 강렬했을 것이다.

공감(共感)의 사전적 의미는 남의 감정, 의견, 주장 따위에 대하여 자기도 그렇다고 느끼는 기분이다. 그러니까 공감의 주체는 '나'이다. 타자의 경우에는 나에게 공감해주고 편들어주는 것이다. 사람과 사람 사이에 있어서 공감해주는 첫 수단은 '말'이다. 그 '말'로 공감해주지 못하는 이가 가장 가까운 사람이라 한다면 타인의 경우보다 더 절망스러울 것이다. 공감의 말 다음의 것은 몸짓이다. 그 공감이 커지면 그것이 말이든 몸짓이든 감동이 된다. 작가가 작품을 생산해서 소비자인 독자에게 제공할 때 그 소비자의 반응은 생산자의 입장에서는 매우 중요하다. 이 수필은 이러한 문제까지도 사유하게 하는 장르임을 말해준다.

장병호 작가는 향토문화의 원형을 밝히는 향토학자이기도 하지만 비평적 에세이나 수필론을 연구하는 비평가이기도 하다. 그런 그가 이제는 "우리 수필도 현실에 더 눈길을 주었으면 좋겠다. 우리가 발을 딛고 있는 지금의 삶을 이야기하는 것이 실감도 나고 설득력이 크지 않겠는가."라고 말하고 있다. 그것은 현실적인 삶의 편린을 수필로 형상화해서 독자들 곁으로 가까이 가겠다는 선언이기도 하다. 서정적 감흥이나 내적 심경을 토로하는 서정수필도 중요하나 실제적인 삶의 이야기를 속도감 있게 끌고 가는 서사수필의 가능성을 이제 열어놓고, 자신부터 한국수필의 체질 개선을 하기 위해 여덟 번째 수필집 『고구마 심는 날』을 과감하게 내놓은 것이다.

이런 점에서 우리는 장병호 수필의 문학적 변신은 수필의 형식보다는 어떤 내용으로 변개하고 있는가를 이 수필집을 읽으면서 새로운 화두로 삼아야 할 것이다.